U0589952

教育部立项推荐

中等职业学校物流管理专业紧缺人才培养指导方案配套教材

物流营销实务

（第 2 版）

主　编　杨穗萍

副主编　曾令玉

中国财富出版社

图书在版编目（CIP）数据

物流营销实务/杨穗萍主编．—2版．—北京：中国财富出版社，2013.4

（教育部立项推荐中等职业学校物流管理专业紧缺人才培养指导方案配套教材）

ISBN 978-7-5047-4498-2

Ⅰ.①物…　Ⅱ.①杨…　Ⅲ.①物资市场—市场营销学—中等专业学校—教材

Ⅳ.①F252.2

中国版本图书馆CIP数据核字（2012）第272841号

策划编辑　张　茜　　**责任印制**　方朋远

责任编辑　张　茜　　**责任校对**　杨小静

出版发行　中国财富出版社（原中国物资出版社）

社　　址　北京市丰台区南四环西路188号5区20楼　　**邮政编码**　100070

电　　话　010-52227568（发行部）　　010-52227588转307（总编室）

010-68589540（读者服务部）　　010-52227588转305（质检部）

网　　址　http://www.cfpress.com.cn

经　　销　新华书店

印　　刷　北京东海印刷有限公司

书　　号　ISBN 978-7-5047-4498-2/F·1917

开　　本　787mm×1092mm　1/16

印　　张　12.75　　**版　　次**　2013年4月第2版

字　　数　302千字　　**印　　次**　2013年4月第1次印刷

印　　数　0001—3000册　　**定　　价**　28.00元

再版序言

随着我国国民经济的快速发展，推动服务业大发展成为了“十二五”期间我国产业结构优化升级的战略重点。我国物流业在国家的高度重视下发展迅猛，产业不断升级。加快建立社会化、专业化、信息化的现代物流服务体系，特别是加强生产性物流体系建设，成为物流行业发展的重中之重。而物流行业的发展离不开高素质专业化的技能型人才的有力支撑，行业对物流人才的需求质量不断提高，需求数量逐年增加。物流职业教育必须围绕物流行业建设发展这一需要，按照“适应需求、有机衔接、多元立交”的要求，加快现代物流职业教育体系建设，系统培养技能型、高端技能型物流人才，以适应物流产业链不同层次和环节对人才的需求。

我们可以看到，物流人才培养工作在教育部和行业的重视下、在广大院校和企业的共同努力下蓬勃发展，物流职业教育得到各级主管部门的高度重视、大力推动，物流学科建设和人才培养工作得到了长足发展，为行业输送了大量技能型人才。截至目前，我国有824所高职院校和2000多所中职学校开设了物流专业，职业院校物流专业的在校生人数已突破了100万人。从行业对人才需求角度来看，“十二五”期间，我国物流行业领域每年大约需要新增就业人员130万人，其中85%是一线操作技能岗位，而目前职业院校物流专业每年的毕业生人数约为40万人，远远无法满足物流一线技能人才的需求。这说明目前我国物流职业教育仍面临着机遇与挑战。

中国财富出版社（原中国物资出版社）根据教育部制定的《高等职业教育物流管理专业紧缺人才培养指导方案》、《中等职业学校物流管理专业紧缺人才培养指导方案》出版的配套教材，自出版发行起在全国各职教院校物流专业广泛使用，得到众多专业教师的一致好评，取得了较大的社会效益和经济效益。鉴于教育部与全国物流职业教育教学指导委员会共同制定了《落实物流业调整和振兴规划，加快物流人才培养的工作计划》和《中职物流教学指导方案》，同时原配套教材出版时间至今已五年有余，中国财富出版社在行指委的指导下汇集原编写队伍对原配套教材进行更新和修订，重新出版“高等职业教育和中等职业学校物流管理专业紧缺人才培养指导方案配套教材”，使之满足各地职业院校培养高质量物流人才的教学需求。

经审定，两种职业技术教育物流管理专业配套教材既可作为高职、高专院校物流管理专业和中等职业技术学校物流管理专业的教材，亦可作为各层次成人教育和企业培训教学参考用书，也适合作为广大物流从业人员的自学读物。同时，对参加物流职业资格考试的人员具有较高的参考价值。在教材的编写过程中得到了行指委有关领导及许多院校专家、教授和物流企业领导的大力支持，在此一并致谢。由于编写时间仓促，加上编者水平有限，书中难免会有不足之处，恳请广大读者提出宝贵意见，以日臻完善。

高等职业教育和中等职业学校物流管理专业
紧缺人才培养指导方案配套教材编审委员会

再版前言

《物流营销实务》第1版出版以来，经过全国各地中等职业技术学校、职业技术培训单位的使用，受到普遍欢迎。为了进一步满足职业技术教育和职业培训的要求，中国财富出版社（原中国物资出版社）牵头，对本书重新修订，推出了《物流营销实务》第2版。

在当今世界经济融合与共同发展的大环境下，物流产业也在全球化、现代化、规模化和高度信息化的新经济时代中不断深化发展。随着物流市场竞争的加剧，国内、国际物流营销活动更趋活跃，物流营销也以新的经营方式向前推进，展现了蓬勃生机。物流营销在物流行业活动中的作用越发重要，更成为物流企业发挥竞争优势、赢得经济效益和社会效益的重要环节。社会和物流企业需要大量具有物流营销知识和技能的专门人才，因此职业教育人才培养的一个重要任务就是要注重对学生的物流营销理念、物流营销水平和技能的培养和训练，以便更好地适应现代物流快速发展对物流营销人才的需求，适应物流市场变化和竞争的需要，进一步向社会输送合格的物流营销人才。

《物流营销实务》第2版在第1版的基础上进行了再修订，对全书的架构和内容作了充实、更换和删减的调整，保留了原教材的主要编写风格、合理的编写架构和核心内容，对第1版中较为薄弱的部分进行了充实和改写，更新了部分内容、数据和案例，修改和补充了部分习题，使教材更能适应物流行业对物流营销人才使用要求的变化，更符合中等职业技术教育的培养目标和教学特点，更方便广大师生教学和有关企业培训的使用。

本书由杨穗萍任主编、曾令玉任副主编，负责对全书的审核、修改和总纂。第一章由杨穗萍改编，第二章由杨穗萍、曾令玉改编，第三章由陈宝萍、邝绍源改编，第四章、第六章由曾令玉改编，第五章由李鹃改编，第七章由陈仲贤、冯欣欣改编，第八章由马斌、冯欣欣改编。本书在改编过程中，借鉴和参考了一些相关的文献资料，借此机会向作者深表谢意，并对本书的修订给予热情支持和关心的人士表示衷心的感谢。

改编后，我们将本课程的学时安排作了调整，建议本课程的学时为72学时，其中授课学时66学时（含实训课时），机动学时6学时，各学校、各单位在使用本书的过程中，可以结合自己的实际情况作适当的调整，学时的具体分配建议如下课时分配表所示。

章次内容	讲授学时	实践学时	机动学时
第一章　现代物流与营销	4	2	
第二章　物流市场分析	4	2	
第三章　物流市场调查与预测	6	4	

续 表

章次内容	讲授学时	实践学时	机动学时
第四章　物流市场细分与目标市场	4	2	
第五章　物流产品策略	6	4	
第六章　物流定价策略	4	4	
第七章　物流产品分销渠道策略	6	4	
第八章　物流产品促销策略	6	4	
合　计	40	26	6

编　者

2012 年 9 月

目　录

第一章　现代物流与营销

学习本章后，学生能说出物流营销的含义，描述物流营销的活动过程，说明物流营销在物流运营中的地位、作用、特点和原则，初步掌握物流营销的基本理论和方法，为学习其他各章打下良好的基础。

进入21世纪以来，经济全球化和区域经济一体化的进程不断深化和加快，物流对社会经济及企业经营的强大影响力，为世界各国家关注和重视，越来越多的企业开始意识到物流在企业管理中的重要性，物流产业在国民经济的地位也在不断提高，物流活动已不再是单纯的商品储存与传送活动，已成为国内外营销环境的重要组成部分，物流市场更加广阔，以现代科技为核心的生产网络重构的生产、流通和消费之间的全新组织模式已将物流组织模式变成历史上最经济的物流系统，成为企业发展的第三大和利润源泉。

第一节　物流营销概述

随着经济发展和高新信息技术的运用，物流活动从理论到实践都跳出了传统的模式，以新的理念、新的方式、新的服务展现在人们的面前，以服务为核心的新的物流营销也空前活跃，为广大的客户提供了丰富、方便、快捷的服务。

一、物流概述

物流一词最早出现于美国，开始是作为市场营销中的一个重要内容，主要指实体配送，即销售过程中的物流。20世纪30年代，在一部关于市场营销的基础教科书中，开始涉及物流运输、物资储存等业务的实物供应（Physical Supply）这一名词，该书将市场营销定义为“影响产品所有权转移和产品的实物流通活动”，这里所说所有权转移指的是商流，实物流通指的是物流。

第二次世界大战中，美国军队围绕战争建立了后勤（Logistics）理论，其含义是指战时物资生产、采购、运输、配给等活动作为一个整体进行统一布置，以求战略物资补给的费用更低，速度更快，服务更好。这时的后勤包含了生产过程和流通过程的物流，因而是一个包含范围更广的物流概念。其后，物流这一概念被应用于经济领域，现在欧美国家把物流称作 Logistics，包含了生产领域的原材料采购、生产过程中的物料搬运与厂内物流和流通过程中的物流和销售流。日本 1964 年开始使用这一概念，按照美国的简称叫做“P. O”，后又在政府文件中正式采用“物的流通”这个术语。

我国自 1979 年引用物流术语以来，对物流的认识不断明确与深化，物流实践活动也不断提高与完善，物流的发展进一步与全球市场经济接轨。2007 年颁布的《中华人民共和国国家标准——物流术语》将物流定义为：“物品从供应地向接受地的实体流动的过程，根据实际需要，将运输、储存、装卸、搬运、包装、流通加工、配送、信息处理等基本功能实现有机结合。”

关于理解“物流”的概念，有几个基本的要点：

(1) 物流是物品实体由供应地向接受地的流动；

(2) 物流包括运输、储存、包装、装卸、流通加工以及与之相关的信息活动；

(3) 物流是生产领域与流通领域所发生的一切有关的物料流，在供应、生产、流通方面通过商流和物流实现商品所有权的转移、空间转移和时间转移，是一种经济活动；

(4) 物流随着网络信息技术的发展不断扩大范围，所有相关企业在利益相关的供应链上形成物流的利益整体。

当前，随着世界经济一体化加速发展，全球产业结构进入一轮又一轮的重新联动、布局与整合，在这一过程中物流的重要性得以更充分体现，物流热已波及全球。经济全球化极大的改变了人们的生活和生产方式，整个国际经济系统的运行发生了很大的变化，企业开始了国际化的生产经营和管理，个性化消费正在开始成为市场营销的方向，企业需要以全球化、一体化的理念来对待供应商，以供应链的思想来经营物流。20 世纪七八十年代，美国的运输系统改革，密切了供应链关系，成立了专业化的物流公司，推动物流走向全球化，20 世纪 90 年代，出现了第三方、第四方和第五方物流。此时，技术的进步，特别是计算机软、硬件的普及和发展，大量相关的软件如基于地理信息系统的功能强大的物流应用软件应运而生，大大提高了物流经营和管理的功能和效果。Internet 等网络技术的进步，促使物流研究不断丰富、发展和完善，至此，物流真正成熟起来并风靡欧美，物流管理成为企业扩大销售、降低成本、增强竞争优势的关键因素，成为极大的潜力和蕴涵着极大的成功机会。

我国在改革以后，市场经济体制下的买方市场逐渐形成，市场竞争日益激烈，零售企业、连锁商业企业在市场中的主导地位加强，我国自改革开放以来，国民经济就走上了持续稳定高速发展的道路，年均增长 8%以上，国民经济的高速发展必然要求物流体系与之相适应，而从全国看，发展最快的又是我国东南沿海一些省市，他们利用国家给经济特区的一系列优惠政策，大力改革开放，发展经济，率先实现经济的超常规大幅度增长，其中出现了一批大型实力企业，像海尔、联想等。经济的大幅增长，必然导致巨大的物品的流动，也就必然导致物流量的增加。这是经济发展的必然规律，也是物流业成长的必然规律。国家为高速发展物流业制定了一系列重要措施，“八五”规划中明确规定把第三产业

特别是物流业作为重点，此间动工兴建的十项特大工程中物流业就占了五项。“九五”规划时期我国货运总量持续快速增长。特别是我国加入了WTO以后，经济发展融入了世界元素，给我国物流业的发展注入了新机，也加快了我国物流系统的建设，向标准化、国际化方向发展，引进一批国外先进技术，各种物流机械厂的新产品不断涌现，与此同时，一批“三资”储运物流企业产生，一些生产、零售商退出物流领域转向市场寻求合格的物流代理商。随着改革的深入，以沿海大城市群为中心的四大区域性物流圈格局已基本形成，即以北京、天津、沈阳、大连和青岛为中心的环渤海圈，以上海、南京、杭州和宁波为中心的长江三角洲物流圈，以厦门和福州为中心的环台湾海峡物流圈，以广州和深圳为中心的珠江三角洲物流圈。中国内陆腹地，以大城市为中心，以铁路为纽带，形成了初具规模的物流节点。西部物流也得到长足发展如据有关资料报道投资3.5亿元的新疆农资集团有限责任公司北疆农资棉花仓储物流中心暨奎屯保税中心项目近日正式开工建设，项目建成后，将成为天山北坡经济带重要的国际商贸物流园区，能有效带动北疆地区外向型经济，进一步增强新疆对外贸易综合服务功能，为推动新疆现代物流业的发展发挥重要的作用。今后五年社会化配送企业比重达50%以上，培养若干条贯通全国、便于开展国际物流配送的联运干线，构造全国性商品配送的“绿色通道”。2011年6月，温家宝总理主持召开国务院常务会议，研究部署进一步促进物流业的工作，制定完善配套的政策措施，推出八大举措，进一步为物流的绿色通道建设，极大地调动了物流企业经营地积极性，较好地促进了物流的健康发展。

一种原材料，从采购到生产再到销售环节，有上万个城市节点与客户，上百万个运输记录。而对于一个物流公司而言，挑战巨大。中远集团的做法如下。

一、重建供应链网络

对于中远而言，经过多年的发展，目前中远的物流网络已经非常复杂，从制造商到大区的仓库，再到大区的配送中心，最后到终端客户，层级非常多，而且运输产品多元化，运输模式也是多样化，这也就意味着中远的物流运作会非常复杂，当然，要涉及决策的因素也就非常多。从2007年开始，中远与IBM中国研究院合作，展开一个名为“绿色供应链优化GreenSNOW”的项目。这一研究项目主要是依靠物流企业在仓储、配送等各个流程的数据进行分析，从而发现数据如何可以更好地优化，进而调整物流运输的路线甚至是交通方式。因此，定性考虑企业的战略，包括整个市场趋势如何，物流运营策略如何，竞争对手处在什么样的情况后，再根据物流企业的各个物流节点、地理位置、设备运输的成本、运输能力相关技术参数，定量地帮助企业作出分析，最后形成方案就显得尤为重要了。这实际上就是国内物流企业与国外传统物流企业的差距所在——依靠信息化的智能手段来改变业务流程，而不是单纯依靠人的所谓经验。比如一种原材料从采购到生产，之后进行配送再到终端客户，这一过程可能会产生超过1万多个城市节点与客户，产生将近

100 多万条运输记录，在这样的网络中决策什么样的物流网络是最优的物流网络，每个城市的仓库都设在哪里可以距离最近、库存最少，依靠人是很难决定的，如果还是需要多式联运，还要考虑选择哪个路线，运用什么方式运输，才能把一单货从 A 到 B 以最低成本运送，流程更加烦琐。而这也正是“供应链网络优化解决方案”所需要解决的，而以前，这么多决策点往往都是由员工依据经验来人为决定。

二、减少碳排放

之所以要花费大量的人力财力与 IBM 一起研发这一创新项目，中远的“野心”也并不仅仅聚焦在降低成本上，中远已经看得更远。GreenSNOW 还可以提供一种系统仿真技术，帮助公司在进行实际投资和商业运作前，对企业的未来投资行为和商业运作进行模拟，以评估潜在的风险，并测算未来的成本和投资回报率。此外，系统还将通过分析优化技术，帮助公司大幅降低整个物流网络的碳排放。

中远显然已经预见到了未来全球化发展可能会遇到瓶颈。目前中远最大的成本就是燃油消耗，依靠技术改变流程来减少碳排放，不仅可以不用担心未来欧美的准入限制，还可以减少我们的燃油消耗。因此，GreenSNOW 项目还要开发出可以提供优化解决方案的系统，对各个供应链的选址、数量、能量、运输、设计、燃油、路线进行平衡的安排，甚至还包括燃油种类的选择和用量确定，系统还可以记录在运输、仓储等每一段物流活动所产生的碳排放数据，以提高服务、降低成本，减少碳排放。据了解，如果降低整个中远物流网络的碳排放，由此带来的减排效果相当于每年新种植 217 万平方米的阔叶林。

GreenSNOW 项目已经进入推广阶段，但要改变供应链的一些过程和设置，还需要中远的客户来配合。由于中远最大的物流业务就是为海尔、海信等家电行业进行运输配送，GreenSNOW 项目也将最先在中远的家电客户层面推广。从推广到客户接受后的真正投入应用预计还需要一段时间。而从长远看，如果 GreenSNOW 项目得以实现和推广，也意味着中远集团将从一个单纯的第三方物流企业向第四方物流企业转型，原因在于，中远将会主导客户企业供应链方案的制定，而不是仅仅被动的做一个运输提供商。

问题思考：

中远物流集团实行的“绿色供应链优化 GreenSNOW”有什么意义？

二、物流营销的含义

随着物流业的蓬勃发展，物流产品以不断丰富和创新的面貌展现在人们面前，物流市场营销也以多样化的形式活跃在物流领域，与工业企业一样，物流企业也必须做好物流产品的市场营销，才能实现企业的发展目标。

（一）物流营销的概念

物流营销是一个全新的概念，它指的是物流企业以物流市场需要为核心，通过采取整体物流营销行为，以提供物流产品和服务来满足客户的需要和欲望，从而实现物流企业利益目标的过程。

物流企业活动通常包括了物流服务产品市场调查与分析；物流服务产品市场定位；物流服务产品销售操作流程；物流服务产品促销推广设计；物流服务产品推销技术；物流营销常用报表填写等，通过一系列的市场营销活动，为客户提供高效、优质的服务，从而实现企业的目标利益。物流营销活动是物流市场需求链与物流企业供应链之间最重要的环节，它为物流企业的合作伙伴建立一种“需求与供应链”关系创造了平台，这个需求与供应链关系中企业实现价值和增值的一系列的服务策略和方法、物流行为与关联群体的需求保持步调的一致，都会使物流市场营销更具特色。

（二）物流营销的意义和作用

1. 物流营销的意义

在商流活动中，商品所有权在购销合同签订的时候，便由供方转移到需方，而商品实体并没有因此而移动，除了非实物交割的期货交易，一般的商流都必须伴随有相应的物流过程，即按照客户的需求将商品实体由供方以适当的方式和途径向需方转移，在整个流通过程中，物流实际上是以商流后续者和服务者的姿态出现，没有物流的服务作用，商流活动就不能实现，现代物流的实质是以客户满意为基础，向物流需求方有效地、迅速地提供产品，这也是物流市场营销的核心。物流市场营销出现在工商企业市场营销之后，它是发生在物流领域的市场营销，它必须以物流市场需求来组织营销活动，通过市场调查分析，以目标市场确定营销组合、选择适当的营销策略、开展合理的营销管理活动等来满足客户的需求，为客户提供服务，实现企业的效益目标。

2. 物流营销的作用

（1）进行物流市场细分，实行差别化经营

在长期的大众营销阶段，经营建立在规模经济基础上的大量生产、大量销售，消费显现出单一、大众化的特征，物流也只是从属于生产和消费，是企业经营活动的附属职能。但目前进入细分市场经营阶段，市场需求多样化、分散化，使物流市场也显得差异性大，个性化强，只有实行差别化经营，才能求得生存和发展，而差别化经营战略中的主要内容之一就是客户服务上的差异，物流服务的差别化营销是重要的方式和途径。

（2）物流营销的服务水平对物流企业经营绩效具有重大影响

物流市场营销随市场机制和价格机制的变化而变化，通过供求关系决定物流服务的价值和成本，物流企业是一个营利性的经济组织，它的服务供给不是无限制的，否则，过高成本的物流服务必然损害经济绩效，不利于企业收益的稳定，因此，制定合理或企业预期的服务标准是企业战略的重要内容，特别是一些例外紧急运输要考虑成本的适当化或各流通主体相互分担问题。降低成本战略历来是企业营销竞争中的重要内容，合理的物流营销不仅能提高商品流通效率，而且能从利益上推动企业的发展，增大企业经营绩效，成为企业利润的第三大来源。

（3）物流营销服务是有效连结供应商、厂商、批发商和零售商的桥梁

随着现代经济全球化、网络化的发展，现代企业的的经营、竞争是一种网络间的竞争，竞争的优势也是一种网络优势。因此，企业经营的构造是当今竞争战略的重要内容。

物流服务的方式有效地连接了供应商、厂商、批发商和零售商的关系，极大地推动了商品从生产到消费全过程的顺利流动，它自身特有的系统设施不断将商品销售、在库等重要信息反馈给流通中的所有企业，并通过知识、方法等经营资源的蓄积，使整个流通过程不断地协调对应市场变化，进而创造出一种超单个企业的供应链价值。

(4) 物流营销管理使物流企业赢得市场竞争的优势

在市场经济条件下，市场的需求引导着物流企业行为，物流市场营销部门作为联接物流企业与物流市场的主要部门，相对于企业的其他职能部门而言，有重要的独特作用，物流市场营销部门通过进行市场调查、方案评估、产品开发与设计、营销网点与渠道选择、广告宣传与公共关系、客户咨询与关系管理、信息处理等活动为物流企业适应环境变化、抓住市场机会、赢得竞争优势，扩大市场占有率，发挥着重要作用。

三、物流营销的原则

(一) 讲究规模，讲究效益

现代物流的规模化的运作，使物流企业在组织运营时，首先要确定客户的物流需求具有一定规模时才为其设计特色的物流服务，这样才能产生较好的规模经济效益。如广东顺德美的集团控股的安得物流公司，实行了全国一体化的仓储体系的物流骨架。安得目前在全国建设了四大仓储中心：顺德、杭州、郑州、芜湖，全部实现信息化管理，实行“一票到底”的管理模式。管理遍布全国的 100 多个仓库，以基于 Internet 的信息系统进行高效的信息互动管理。建立了顺德、南京、西安、北京、上海等十个物流中心，由于跟随美的集团，使安得物流公司在 68 个城市设立了业务网点，就是由于这些网点，安得物流公司让众多的需要将物流外包的企业选择了安得，安得对于每地的仓库资源、运输资源、配送资源相当了解，合理运作，降低成本，加强管理，这样也取得了可观利润。又如正在展开的新疆农资集团有限责任公司北疆农资棉花仓储物流中心暨奎屯保税中心建设项目，位于奎屯市西南奎—阿铁路奎屯西站南侧、奎—赛高等级公路北侧，总投资 3.5 亿元，库区占地面积 1954.54 亩，将修建三条铁路专用线，铺轨总长 5160 米。项目分两期建设，计划 2013 年 6 月全部投入运营。项目建成后，可具备进口保税、出口监管、出口加工等综合功能，并承担国家化肥商业淡季储备、自治区救灾化肥储备及棉花中转储备等业务，可形成农资、棉花年仓储能力 60 万吨、年进出口货物 30 万吨、货物吞吐量 300 万吨以上、仓储营业收入 18 亿元的物流规模。

(二) 重视合作，讲究优势

现代物流的最终目标就是使制造企业的物流彻底的从企业核心业务中分离出来，使生产企业能够集中资金，人力和物力投入其核心制造领域，这是社会产业分工越来越细的发展规律体现。同时，现代物流要求在更大范围内进行资源合理配置，单个的物流企业本身很难拥有完成物流业务的所有功能，在做好核心物流业务的同时可将其他业务外包，把原来企业内部的运输，仓储等物流业务交给专业化的物流公司，因此，他们必须与其他物流企业实行友好合作。企业选择了一个很好的物流伙伴不仅能实现内部资源的最佳整合和最

大限度的利用，开辟新的利润增长点，还可以在市场开拓、信息处理、财务咨询和战略决策上增加一个重重的砝码。如广东顺德美的集团通过控股成立了安得物流公司，把物流业务剥离出来。安得物流公司作为美的集团一个独立的事业部，成为美的集团其他产品事业部的第三方物流公司，同时也作为专业物流公司向外发展业务，在过去的两年里，安得物流公司贯彻了制造企业销售物流集成服务商的业务，使现代物流运用在实践中，借助美的集团的销售网络，不断地接纳新的血液，安得物流公司已同 TCL、神州数码、方正、实达、熊猫、乐华、海螺建立了战略合作伙伴关系，在供应链的运作中大展拳脚。

（三）注重回报，讲究双赢

物流企业在为客户提供服务时，既要满足客户需要，又要取得应有的回报，实现企业与客户的双赢，一方面，取得回报是物流企业生存和发展的物质条件，物流市场营销的真正价值在于为物流企业带来短期或长期的收入和利润；另一方面，物流企业在营销活动中也要回报客户，要满足客户的物流需求，为客户提供价值和增值服务，回报是维持市场关系的必要条件。

全球大型家电第一品牌海尔集团，在家电产品研发、制造、销售等方面具有强大的品牌影响力，在住建方面也取得了诸多业绩，如参与起草、制定整体厨房的国家标准，成为住宅标准化委员会委员，建设住宅标准化基地等。而骊住集团（以下简称骊住）作为日本最大的建材集团，在门窗、五金建材、卫浴、整体橱柜以及瓷砖等建材行业均保持日本市场销售额第一名的骄人业绩，成为住宅产品发展潮流的引领者。

2011 年 7 月 26 日，海尔集团与骊住签署住建产业合资协议，正式成立合资公司，将实现在住居产品设计、生产与销售方面的全面合作。有专家分析认为，作为全球大型家电第一品牌，海尔集团此次通过资源整合在为全球消费者提供一站式美好住居生活解决方案的同时，也将引领住建行业消费模式的全面升级。

此次海尔与骊住成立合资公司旨在通过整合双方优势资源，强强联合、优势互补，以绿色环保和质量可靠为特色，构筑整体解决方案商业模式，以实现双方为用户提供美好住居生活的战略目标提供支持，成为中国住建市场第一品牌。在此战略指导下，双方合作将从整体厨房开始，后续还会引进骊住的门窗、卫浴设备等在内的建筑、装修材料的设计、生产与销售。对海尔而言，可以通过整合全球最佳建材、住宅部品和装修设计资源，为消费者提供美好住居生活解决方案；对骊住而言，面对日益饱和的日本住居建材市场，双方合作有利于开拓庞大的中国市场。

据海尔相关负责人介绍，此次合作的意义不仅在于进行产品的全面研发制造，更在于实现了两大集团所属销售渠道与合资公司通力合作。在前端，海尔以合资设计公司为主体，整合骊住丰富的环保产品资源和设计资源，提供最具竞争力的美好住居设计；在后端，海尔拥有完善的物流、销售网络，通过整合各种渠道资源包销定制，满足终端客户需求。

当前，消费者需求越来越个性化，在注重产品质量和功能的同时，越来越钟情于更便捷、轻松的解决方案和服务方式。为满足消费者的多样化需求，海尔实现由制造商向提供美好住居生活一站式解决方案的服务商转型，此次合作成为其转型的重要举措。借助自身家电优势和骊住住居业务优势，海尔在整合产业链基础上完善建材、住居、家电一体化的经营服务模式，为消费者打造便利、舒适愉悦和绿色的高品质生活。

只有为用户提供美好的、差异化的住居解决方案才能赢得全球消费者的信赖。专家分析认为，海尔和骊住的战略合作实现了双方优势互补、互利共赢，将引领一站式美好住居生活解决方案的跨越式升级。中国的住建行业格局将发生潜在的市场变化，即优秀的住建集团将主宰未来的市场竞争格局。

问题思考：

为什么说海尔集团与日本骊住集团是双赢的合作？

四、物流营销的研究方法

常用的方法有产品研究法、机构研究法、职能研究法、管理研究法、系统研究法。下面简要介绍：

1. 产品研究法

以某种或某类产品为主体，着重分析这些产品的物流市场营销问题，如运输产品市场营销，就是以运输产品为主体，研究运输产品市场需求变化趋势、服务种类、质量要求、服务标准、场站布局、客货源组织渠道、价格与促销手段等问题。

2. 组织机构研究法

着重分析渠道系统中的诸如各种运输生产者、各种运输代理商、各种货运站场、装卸搬运仓储机构等市场营销机构的物流市场问题。

3. 职能研究法

通过详细分析运输、保管、装卸搬运、包装、流通加工、配送、信息服务等来研究和认识物流市场营销问题。这是最普遍采用的方法。

4. 管理研究法

从管理决策的角度来研究物流市场营销问题。要求物流企业在市场营销管理决策时，既要按目标市场的需要，全面分析研究外部环境因素的影响，又要结合自身的条件，权衡利弊，选择最佳的市场营销组合，以满足目标市场的顾客需要。

5. 系统研究法

物流市场在市场营销管理决策时，把与企业有关的环境和市场营销活动过程看做一个系统，统筹兼顾物流市场营销系统中的各个相互影响、相互作用的部分，但使各个部分协调行动、密切配合，共同满足客户需要。

第二节　物流营销的内容和特征

物流营销是贯穿于物流供应链中的物流网络业务的核心业务，与其他业务活动一样，有其自身的特点和业务内容。

一、物流营销活动的主要内容

物流营销活动的内容，总的来说，主要包括了物流服务产品市场调查与分析、物流服务产品市场定位、物流服务产品销售操作流程、物流服务产品促销推广设计、物流营销常用报表的填写、物流推销技术、物流客户服务与关系管理、物流营销信息管理等一系列的市场营销活动，通过这些活动，为客户提供服务，达到企业目标利益的实现。

（一）物流环境分析与物流市场调研

物流营销环境是一个层次多样的环境，这些环境既包括了宏观的政治环境、法律环境、社会文化环境、积极技术环境，也包括了企业内部各部门、金融服务机构以及其他各种营销中介等的微观环境，物流营销总是受到各种各样环境因素的影响，环境的变化会直接影响物流营销格局的变化、竞争优势的变化。研究物流环境，就是为了使物流企业更好地适应环境的变化，从而开展有效的物流营销活动。物流企业要想真正在目标市场上进行有效的服务，就要做好市场调研，准确掌握市场需求状况和客户行为多样化需求的变化。对竞争对手进行深入细致的分析，掌握竞争对手的物流经营活动的情况。

（二）物流市场细分、市场定位与目标市场营销

从物流营销的角度看，物流市场是消费需求的总和，客户成千上万，分布十分广泛，需求千差万别，因此，物流市场营销面对的范围很大，无论实力多么雄厚的物流企业都不可能承揽所有各类的物流业务，也不可能满足各个方面有差异的物流市场需求，所以必须进行物流市场细分，根据自身的条件确定为之服务的目标市场，做好准确的市场定位，提供有效的服务，这是物流营销战略的重要内容和基本出发点。例如一个具体的物流企业可以将市场划分为家电商品物流、日用化妆品商品物流、纺织服装商品物流、食品医药商品物流等，选取其中某类商品物流作为自己的目标市场，集中人力、财力、物力资源搞好物流市场营销服务。

想一想

物流企业为什么要进行物流市场的细分与定位?

（三）物流服务产品促销推广

物流市场是一个整体营销活动，物流企业要根据物流市场的变化，向客户传递物流服务产品信息、树立物流企业形象，使用营销策略组合的方法，将产品策略、渠道策略、促

销策略、服务策略等进行有机组合，对目标客户作出有效的说服性沟通，为客户提供满意的服务，促使客户作出项目选择，顺利完成营销服务项目。物流市场营销促销与推广，也处在不断完善和发展之的过程中，与有形产品以及其他服务产品的营销不同，具有自身的特点，所以，主要实行的是以“4C”营销理论为基础的物流市场营销的促销与推广策略，市场营销的变量正在传统的“4P”基础上增加围绕顾客的“4C”。即表述为Customers' Needs Wants（顾客需求和要求）；Cost to Customers（顾客购买产品的代价）；Convience（方便程度）；Communication（与顾客的交流）；无疑基于“4P＋4C”的市场营销策略，必须围绕它对市场变量的认识而进行合理的设计，必须从客户端入手，以客户定位与客户的需求为出发点来制定。如北京世纪港湾物流有限公司（CHL）是一家集国际采购、进出口贸易服务、报关、国际空海运输服务、国内陆运全程运输服务、保险代理等服务于一体的综合性物流公司。他们所推崇的是综合性的物流理念，发展综合物流体制，全面规划物资的流通业务，强调为用户提供综合性的服务，以高度的责任心对待每一次客户的委托，为客户提供高品质全方位的物流服务。

（四）物流客户服务与关系管理

物流市场营销的核心任务是为客户提供服务，物流营销是满足客户需求所进行的一项特殊、典型的服务，在现代物流活动中，以客户为中心的服务理念和提高客户满意度的服务宗旨，使各个物流企业都十分重视加强与客户的关系管理，进一步提高服务水平和服务质量，力求取得客户的信任和支持。目前，先进的计算机和信息技术在物流客户服务中的广泛深入地应用，使企业可以用电子数据交换（EDI）技术，在订单处理、产品跟踪、客户反映等许多领域与客户加强联系，实现满意度较高的优质服务。客户关系管理（CRM）是物流营销活动的核心工作，是衡量物流营销系统为顾客服务的尺度，它直接影响到企业的市场份额和物流总成本，因此，在物流企业的运作中，客户关系管理是至关重要的环节，主要做好客户识别与管理、服务人员的管理、市场行为管理与伙伴关系管理等方面的工作。必须尽快形成物流企业的以信息化技术为核心的客户服务体系。一个具有国际竞争力的物流企业必须能够跨行业、跨地区地为全球客户提供优质服务。与发达国家相比，我国大型物流企业存在的问题不少是与客户服务有关。物流企业的服务水平是可以通过服务管理、服务网络等改进而提升，高水平全球客户服务体系必须依赖基于高科技的信息化技术。基于高科技的信息化技术应用能力是现代物流企业国际竞争力的主要标志之一。

（五）物流营销信息管理

互联网和信息技术的飞速发展，使人们随时都能获得基于实时的信息，物流供应链上各个节点的运作是通过物品实体的运动和为客户提供多样化的物流服务而形成了一个多环节的复杂系统，要使这样一个庞大的物流活动系统合理、正常、高效的运作，靠的就是信息的沟通与共享。必须建立现代先进的物流信息系统和工作平台，实行有效的信息管理。同时，物流客户信息管理也是物流客户管理的关键，它们不仅能改善物流运作，设计新的和独特的物流方案，而且还能拓展物流管理的赢利能力。各个物流企业，要充分发挥物流市场的作用，利用物流营销的信息反馈，科学地把物流客户信息用于物流经营管理活动

中，使信息成为提高企业的经济效益和社会效益的有效手段，主要做好了物流营销信息系统的设计与应用，如物流市场信息的收集、整理、分析、物流信息网络系统建立与应用、物流信息的加工、传输与反馈等。

如深圳快捷顺国际货运有限公司创立于香港，是一家从事航空快件服务和承接国际货物运转、物流分拨业务的专业企业。该公司的信息技术，就是广泛运用 INTERNET 网络技术，构建信息交互系统，开展快递业务电子商务（e 平台），方便快捷提供专线托运、快件查询、收费标准、客户留言及投诉等网上服务，与广大客户共享新技术带来的高效、便捷的快递服务。据了解，现在大多数消费者购物的第一站就是互联网，92.5%的成年人表示他们经常或偶尔在去商店购物前会在网上调查产品。然而，超过 76%的网络购物者认为网上产品详细信息很少，他们往往未能完成调查或进行网络购物。Web 2.0 功能和自下而上的信息交换与合作功能为加强客户忠诚度提供了机遇。零售商可以提供丰富的产品信息、获取用户反馈、了解客户对未来产品的设想，并可通过社区功能（如评论、博客和公告牌）来加强关系。更智能的系统使零售商可以收集客户数据并作出反应，从而生产和销售满足市场需求的产品。

二、物流营销的特点

在市场经济条件下，物流企业是一种具有独特的服务性经济组织，它通过为顾客提供物流服务而实现自己的产品价值，与一般的工商企业市场营销相比，有着自身的规律和特点，因此，物流市场营销具有以下的特点：

1. 物流企业为客户提供的是服务产品

物流企业为客户提供的产品是使商品在时间、空间的位置移动和形状性质变动，通过商品和信息的流动过程，实现物流价值最大化，因而它提供的不是日用品、食品、纺织品等有形的产品，而是一种特殊的服务产品，它的无形性使得顾客难以触摸并予以评判，物流供应商和客户之间相互作用的重点也从直接的交易转向关系的协调。通过对中国物流企业分析，中国物流的收益 85%来自基础服务，增值服务和物流信息服务与支持物流的财务服务收益占 15%。

什么是物流产品无形性?

2. 物流服务的质量由客户的感受决定

由于物流企业提供服务产品的特殊性，所以它所提供服务质量的优劣也不能由企业来决定，它与客户的感受有很大关系，由客户接受服务以后的感受而决定。如需要通过场所规模、人员素质、价格水平、设备的先进程度和先进的信息管理、强大的供应链整合能力等方面反映出来的物流企业服务能力，让顾客感受到物流企业服务水平的状况，以此决定

物流企业的服务质量。

3. 物流市场营销的对象广泛

物流业是一个跨行业、跨部门的综合性新兴产业，它涵盖了运输、保管、配送等由商品产地到商品消费地所进行的计划、实施和管理的全过程。物流业包含的多样化，也能促进各行业发展。同时，物流活动的全球化使物流变得更加复杂，工商企业为了将资源集中在自己的核心业务上，往往将其他非核心业务外包，目前物流外包已成为国际潮流，一些政府、非营利性组织等也日益成为物流企业的服务对象。这些急剧上升的物流外包为物流企业提供了广阔的市场和服务对象，物流服务的对象涉及各行各业，客户非常广泛。据中国物流与采购联合会、中国物流信息中心最新发布的《2011 年上半年物流运行情况分析》报告显示，2011 年上半年，我国物流运行保持平稳较快增长态势，物流需求持续增加，物流总费用较快增长，与 GDP 比率再次上升。数据显示，2011 上半年社会物流总额为 74.7 万亿元，按可比价格计算，同比增长 13.7%，增幅同比回落 4.7 个百分点，呈逐月收窄之势。总体来看，社会物流总额仍然保持平稳较快增长态势，且增势更加平稳。

4. 物流服务市场差异程度大

由于物流服务对象的广泛，物流业务的拓宽和扩展，物流市场日渐活跃，客户个性化的需求越来越高，从而导致了物流市场的服务差异性也越来越大。物流企业面对这个个性化很强的市场，就必须根据目标市场客户企业的特点为其量身定制一套高效合理的物流方案。仅就我国商业企业来说，所经营的 60%品种集中为 1 万～10 万种，另有 3%的零售企业的商品品种超过 10 万种，经营产品的多样化，也就意味着物流需求呈小型化、多样化特点，这些分散化的物流需求特别要求物流企业提供个性化的服务。

5. 物流企业营销服务的能力强

随着物流市场的个性化需求越来越突出，要求物流企业必须具有强大的营销服务能力与之相适应。一个成功的物流企业，必须具备较大的运营规模，建立有效的地区覆盖，具有强大的指挥和控制中心，兼备高水平的综合技术、财务资源和营销策略。以上海大众的物流为例，该公司在开发区建立了转运中心，用滚装船从上海港直运营口港后在转运中心集结，再根据需要转运到东北及内蒙古各地，节省了大量的物流费用并大大缩短了供货时间，使得上海大众在东北占据了稳定的市场份额。

第三节　现代物流营销观念

与传统的营销观念相对而言，现代的市场营销观念，特别是以客户为核心的物流市场营销观念需求关注客户，全方位地为客户服务，满足客户的需求，自然要求物流服务必须以客户为向导，决定了物流服务的观念，要搞好物流市场营销，必须有明确的理念，正确的思路，它会对物流市场的经营管理产生关键的影响。

一、物流营销的核心观念——客户满意

现代物流市场营销的观念主张要识别客户的具体需求，然后把资源集中起来去满足客户的需要，当企业所有的活动都致力于满足客户期望时，企业就会获得成功。一个成功的物流企业，首要的任务是创造客户，物流营销一直强调要刺激客户需求，发掘潜在客户，20 世纪 90 年代以后，物流企业营销管理开始突出强调客户满意度，通过满意的客户去宣传企业的形象，并成为企业忠实的客户，这正是企业最重要的资源之一。

（一）客户满意的含义

在物流营销活动中，企业要赢得长期客户，就要取得客户满意，所谓客户满意，它是指一种心理活动，是客户的需求被满足后的愉悦感。菲利普·科特勒指出："满意是指一个通过对产品和服务的可感知的效果与他的期望值相比较后所形成的感觉状态。"客户满意，是客户对企业和企业员工提供产品和服务的直接综合性评价，是客户对物流企业客户关怀的认可，不断强化客户的满意是客户信任的基础。

物流产品是物流的服务，它是一种增值产品，通过物流企业所提供的良好服务，从而增加客户所获得的空间效用、时间效用及产品形状性质的转变的效用。客户关心的是所购买的全部产品，即不仅仅是产品的实物特点，还有产品的附加价值，物流营销服务就是提供这些产品的附加价值的的重要活动，对于客户反应和客户满意程度产生重要影响，客户服务的水平在交易进行时自动产生，良好的客户服务会提高产品价值，提高客户满意度。因此，客户服务是物流活动的一项重要功能。

进入 20 世纪 90 年代以来，一种超越以塑造和传播企业形象为宗旨 CI 战略的 CS 战略蓬勃兴起，并大有取而代之的势态，CS 是英文 Customer Satisfaction 的缩写，意为客户满意，作为现代企业的一种重要的整体营销手段，也称为 CS 战略或客户满意战略。

为什么说客户满意是物流营销的核心观念?

（二）客户满意度

客户满意度（Customer Satisfaction）在物流营销中是一个比较新的概念，源于日本企业提出的客户满意战略。所谓客户满意度，是指客户满意程度的常量感知性评价指标，客户在购买产品服务前期有一个要求达到的标准，从而形成期望，购买产品服务后，将产品和服务的实际价值与自己的标准相比较，从中判断自己的满意程度。满意水平是可感知效果和期望之间的差异，客户可以体验三种不同满意度中的一种，如果效果低于期望，客户就会不满意，如果可感知效果与期望相匹配，客户就满意，如果感知效果超过期望，客户就会高度满意。因此，所谓客户满意度是指客户对产品和服务的消费经验的情感反映状态，这种满意不仅仅体现在一种产品、一项服务、一种思想、一种机会上，还体现为对一

种系统、一种体系的满意。客户的期望是在客户过去的购买经验上、朋友的介绍、销售者和竞争者的信息和承诺等基础上形成的。如果销售者将期望值提得太高，客户就会失望，如果将期望值定得较低，就无法吸引足够的客户。

客户对某项产品和服务是否满意，受许多因素的影响，诸如客户先前的购买经验或他人的口碑及商家的承诺、产品和服务的实际价值、产品和服务与客户的期望的比较等，其中产品质量是一个关键性因素，这是客户的首选标准，还有沟通广告、公共关系等也起重要作用，才能提高客户的满意度。

（三）客户满意度的衡量标准

客户满意度是一种很难测定的、不稳定的心理状态，在实际工作中，一般可以根据以下标准来测度。

1. 客户重复委托物流业务的次数及重复委托业务率

这是衡量的重要标准，在一定时期内，客户对某一产品或服务重复委托的次数多，说明客户的满意度或忠诚度越高，反之越低。当然，还有其他的因素也会影响重复委托，必须根据不同产品的服务性质区别对待，才能确定这一指标的合理界限。

2. 物流服务项目的种类、数量与百分比

即客户对某项物流服务的品牌、数量以及客户最近几次所托付的物流品牌服务项目所占的百分比。这个数据，在一定程度上反映了客户对物流品牌服务的满意和忠诚。

3. 客户比较挑选物流服务的时间

一般来说，挑选的时间越短，说明客户对这一服务产品的忠诚度越高，挑选的时间越长，说明他对这一服务产品的忠诚度越低。

4. 客户对物流服务项目的价格敏感程度

客户对各种物流服务的价格敏感程度有所不同，一般来说，对喜爱信赖的物流企业和服务的价格变动敏感性低，对不喜欢、不信赖的物流企业的产品和服务的价格变动敏感性高。

5. 客户对物流竞争服务产品的态度

客户对某一物流竞争服务产品有好感、兴趣浓，或者对某一品牌服务的忠诚度低，托付业务时就很可能以前者代替后者；如果对某一物流竞争产品没有好感、兴趣不大，则对另一品牌服务的忠诚度则高，托付物流业务的指向就比较稳定。

6. 客户对物流服务产品的承受能力

客户对物流服务产品的一般性质量事故或偶发的质量事故持宽容态度，并会继续托付业务，同时客户表明对某一品牌服务的忠诚度很高，若因此拒绝这一品牌，则忠诚度不高。

当然，除上述指标外，还有许多细化指标。物流企业可以多方面调查客户的满意度，了解客户意见，识别核心顾客，变被动“等待”为主动“培养忠诚客户”。

广东邮政物流配送服务有限公司（简称 YCC）是利用自己建立的一套完整的邮政电子商务运行平台和服务体系，满足社会多层次、个性化需求而成立的现代化物流企业。YCC 的经营宗旨是为社会提供功能多样、反应快捷、服务一流的物流配送服务，为电子商务的发展提供装备精良、服务优质、运作高效的物流配送平台。它坚持“以发展为主线、以改革为动力、以管理为手段、以效益为目标”的发展方针，坚持统一品牌、统一形象、统一规范、统一管理，实现规模经营。其网络是目前广东省内规模最大、实力最强、服务层次最深和范围最广的物流配送网络体系。YCC 有广泛的物流配送服务类别，YCC 的经营项目包括最新推出的同城、省内商务专递服务邮政商务专递，可以寄递单据、配件、杂货、电器、鲜活等；为商务网站、电视电话购物频道提供长期安全准时的物流配送服务的电子商务配送；为用户代购、代送礼品的礼仪专送；为机关企事业单位、公司工厂等机构在规定时限内有偿送递各类资费单、消费卡的 YCC 非常送递；还有代投广告、收投报刊、连锁配送；针对居民相对集中的商厦、写字楼、居民住宅区用邮量大、业务需求多样等特点，推出邮政社区服务包月制；为继传统运输服务的接驳，利用广东省快速干线物流网及同城投递网络与民航、铁路、大型跨省运输公司强强联合，为社会各界到港货物提供广东省内的送递服务。以动作高效、技术先进、管理科学的物流网络为社会公众提供更安全、更快捷、更方便的现代化物流服务，赢得了较高的客户满意度。

问题思考：

YCC 为什么能赢得较高的客户满意度？

二、物流客户服务观念

物流企业的客户服务战略是创造竞争优势的决定因素之一，随着经济的发展和技术进步，国际国内竞争日益加剧，许多企业都懂得要寻找竞争优势的关键领域，把客户服务作为重要的环节来抓紧抓好，实行服务为先的客户管理创新。

（一）物流客户服务的含义

物流客户服务是指物流企业为促进其产品或服务的销售，发生在客户与物流企业之间的相互活动。它的主要内容可以理解如下。

(1) 物流客户服务是一项特殊的工作，是典型的客户服务活动。它包括了订单处理、技术培训、服务咨询、处理客户投诉等内容。

(2) 客户服务是对一整套业绩的评价。包括了产品可得性评价、订货周期与可靠性评价、最低定货数量等内容；物流客户服务是企业对客户的承诺，是企业战略的组成部分，它与当今企业高度重视的质量管理是完全一致的，必须引起高层管理人员的重视，将客户服务的观念和思想贯穿和渗透到整个物流营销活动的始终，使它的各项活动制度化。

(3) 从物流客户服务的过程看，物流客户服务包括了交易前、交易中、交易后的各项服务。交易前的服务如制定和宣传客户服务政策、完善客户服务组织，使之能接受客户要求提供各种形式的帮助；交易中的服务如存货水平、订货信息、订货周期、快速装运、产品替代性；交易后的服务如设备安装、产品质量保证、售后维修及维护、零配件供应、处理客户投诉及退货等服务活动。

（二）动态的服务观念

物流服务并不是一成不变的，它必须根据市场营销创意的变化而变化，这些创意从各方面都体现出如何为客户服务，客户的需要也会随时间、环境的变化而变化，所以，物流企业必须在动态的条件下制定营销战略，借助产品寿命周期理论来建立模型。物流客户服务必须与产品寿命周期的动态状况相适应，以此来制订客户服务的需求计划。如导入阶段的物流服务，要具有高度的产品可得性和服务的灵活性，满足客户随时可以获得存货就至关重要。在成长阶段的物流服务，重点应该是要更趋平衡服务和成本绩效，企业对客户服务所做的各种承诺已被计划用来实现各种赢利目标，尽可能实现收支平衡的销售量，扩大市场覆盖面；成熟阶段的物流服务，变得更具高度的选择性，调整各自的服务承诺，提供独特的增值服务，培育忠诚气氛，以更多的人财物向关键的客户提供特殊的服务；衰退阶段的物流服务，是放量出售产品和继续有限的配送等方案的平衡，最大限度地降低风险，并开拓新的服务项目。

为什么说物流服务的观念是一个动态的观念?

（三）增值服务的观念

物流客户服务是一种特殊的活动，它使物流活动能通过共同的努力提高其效率和效益。物流客户服务必须以增值为本，即为客户提供增值服务，从而也为自己带来增值。增值服务能够巩固业务上已作出的安排，开发利用增值服务的物流企业，他们都坚定不移地完成对基本服务所作的承诺，他们所做的事情是要帮助特定的客户实现他们的期望。在增值服务的过程中，厂商可以提供产品包装、建立客户标志、创建特定的批量包装、提供有助于购买的信息、在产品上标价，以及建立销售点展示等，在一个纯粹的物流过程中，增值服务需要从直接的存货交付或安排在端点间的往返作业以及其他任何能对主要客户产生持续价值的服务，绝大多数增值服务一般都可以从良好的渠道关系中体现出来。

（四）关系至上的观念

现代客户管理正向客户关系方向推进，物流客户服务也正向这方面推进，树立关系之上的物流客户服务观念，企业通过技术投资、建立搜集、跟踪以及分析客户信息的系统、增加客户联系的渠道、客户互动以及对客户渠道和企业平台整合的功能模块（主要范围包括销售自动化，客户服务支持和营销自动化、呼叫中心等），来进一步协调与客户的关系。

目前，物流营销是一种网络的互动关系，物流营销活动是各种主体在关系与网络中进行的活动，彼此都将注意力特别集中在合作之上，积极地承担责任并发挥关系与网络的功能，依靠整个企业的紧密合作，与外部相关机构建立起长期的、稳定的良好的客户关系。

（五）基于物流管理的市场后勤观念

传统的物流营销观念是以生产企业的产品为出发点，企业总是力图寻找费用最少的途径，把产品送到顾客手中，这种观念是以现有产品为中心的供应观念，已经落后于时代的发展。现代物流市场营销理论更加强调和倡导物流管理的"市场后勤观念"，就是在物流管理中贯彻市场导向，不是以企业现有的产品为出发点，而是以市场需求为起点思考问题。首先要考虑市场上消费者的各种需要，然后再按此需要安排工厂的一系列工作，企业的有关物流活动都要为满足顾客需要和提高市场营销绩效服务。

（六）4C 的物流服务观念

企业市场营销的观念在经济发展的环境变化下而不断发生变化，经历了生产观念、推销观念以及需求观念三个阶段的演变，与大规模生产、营销、采购以及被动消费的经济特征相适应的是"4P"的变量组合，即产品、地点、价格和促销。而在世界经济一体化和科学技术迅猛发展的今天，出现了物流营销的新观念，市场营销的变量正在传统的"4P"基础上增加了围绕客户的"4C"的物流市场营销新观念，即顾客需求和要求（Customers' Needs and Wants）基于产品和服务（Product）；顾客购买产品的代价（Cost to Customers）基于价格（Price）；方便程度（Convience）基于 Place（地点、产品的销售和运输渠道）；Communication（与顾客的交流）基于 Promoti（促销、媒体宣传和客户联系）。物流市场营销策略必须围绕着这些对市场变量的认识进行设计"4P＋4C"的营销策略，使物流市场营销管理从客户定位和客户需求出发，建立在完善服务的基础之上。

本章小结

随着现代物流的发展，物流活动以新的理念、新的方式为广大的客户提供满意的服务，物流市场营销空前活跃，要赢得广大的客户，在激烈的竞争中有立足之地，就要求物流企业以提高客户满意度为核心，进行深入的市场调查和预测，采取灵活有效的物流营销策略，加强物流营销管理，协调客户关系，使物流营销建立在完善服务的基础之上，从而取得客户与物流企业的增值效益。

知识要点

1. 物流营销是以物流市场需要为核心，提供客户满意的物流服务的整体物流营销行为。

2. 物流企业为客户提供的是服务产品，通过物流企业所提供的良好服务。

3. 物流市场需求的差异性使物流企业必须实行差别化经营，提高服务水平，才能赢得物流市场竞争的优势。

4. 现代物流营销的“4C”观念是建立在“4P”变量组合（产品、地点、价格和促销的组合）基础之上的重新组合。

5. 物流营销的核心理念是提高客户满意度。

6. 物流客户服务必须以增值为本，即为客户提供增值服务，从而也为自己带来增值。

7. 企业市场营销的观念在经济发展的环境变化下而不断发生变化。

一、名词解释

1. 物流营销
2. 客户满意度
3. 物流客户服务
4. “4C”物流服务观念
5. 物流营销环境

二、辨析题（判断对错，并说明理由）

1. 物流市场营销必须以物流市场需求来组织营销活动。（　）

2. 物流是关于“物体的运动”。（　）

3. 随着现代物流的发展，物流活动以新的理念、新的方式为广大的客户提供满意的服务。（　）

4. 物流企业为客户提供的是服务产品。（　）

5. 当企业所有的活动都致力于满足客户期望时，企业就会获得成功。（　）

6. 物流营销的原则之一是讲究合作，但不讲究优势。（　）

7. 物流客户服务是一种特殊的活动，它使物流活动能通过共同的努力提高其效率和效益。（　）

8. 现代物流营销的观念主要是“4P”的观念。（　）

9. 物流服务必须根据物流市场营销创意的变化而变化。（　）

10. 物流服务的质量由物流企业经营管理的水平决定的。（　）

三、选择题（单选或多选）

1. 物流营销的核心观念是（　）。

A. 客户满意　　B. 物流客户服务　　C. 关系至上

2. 物流营销是贯穿于物流供应链中的物流网络业务的（　）。

A. 一般业务　　B. 重要业务　　C. 核心业务

3. （　）是物流营销常用的研究方法。

A. 产品研究法　　B. 机构研究法　　C. 职能研究法

D. 管理研究法　　E. 系统研究法　　F. 筛选法

4. 从物流客户服务的过程看，交易中的服务包括（　　）。

A. 存货水平　　B. 订货信息　　C. 订货周期

D. 快速装运　　E. 产品替代性

5. 物流营销的原则是（　　）。

A. 讲究规模讲究效益　　B. 重视合作讲究优势　　C. 注重回报讲究双赢

四、简答题

1. 什么是物流市场营销？它具有哪些内容和特点？

2. 如何理解客户满意与客户忠诚？

3. 现代物流营销的观念包含哪些内容？它的现实意义是什么？

4. 为什么说现代物流市场营销要识别和满足客户的具体需求？

五、实践题

对某制造企业进行物流外包情况的调查，了解该企业对承担其物流业务的第三方物流公司服务质量的意见，并写成书面材料反馈给该第三方物流公司。

第二章　物流市场分析

学习目标

学习本章后，学生能说出物流企业市场分析的含义，描述物流营销市场分析的过程，说明物流市场分析在物流运营中的特点作用，初步掌握物流企业环境分析、客户分析和竞争者分析的基本方法。

在现代物流市场营销的过程中，物流企业必须根据目标市场的定位与需求来制定自己的物流战略、安排物流计划、合理配置资源、确定解决方案等，在这一系列的物流活动中，物流企业必须以市场调研和市场分析为依据，切实做好物流企业的环境分析、客户分析和竞争者分析，做到了解市场、熟悉市场、掌握市场，才能占有市场，在竞争中取胜。

第一节　物流市场营销环境分析

一、物流市场营销环境分析

任何物流企业的营销活动，其环境因素的影响极为重要，物流企业所面临的环境优劣、特点都必然影响到物流营销的发展。所以，每个经营者必须认识环境，掌握影响环境的各种因素变化和发展规律。

（一）物流场营销环境的含义

环境是指事物的内部和外界的情况和条件，由此可将物流市场营销环境解释为：指与物流企业市场营销活动有关的各种内外界条件和因素的综合。

对于物流企业的市场营销环境进行全面的分析，一般可以将它分为宏观环境和微观环境。宏观环境指的是给物流企业造成市场机会和环境威胁的主要力量，包括政治法律环境、经济环境、社会文化环境、科技环境和自然环境等，它涉及面广，是企业面临的外界大环境，它的因素多为企业不能控制，它既给企业带来机遇，也造成挑战和威胁。物流企业的活动必须适应宏观环境的变化。微观环境指的是指物流企业在目标市场上开展营销活动的直接因素，包括物流企业、供应商、营销中介、竞争者、客户、社会公众等，这些因素与企业物流活动紧密相连，直接影响物流企业为客户服务的质量，企业可以通过自身的

努力加以控制，掌握发挥有利的优势，搞好物流营销活动。就目前的情况而言，从技术和投入的物流市场环境的特性来分析，物流产业适合于大型企业和中小企业的共存的运作；但从物流服务产品生产来分析，虽然大规模的物流企业在成本和技术上占有很大的优势，但是物流服务作为一种服务产品往往需要在路线设计、运输工具安排和分拣包装等服务方面有定制化要求，这种产品的定制化对于较为灵活的中小企业较为有利。另外，物流产品可分为多种子产品分别提供运输、仓储、配送、报关、系统设计等，可由不同的企业分别完成。再如物流服务需求的网络性、区域性和多层次性，这也是大中小型物流企业共存的一个条件，长距离运输需求对于大型物流企业较有优势，但物流服务也是一种地域性很强的服务，配送活动中的运输常常是短距离的；不同位置的仓库难以相互替代，加工增值服务也以靠近客户为好，这种地域的差异使竞争对手难以模仿，这就给中小企业的生存提供了条件；物流需求市场具有多层次性的特点，中小企业是完全可以满足低端市场的服务需求的。因此，必须做好综合性物流服务的配合与协调工作，才能取得更好的效益。

（二）物流市场营销环境的特征

1. 客观性与企业主观能动性的结合

物流企业面临的营销环境是客观存在的，是不为人们可控制的因素，有着自己的运行规律及发展趋势，特别是外部环境因素的变化是为物流企业不能控制的，如世界经济形式的变化，各国的物流产业政策、客户对各种运输方式的选择等都称为环境的不确定性。因此，就要求物流企业的经营者要积极能动地适应环境，主动寻求和把握生存和发展的机会，避开环境可能会带来的不利影响，如调整运输路线、调整促销策略、组合企业联盟等去应对环境的制约或改变某些环境因素，从而实现自己的营销目标。任何主观臆断经营环境及发展趋势的做法只能导致盲目与失败。

物注企业如何发挥自己的主观能动性去适应多变的物流市场环境？

2. 物流市场营销环境的多变性

物流市场营销环境的多变性是指物流企业市场营销的各种环境因素，由于各种原因，总是处于一种动态的变化过程之中，如国际、国内的经济波动、政治危机、能源危机、技术革命等环境因素的变化都会给物流企业带来巨大的影响，物流企业必须建立快速的反应机制，作出及时的调整，适应各种变化。

3. 相互关联性和相对分离性

影响物流企业的营销环境是由一系列相关因素所组成的综合体共同影响的结果，如一个国家的体制、政策与法令总是影响该国的科技、经济发展的速度和方向，从而改变社会习惯，同样，科技、经济的发展又会引起政治经济体制的响应变革，环境因素这种关联性对物流营销活动又有不同程度的影响，如在政局稳定的和平时期，经济、科技等因素对物

流企业营销的作用较大，而战争时期，军事、政治因素的影响强烈，这种相对分离性为物流企业营销活动分清主次环境提供了可能。

4. 世界经济处在以信息科技为主导的新经济环境

新经济环境的主要表现是全球经济一体化，它使得人们的观念转变和知识更新，以信息技术为动力的信息经济也以现代信息技术如互联网、卫星数据传送、远程通信等，区域经济、民族经济整合为世界一体化经济，改变了传统的以国家和地区为核心的经济管理和经营模式，从全球经济的角度，建立国际经营体系，创造全球性经济效益。建立在信息网络平台之上的物流供应链的运作与管理，使物流活动的更趋规模化、国际化和现代化。

二、物流市场营销宏观环境分析

物流企业的市场营销宏观环境包括经济环境、政治法律环境、科技与自然环境、社会文化环境等，我们一一加以分析。

（一）经济环境

经济环境是对物流活动开展有直接影响的主要环境因素，它主要包括宏观经济环境和微观经济环境两个方面。

1. 宏观经济环境

宏观经济环境通常指一国的国内生产总值及其发展变化的情况，社会总供给、总需求的情况及变化趋势、产业结构、物价水平、就业以及国际经济等方面的环境内容。国民经济持续稳定增长与繁荣，肯定会给物流企业的生存和发展提供有利机会，反之则困难威胁重重。另外，世界经济和国际贸易的发展变化对物流企业特别是从事国际经济活动的物流企业也会产生重大影响。一般来说，世界经济的高速增长会导致国际贸易的相应增长，从而使得物流活动频繁，物流市场繁荣活跃，反之，就会使物流企业出现萧条和不景气。如经济全球化与区域经济一体化已成为当今世界经济的两大浪潮，在这样的新经济环境下，对各国经济社会生产产生了深远影响，同时也为物流企业的发展创造了良机。

随着产业的全球化，生产地点与消费地点分离，两者间的距离越来越远，为了快速地将产品送达顾客手中，此时就出现了一种可以整合上下游物流活动的企业形态，称之为全球化第三方物流服务提供者（Global 3PL），此类公司可以从生产端开始，整合全球相关的物流配送活动，进而将产品准时地送达客户指定的全球任何地点。由此可见，全球化的世界经济促使了全球化的第三方物流服务提供者的兴起，而它的兴起，将会对全球化经济的未来产生重大影响。

现代物流在地区经济发展中的重要作用，也越来越为人们所认识，不少省市把发展现代物流列入了重要议事日程。上海市政府在《上海市国民经济和社会发展第十个五年计划纲要的报告》中，把现代物流列为上海市四大新兴产业之一，采取多种措施促进发展；天津市政府把现代物流作为五大支柱产业之一，并由主管市长负责，组织20多个有关部门，研究提出了天津市现代物流发展纲要研究报告，深圳市为提升综合经济实力，改善投资环境，把发展现代物流与高新技术和金融同时列为21世纪经济发展的三大支柱产业，编制

了《深圳市“十五”及2015年现代物流发展规划》。总体来看，物流现代化是和经济发展水准密切相关的，预计在今后相当长的时期内中国的经济将保持稳定快速增长，和世界经济接轨的趋势也将加强，这是物流事业发展的大环境。

2. 微观经济环境

微观经济环境主要指物流企业所在地区或所需服务地区客户的社会购买力、收支结构以及经济的迂回程度等造成物品的流量与流向情况。这些因素直接决定着企业目前及未来的市场规模。

改革开放以来，随着我国经济的快速增长，居民收入的大幅提高，城乡居民生活水平连续跨越几个台阶，从基本消除贫困，到解决温饱，再到实现总体小康，正在向全面建设小康社会目标迈进。数据显示，2011年7月，社会消费品零售总额14408亿元，同比增长17.2%。10月全国居民消费价格总水平（CPI）同比上涨5.5%。2011年1—7月，单位与居民物品物流总额同比分别增长42.9%和18.1%，继续保持快速增长，在社会物流总额中，工业品物流总额67.9万亿元，同比增长14.3%，。以上数据显示了小康生活的市场特点，消费结构已从温饱型农产品消费为主过渡到小康型工业品消费为主，并显示出向消费层次日趋多样化、个性化的比较富裕型服务类消费迈进的发展态势，现代化、个性化的客户服务需求，这些都为物流企业的客户服务提出要不断创新的发展要求。随着我国国民经济与社会的健康快速发展和新型工业化进程的不断加快，对于现代物流的发展速度与水平的要求日益深化，经济与社会发展对于物流服务供给总量规模需求也进一步扩大，而对于物流服务效果、物流服务质量与物流服务效率的要求将成为新的热点，直接反映为对于服务企业现代物流管理与运行的组织化、系统化要求的普遍提升。在此基础上，物流服务价格水平与现阶段经济社会发展水平以及降低全社会物流成本的总要求相适应。

（二）政治法律环境

政治法律环境统指一个国家的社会制度，执政党的性质，政府的方针、政策以及国家制定的有关法令、法规等。政治法律环境的许多因素实际上要通过经济环境的作用于物流企业，市场经济也是法制经济，国家对经济的干预主要通过法律手段和经济政策来进行，物流企业从事市场营销必须遵循法律，经济法规，国际惯例，行业惯例，必须注意国家的每一项政策立法以及国际规则及其变化对市场营销活动的影响。

1. 国家经济体制

国家经济体制由所有制形式、管理体制和经济方式组成，它是一个国家组织整个经济运行的模式，是该国基本经济制度的具体表现形式。是一个国家宏观政策制定和调整的依据。由于每个国家的国情不同，所以经济体制也不同，他们总是根据经济政治的发展状况而寻求和确定适合的经济体制。而国家经济体制的形式，又决定了物流企业的运营体制。以上海为例，有关方面提出应当根据经济发展的需要提高与物流项目设立以及业务流程有关的政府主管部门，如城市规划、交通管理、工商管理、商检海关、财税金融等相关政府主管部门的经营作风和工作效率；在宏观制度安排方面，要设立上海物流产业协调机构，统一管理和规划上海的物流产业；在微观制度安排方面，建立产权多元的企业制度，以形成充分竞争的物流产业市场格局。

2. 国家经济政策

国家方针政策是根据政治经济形势及其变化的需要而制定的，直接或间接地影响着物流企业的营销活动，对物流企业来说，国家经济政策主要表现为产业政策、能源政策、价格政策、环保政策以及财政与货币政策等。如继 2004 年 9 月国家发改委联合九部委推出的《关于促进我国现代物流业发展的意见》之后，由国家发展和改革委员会编制的、我国第一部国家级的现代物流发展规划《我国现代物流发展规划》的重要文件于 2005 年正式出台。在这份规划中，对我国现代物流发展的指导方针、发展目标、主要发展任务和现代物流发展的重点区域和城市，进行了较为详尽的规划，对于我国现代物流发展的前景将具有十分重要的指导和推进意义。伴随着九部委文件和上述国家规划的出台，各级地方政府和行业管理部门根据规划需要和自身实际，结合“十一五”计划的制订，在统计体系、物流立法、市场准入、合理税收、土地利用、交通管制、鼓励第三方物流企业发展等方面的各个层面上，制定各类配套的相关产业与技术政策并逐步加以完善，特别是物流基础设施、技术装备、管理流程、信息网络技术等方面的管理与发展政策工作将成为重点，协调统一的现代物流技术标准化体系将逐步形成。近来，为了促进我国物流业的深入发展，国务院总理温家宝于 2011 年 6 月 8 日主持召开了国务院常务会议，研究部署进一步加大财政教育投入工作和促进物流业健康发展工作，进一步制定完善配套政策措施，推出了国家促进物流发展的八大举措：一要切实减轻物流企业税收负担；二要加大对物流业的土地政策支持力度；三要促进物流车辆便利通行；四要改进对物流企业的管理；五要鼓励整合物流设施资源；六要推进物流技术创新和应用；七要加大对物流业的投入；八要促进农产品物流业发展，极大地促进了物流业的健康发展。

3. 法律和法规

在国际化的现代物流活动中，世界各国都纷纷颁布了相应的经济法律法规来规范、维护、调整物流企业的营销活动。我国对物流管理也是通过法规和经济手段进行的，需要进一步建立健全有利于物流发展的比较完善的政策法规体系。我国目前与物流企业直接运作相关的《中华人民共和国水路运输服务业管理制度》《港口货物作业规则》《汽车货物运输规则》等法律法规，加入 WTO 后，我国物流营销活动还须遵循相关的国际规则和行业惯例。修改和调整的部分物流相关政策法规如《公司法》《保险法》《中外合资经营企业法》《中外合作经营企业法》《道路运输条例》《海关法》《海商法》《水路运输管理条例》等，出台了有关法律法规如《道路货物运输企业经营资质管理办法（试行）》《营业性道路运输驾驶员职业培训管理规定》《全国道路化学危险货物运输专项整治实施方案》《超限运输车辆行驶公路管理规定》，制定的法律法规如《外商投资道路运输业管理规定》《反垄断法》《道路运输管理条例》《国际海上运输管理条例》《航运法》《港口法》《道路运输法》，既要奉公守法，也要学会用法律来保护自己的合法权益。

从国家的政策法律环境来看，目前国家和各级政府越来越重视物流产业的发展，为物流业的持续发展提供了有力的保障。2004 年 8 月国家九部委联合制定了发展中国物流产业

的相关政策，包括放宽准入、简化审批、规范物流业秩序、调整物流税费、支持专业物流公司发展、推动物流标准化、信息化建设、加快对外开放、简化通关手续等，并编制了《全国现代物流发展规划纲要》等政策性文件；2005 年 2 月，国务院颁布的《关于鼓励支持和引导个体私营等非公有制经济发展的若干意见》，放宽了非公有制经济的市场准入，在投资核准、融资服务、财税政策、土地使用、对外贸易和经济技术合作等方面，对非公有制企业与其他所有制企业一视同仁，实行同等待遇并且允许非公有制经济进入铁路、民航等垄断行业。这一文件的出台，为民营企业进入包括物流业在内的国民经济各行各业提供了法律保障。

2011 年，相关部门制定了有关的新的法律法规，如海关总署公告 2011 年第 51 号（关于对原产于欧盟、美国和日本的进口相纸产品实施临时反倾销措施）、国家安全监管总局关于印发商场仓储物流企业安全生产标准化评定标准的通知、国家邮政局推出的《快递业务操作指导规范》《中华人民共和国交通运输部关于印发公路水路交通运输“十二五”科技发展规划的通知》《公路超限检测站管理办法》《公路安全保护条例》、交通运输行业标准《汽车驾驶节能操作规范》等，进一步规范了我国物流企业的运营行为，使之有法可依，有规可循。

（三）科技与自然环境

1. 科技环境

随着现代科技技术和信息技术的发展，各种现代化的交通工具与高科技产品不断涌现，如现代信息技术 Internet（互联网）、GPS（全球卫星定位系统）、GIS（地理信息系统）、EDI（电子数据交换、涉及物流企业事务、商务、税务的电子化契约、支付和信用标准）、JIT（准时制工作法）、CRM（客户关系管理）、SCM（供应链管理）等，这些现代科学、信息技术的运用，为物流企业提供了技术条件和创造了更为先进的物质技术基础。实际工作中的电子技术、信息技术、网络技术为一体的电子商务平台，提高了仓库管理、装卸运输、采购、订货、配送、订单处理的自动化水平，使包装、保管、运输、流通、加工实现一体化，以及提高了结算、需求预测、物流系统设计咨询，物流教育与培训方面的服务能力。在海运方面，船舶的大型化、装卸机械的高速化自动化，运输方式的集装箱化，大宗货物的散装化，前所未有地提高了远洋运输能力，使物流企业更全面、准确、高效、经济地为客户提供综合的物流服务。如海尔集团在运营的过程中，利用物流技术和计算机信息管理的支持，通过 BBP 采购平台，所有的供应商均在网上接受订单，使下达订单的周期从原来的 7 天以上缩短为 1 小时内，而且准确率达 100%。供应商还能通过网上查询库存、配额、价格等信息，实现及时补货，实现 JIT 采购。最近，中华人民共和国交通运输部还发布了关于印发公路水路交通运输信息化“十二五”发展规划的通知，对物流的现代化、信息化、高科技化的重视程度可见一斑。

上海联华集团是我国商业连锁的大型企业，联华超市物流配送中心是全国首家智能型大型物流中心，其现代化程度比较高，为连锁商业发展奠定了基础。其主要特点是：配送中心完全实现计算机管理和机械化操作。联华超市配送中心的计算机管理系统，从商品进货到库位确定，从销售点要货数据采集到生成配货单、验货装车，从商品保质期、最低库存量控制到滞销商品等方面的预警系统，以及系统维护和数据通信，均已达到国内领先水平。目前该中心实施 24 小时运转，日吞吐量达 7.8 万 TEU，最高时达到 8.85 万 TEU。配送中心主要为联华超市的货物配送服务，随着现代化水平的不断提高，可能会发展为社会化的物流配送中心。.

问题思考：

联华超市物流配送中心在什么样的经营环境下开展配送业务?

2. 自然环境

自然环境因素包括国家或地区的自然地理位置、气候、资源分布、海岸带及其资源开发利用等。在这些因素中，地理位置是制约物流企业营销活动的一个重要因素。如天然的深水港口往往会成为航运这类物流企业必选的物流基地。气候条件及其变化也会影响物流营销活动，很多物品季节性强，对气候的变化非常敏感，都会影响到物流营销因素如运输工具、运输线路等的组合。所以，物流企业在从事市场营销活动时必须注意自然环境的影响。如大连的国际物流园就是位于国际深水港的大窖湾港的二期码头岸线腹地，全面地实施“港区一体化”的发展战略。又如广东鱼珠物流基地有限公司是广东物资集团属下的大型物流企业，总占地 65 万平方米地理位置优越。公司总部位于黄埔港西侧，东临珠江、北靠黄埔大道。由于历史形成的市场原因，黄埔港及周边码头一直是广东特别是广州地区钢材的集散地。而广东又是钢材输入和消费大省，每年从外省购进的钢材近 4000 多万吨。鱼珠物流基地选择钢材作为主营品种，不仅能与黄埔港形成资源共享、优势互补的协作关系，而且能利用自身优势获得临港经济所带来的综合效益。

（四）社会文化环境

社会文化环境是由价值观念，宗教信仰，伦理道德，风俗习惯，审美观念等构成。它影响人们的欲望与行为，物流企业在从事物流营销活动中不能忽视社会文化环境影响的分析。如新的物流观念会影响到人们的对物流营销的认识，导致需求差异的形成，使特色物流应运而生。如深圳快捷顺国际货运有限公司在从事航空快件服务和承接国际货物运转、物流分拨的业务中，以“效益为本、诚信为先”“时效第一、客户至上”经营理念指导物流业务的开展，本着“诚信为本、完美服务；稳健经营、共同发展”的经营方针，建立“诚信、严谨、敬业、进取”的企业精神，以“时间就是金钱，速度就是效率”为准则，追求准时、实在的服务新境界，珍惜客户所托、崇尚客户需求、专心专递、为客户提供优

质、超值的服务。通过公司领导的正确决策及全体员工的共同努力，积极进取，为不断满足客户需求而自我完善，深得海内外合作伙伴及客户的信赖与支持。

三、物流市场营销微观环境分析

物流企业的微观环境包括物流企业内部环境、供应者、营销中介、客户、竞争者和社会公众等因素。

1. 物流企业内部环境

每一个物流企业都有其自身的环境，有其发展目标，有具体明确的经营任务，必须依靠自身的条件，根据市场的要求来完成任务。这些条件如人力资源、信息技术、运输设备、装卸搬运机械及工具、储备条件、储存设备及工具等。物流企业还要考虑企业各个部门之间的协调，包括与最高管理层、财务部门、供应部门、仓储部门、研发部门、维修部门等协调，得到各方面的配合和支持。如与财务部门配合以确定资金的运作和利润目标；与供应部门配合确定运输工具、设备等的使用。

2. 供应者

供应者是指物流企业从事物流活动所需的各类资源和服务的供应者，包括为物流企业提供设备、工具、能源及土地和房产的各类供应商；提供信贷资金的各类金融机构以及在各类人才市场上为企业提供人力资源的中介机构等。为物流企业在经营过程提供各种劳务和服务的机构，如物资运输、设备修理、员工培训、环保清洁、保安等服务机构。供应商的可靠性，资源供应的价格及变动的趋势，供应资源的质量水平都会影响到物流营销活动的服务质量。应加强与供应商互惠互利，建立彼此之间的信任关系，降低营销成本，实现营销目标。

3. 营销中介

营销中介是指协助物流企业把物品从供应地运送到接收地的活动过程中的所有中介机构，包括各类中间商和营销服务机构。对于物流企业而言，其中间商就是众多的货运代理机构，营销服务机构主要包括营销研究机构、广告代理商、CI设计公司、媒体机构及营销咨询公司等，营销中介机构凭借自己的各种关系、经验、专业知识以及活动规模，即为物流企业提供资源，拓宽营销渠道，提供市场调研、咨询、广告宣传、塑造企业形象等方面，发挥重要作用。

4. 客户

客户是物流企业服务的对象，是物流企业营销活动的始端和终点。物流企业的营销活动必须坚持以客户为中心，识别当今物流市场上客户的特征以及为客户提供优质、高效、便捷的物流营销服务。随着市场经济的不断深化，客户的需求与期望是不断地提高与变化，顾客的需求朝多样化、个性化发展，这些都要求物流企业根据目标市场客户的各种不同需求，制订更加细化的物流营销计划，组织有效的物流营销活动。

5. 竞争者

竞争者包括现有的物流企业，从及同类产品及服务的所有企业及潜在的进入者。在物流市场上的竞争对手主要有三种：一是品牌竞争者，与本企业以相近的价格向同样的客户提供相同的物流财务：二是行业竞争者，同一行业的竞争者如从事航运的所有公司；三是形式竞争者，是所有同类型的企业竞争者，如航运企业会把所有从事运输服务的航运公司归入形式竞争者。分析竞争对手，主要是扬长避短，争取竞争优势。

6. 社会公众

社会公众主要指对实现物流企业的营销目标能力具有实际的或潜在的影响力的群体。它包括金融公众、媒介公众、政府公众、企业内部公众和一般公众等。物流企业在开展营销活动时要注意在社会公众中宣传、塑造自己企业的形象，注意开展公共关系，与社会公众保持良好的关系，争取他们的理解和信任，争取他们的忠诚度，以及协调地完成物流营销活动任务，实现营销目标。

四、物流营销环境分析过程及物流企业对策

（一）物流营销环境的分析过程

物流市场营销环境分析是一个动态过程，包括了环境因素调查、环境因素评价和环境因素预测三个循序渐进的阶段，是对营销环境的逐步深化认识的过程。

第一阶段：环境因素调查

调查了解物流营销市场的宏观，微观环境各个因素的过去与现实的状况，这是环境分析的起点，以便掌握物流企业内外部环境的第一手资料。

第二阶段：环境因素评价

环境因素评价是对所收集的有关环境因素资料进行归纳、整理和分析，去粗取精，去伪存真，以判断哪些因素对物流营销具有影响及作用的程度，因势利导，把握市场机会，这是环境分析的关键。

第三阶段：环境因素预测

环境因素预测是对物流市场营销方案实施期间，营销环境因素可能发生的变化和发展趋势作出的估计，为物流企业制定营销策略寻求可靠的主要依据。

（二）物流市场营销机会与环境威胁

市场机会就是市场上有未满足的需求，西方企业有一句格言：“哪里有未满足的需要，哪里就有做生意的机会。”物流企业市场营销人员在进行市场调研分析后，就会发现物流营销的机会，它是指对这个企业的市场营销活动具有的吸引力，企业拥有竞争和获得差别利益的环境机会。物流企业就是要观察企业所处的环境，从中寻找市场上未满足的客观存在的环境机会，使企业根据自身的人财物资源条件，把握机会，获取差别利益。

环境威胁，是指环境中一种不利的发展趋势对物流企业形成的挑战，如果物流企业不及时采取果断的市场营销行动，这种不利趋势就会影响企业的市场地位。物流企业的市场营销部门应善于识别所面临的威胁，并按其严重性和出现的可能性进行分类，为那些严重性高，而且可能性大的威胁制订应变计划，以避免遭受损失。

(三) 物流企业面对机会与威胁的对策

物流企业面临的客观环境，通常情况下是营销环境与威胁并存，利益与风险结合在一起的综合环境。根据威胁和机会水平的不同，形成图 2-1 的矩形图。物流企业的管理者一定要认真研究环境，针对不同的环境争取不同的策略。

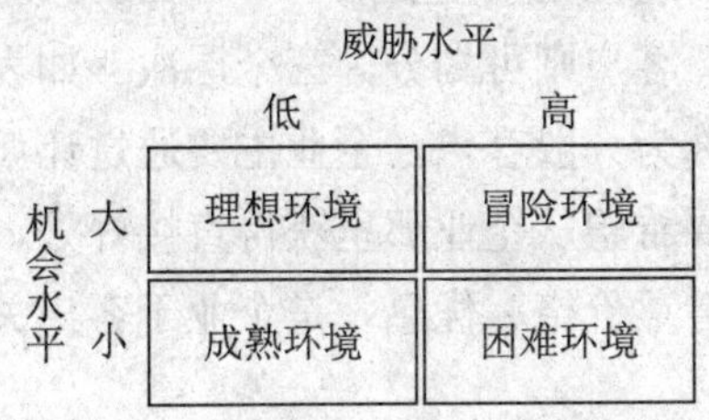

图 2-1 威胁与机会分析矩阵图

(1) 面临理想环境应争取的对策。理想环境是企业难得遇上的好环境，因这时机会水平大，威胁水平低，利益大于风险，这时企业必须抓住机遇，开拓经营，创造营业佳绩，千万不可错失良机。

(2) 面临冒险环境的对策。冒险环境是机会和威胁同在，利益与风险并存，存在很高利益的同时，也有很大的风险，面临这样的环境，物流企业必须加强调查研究，全面分析，发扬专家优势，审慎决策，以降低风险，争取利益。

(3) 面临成熟环境应采取的对策。这时机会和威胁水平都比较低，是一种较平稳的环境，物流企业一方面要按常规经营，规范管理，以维持正常运转，取得平均利润，另一方面，企业要积储力量，为进入理想环境或冒险环境作准备。

(4) 面临困难环境应采取的策略。困难环境是风险大于机会，物流企业处境已十分困难，企业面对困难环境，必须想方设法扭转局面，如果大势已去，无法扭转，则必须采取果断决策，退出该环境中的经营，另谋发展。

第二节 物流企业客户分析

物流客户分析，是物流企业营销活动的始端和最终目标，也是我们开展物流营销活动必须分析和掌握的重要问题，必须清楚地了解物流市场客户的需要，开展有效的物流服务活动。

一、物流客户分析的含义

(一) 物流客户分析的概念

物流企业为之服务的客户的范围是根据自身的实力而决定的，实力大的企业服务范围广泛，实力弱的企业服务范围则较小。对于物流活动来说，客户就是递送和接受服务的对象，而这个服务对象的范围则包括客户大众、零售业主和批发业务的场所、厂商制造工厂以及接收货物入库的码头和站点等，在某些情况下，客户可以指正在接收产品物权或各种服务的组织和个人；也可指同一家厂商不同的作业设施，或指供应链中位于其他地点的业务伙伴等。但无论物流产品递送出于何种动机或目的，接受服务的客户始终是形成物流需求的核心和动力，物流企业在制定物流战略和物流服务时，必须把握所有客户的特点和要求，充分了解客户服务的可传递性是很重要的一个方面。

从物流客户的角度来看，客户则可划分为三个层次（如表 2-1 所示）。

第一层次是常规客户或称为一般客户。企业主要通过让渡财务利益给客户，从而增加客户的满意度，而客户也主要希望从企业那里获得直接好处，获得满意的客户价值。他们是经济型客户，讲究实惠，看重价格、优惠，是企业于客户关系的最主要部分，可以直接决定企业的短期收益。

第二层次是潜力客户或称合适客户。他们希望从与企业的关系中增加价值，从而获得附加的财务利益和社会利益。这类客户通常与企业建立一种伙伴关系或者“战略联盟”，他们是物流中企业与客户关系的核心，是合适客户中的关键部分。

第三层次是头顶客户或称关键客户，他们除了希望从与企业那里获得直接的客户价值外，还希望从企业那里得到社会利益，如成为客户俱乐部的成员等，从而体现一定的精神满足，他们是企业比较稳定的客户，某些人数不占多数，但对企业的贡献达 80%左右。

表 2-1　　客户层次分类

客户层次	比重（%）	档次	利润（%）	目标性
头顶客户（关键客户）	5	高	80	财务利益
潜力客户（合适客户）	15	中	15	客户价值
常规客户（一般客户）	80	低	5	客户满意度

（二）客户分析的范围

物流企业的服务范围与外部环境和自身的实力密切相关，一般来说，随着物流企业的成长，客户服务的范围也在不断地扩大，如国内最大的民营物流企业宝供集团最初只是一家在广州替铁路货运服务的承包企业。目前，该公司已发展至在全国的分支机构有 6 个公司，43 个办事处，并延伸至中国香港、泰国、澳大利亚、美国等地。又如我国的台湾地区在竞争日益激烈、全球物流网络日渐健全的趋势下，改变了以往将业务多集中于以岛内物流为核心的状态，现在已有能力担任出口物流的角色，将分散在全球各地的货物通过物流网络，并结合海运、空运，送到世界各个市场，创造显著的经济利益，尤其是电子信息相关产业，更具代表性。在此期间，整合物流功能，建立快速响应系统（QR/ECR）、供应链物流体系及全球物流系统等都相当迅速发展完善。

物流企业客户分析的对象，可以是处于供应链下游企业是上游企业的客户，他们可能是批发商、零售商和物流商，而最终接受者是消费产品和服务的人或机构，也可能处于供

应链下游的批发商、零售商是生产商的客户。公司内外部都有客户，包括了企业内部的上、下流程工作人员和供应链上、下游企业。

可以看出，物流企业客户服务的范围非常广阔，面对的是一个全球化的市场，从现代物流发展的角度分析，物流企业从面对的是一个小的市场即覆盖国内的市场，扩展到物流企业服务的范围是国际市场既全球市场，随着地理边界的扩大，客户群也相应扩大，从服务标的看，物流企业提供的服务既有简单的也有复杂的，服务的内容也是多种多样的，十分丰富。

（三）物流客户需求

经济的发展，各种生产方式的改变，使得物流企业的客户对物流服务提出的要求也越来越多、越来越高，个性化消费渐成潮流。从卖方市场到买方市场的显著变化使客户有了更多选择权，要求物流服务尽善尽美，如全天候准时服务，通信联络 24 小时畅通；保证车辆 24 小时运转；保证各配送中心 24 小时提货交货；服务速度快；要求公司对提货、操作、航班、派送均有明确规定，服务安全系数高；要求对运输的全过程负责，保证各个环节都不出问题；信息反馈快，公司的计算机与客户联网，让客户对货物能随时跟踪、查询、掌握货物输送的全过程；必要的增值服务；在物流运输过程中增加打包、加固、包装服务等，物流消费是个性化、价值化、精神化、感性化的消费，客户可以根据自己的好恶来消费，求得自己的惬意，张扬和标榜个性。这种变化对企业的促进和改革是彻底的，企业可单独进行的物流营销活动越来越少，客户化的定制产品越来越多，以往靠一个企业，一个产品就能为客户提供满意的服务，现在需要众多企业的协调一致才能做到。如供应链就是适应这种运营情况并能产生模效应的这样一个整体，它把供应商、生产厂商、分销商、零售商等联系在一条链上，并对其进行优化，使企业与相关企业形成了一个融会贯通的网络整体，这个整体作为一个系统，相互之间协调合作，将会产生“1＋1＞2”的规模效应，更好地为客户提供优质的服务。

二、物流客户行为分析

（一）物流客户购买行为模式

根据物流企业服务的对象，物流企业必须对客户的行为进行分析，以便更准确地了解和把握客户的物流需求心理模式和行为模式，开展有针对性的物流活动。

客户的物流消费行为是在消费动机的支配下发生的，这一过程实际上是一个“刺激—反应”过程，即客户基于各种物流服务的需求的刺激，就会产生物流消费的动机，最终的反应是实现物流消费的行为，这一模式为图 2－2 所示的刺激—反应模式。

对客户的刺激有营销刺激（产品、价格、渠道、促销）和其他方面的刺激（经济、技术、政治、文化），这些刺激进入物流消费者的意识后，经过一系列的心理活动，由物流消费者的特征和决策过程导致了物流消费的决策。物流市场营销人员的任务就是要了解在出现外部刺激后到作出现实决策前的物流消费者的意识中所发生的情况，即物流消费者究竟是怎样决策的。对物流企业来说，运用这一模式分析客户物流需求行为的关键，就是要认真调研客户对该企业策划的营销策略和手段的反应，了解各种客户对不同形式的产品服务、价格，促销方式的真实反应，恰当运用“物流市场营销刺激”诱发客户的物流消费行为，使该企业在竞争中处于有利的地位。

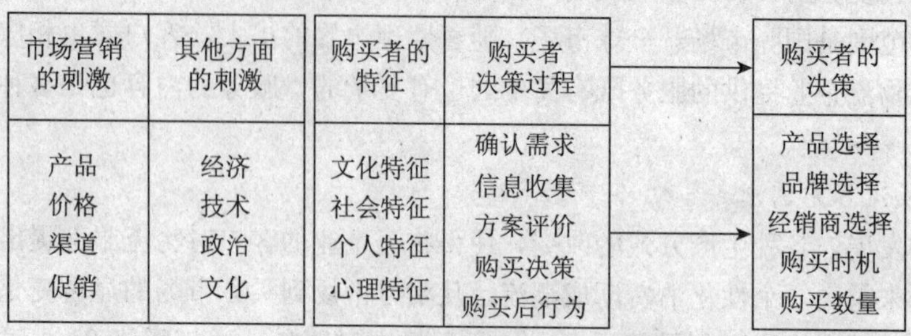

图 2-2　物流客户的刺激—反应模式

在客户实现物流需求行动中，不同的客户有着不同的行为方式，通常表现为习惯型、理智型、价格型、质量型、冲动型和不定型的物流消费类型。如某物流企业能给某一客户客户提供了良好的服务，使这个客户对其产生了安全感和信任感，从而连续地要求这个企业为其提供物流服务，不断循环往复，就形成了习惯型的客户。而质量型的物流消费行为则表现为客户对物流服务质量的要求高，要求物流企业在提供物流服务时对客户的物品特别注意安全、快速、便捷、准时的质量特性。因此，在提供多样化、个性化物流服务的今天，这也是一个非常重要的问题。

（二）物流客户的购买决策过程

物流客户的购买过程，是购买的决策过程，通常可以用五个阶段来表示，如图 2-3 所示。

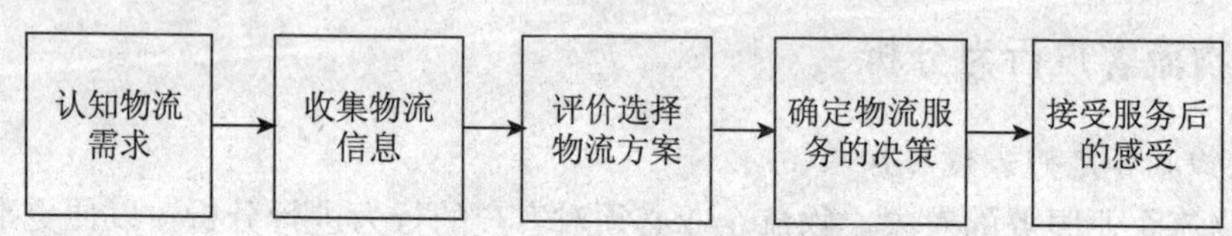

图 2-3　物流客户购买物流服务的决策过程

(1) 认知物流需求是客户要求物流服务过程的起点，是客户实现物流服务行为的核心问题，客户需要了解自己的物品以及服务的要求，包括物品的种类、运距、成本、运输需求、安全要求等。

(2) 收集信息是客户要收集运输方式、路线、工具等方面的情况，了解班次频率、运费、安全性、技术装备水平、信息处理能力、员工素质等信息。

(3) 评价选择是客户对收集的信息归纳整理分析，一般情况下，客户会面临多种方案的选择，如有铁路、水路、公路、空运等多种可供选择的方案以及对物流企业的选择等，

客户必须依据所获取的信息和自身的需求对各种备选方案作出评价，最后做出合理的选择。

(4) 确定服务的决策是客户根据评价的结果，选定自己认为最佳的物流服务商，让物流服务商承担自己外包的物流活动。

(5) 接受物流服务后的感受是客户实现物流服务后总会有一定的反应，即满意程度的反应，若满意度高，接受服务后的感受好，以后还会直接重复选择该物流企业提供更多的服务，成为其忠诚客户，若满意度一般，客户就会修正以后的选择，如果不满意，客户就会改变主意，重新选择。

三、物流客户关系管理

客户关系管理（CRM）是物流活动发展到高级阶段的重要产物。可以说，客户关系管理水平是衡量物流系统为客户创造的时间和地点效用能力的尺度，客户关系管理水平决定了企业能否留住现有客户和吸引新客户的能力。如今，对于每一个行业而言，消费者都有很大的选择余地。客户关系管理水平直接影响着企业的市场份额和物流总成本，并最终影响其赢利能力。因此在物流企业的运作中，客户关系管理是至关重要的环节。

（一）客户关系管理的含义

客户关系管理是企业从“以产品为中心”的模式向以“客户为中心”的模式进行转移的必然结果。它既可以是一种原则制度，也可以是一套软件系统或技术方案，应该说，客户关系管理包含了宏观、中观和微观三个层面的深层意义。

1. 从宏观层面看，客户关系管理是现代企业制度的一种经营管理理念

对于企业来讲，客户关系管理首先是一个商业战略，企业的目标决定了客户关系管理包括企业识别、挑选、获取、发展和保持客户的整个商业过程。企业要整合各方面的信息，使得企业对每一个客户的信息了解，达到完整性和一致性。企业对分布于不同的部门，存在于客户所有接触点上的信息进行分析和挖掘，分析客户的所有行为，预测客户下一步对商品和服务的需求。分析的结果及时反馈给企业内的相关部门，相关部门根据客户的需求，进行一对一的个性化服务。

2. 从中观层面看，客户关系管理为企业提供的是一套技术解决方案

客户关系管理“是以客户为中心的管理思想在信息技术上的一种固化”。客户关系管理的焦点在于对客户关系的自动化管理，并改善与销售、市场营销、客户服务和支持等领域的客户关系有关的商业流程。

作为技术解决方案，客户关系管理集合了当今最新的信息技术，它包括：Internet 和电子商务、多媒体技术、数据库和数据挖掘、专家系统和人工智能、呼叫中心及相应的硬件环境，同时还包括与客户关系管理相关的专业咨询。企业实施客户关系管理的目的，就是通过这一系列的技术手段了解客户目前的需求和潜在客户的需求，缩减销售周期和销售成本、增加收入、寻找扩展业务所需的新的市场和渠道以及提高客户的价值、满意度、营利性和忠实度。

3. 从微观层面看，客户关系管理是实施现代企业管理自动化的应用软件系统

客户关系管理作为一个应用软件系统，它将最佳的实践具体化，并使用了先进的信息技术来协助企业实现这些目标。客户关系管理在整个客户生命期均以客户为中心，这意味着客户关系管理应用软件将客户当做企业运作核心。客户关系管理应用软件简化协调了各类业务功能（如销售、市场营销、服务和支持）的过程并将其注意力集中于满足客户的需求上。

与此同时，又不能仅仅把客户关系管理看做是一个简单的软件，客户关系管理是帮助企业实现管理理论变化的一种现代工具，通过这种工具，企业可以通过多种渠道为客户提供全方位服务。

（二）客户关系管理的功能

客户关系管理的功能主要表现在以下三个方面。

（1）为企业各种经营决策提供重要依据，为客户提供个性化服务。通过客户信息的收集，客户行为分析，客户需求预测，寻找企业的合适客户；利用客户资源，通过与客户交流，建立客户档案和与客户合作等信息，从中获得大量针对性强、内容具体、有价值的市场信息，包括有关产品特征和性能、销售渠道、需求变动、潜在客户等，并将其作为企业各种经营决策的重要依据，改善和发展同客户的协同关系，发展与客户的长期关系，为客户提供个性化服务。

（2）提高客户满意度。通过向企业的生产、销售、市场和服务等部门和人员提供全面的、个性化的信息，强化跟踪服务和信息分析能力，使他们能够协同建立和维持一系列与客户以及伙伴之间“一对一”协同互动关系，共同为客户服务，提高客户满意度。

（3）提高客户价值。通过建立共享信息平台系统，使合作伙伴在客户服务、市场竞争、销售及支持方面形成彼此协调的全新的关系实体，为企业带来长期的竞争优势，提高客户价值。

客户关系管理还是一种管理支持系统，它集成了互联网和电子商务、多媒体技术、数据仓库和数据挖掘、专家系统和人工智能、数据分析以及呼叫中心等多项技术，是客户关系管理思想的技术化成果。

（三）客户关系管理的内容

客户关系管理的目的不是对所有与企业发生过关系的客户都一视同仁，而是从这些客户中识别哪些是一般客户，哪些是合适客户，哪些是合适客户中的关键客户。然后依此分类有针对性地提供合适服务，从而使企业价值目标与客户价值目标协调。因此客户关系管理首先应当对客户进行识别和管理，支持企业在合适的时间和合适的场合，通过合适的方式，将合适价格的合适产品和服务提供给合适的客户。

1. 客户识别与管理

（1）客户信息资料的收集。该项工作主要是收集、整理和分析谁是企业的客户，客户的基本类型及需求特征和购买行为，并在此基础上分析客户差异对企业利润的影响等问题。

收集、分析和整理的客户信息的步骤是：分辨谁是一般客户、合适客户和关键客户，它是客户关系管理的基础；与合适客户和关键客户建立深层次关系；根据客户信息制定客户服务方案，满足客户个性化需求，提高客户价值。

如何分辨一般客户、合适客户和关键客户?

在收集、整理和分析客户信息时，客户的原始资料是非常重要的，它是有关客户的基础性资料，是企业获得的第一手资料，它构成客户信息的基本内容，是企业客户关系管理的基础。具体包括以下内容：客户名称、地址、邮政编码、联系人、电话号码、银行账号、使用货币、报价记录、优惠条件、付款条款、税则、付款信用记录、销售限额、交货地、发票寄往地、企业对口销售号码、佣金码、客户类型等。企业应该细致地做好客户原始信息的收集，整理好客户原始记录。

收集客户信息的方法主要有自己收集、向咨询机构购买、信息交换等。

(2) 客户信息分析。客户信息分析是客户信息管理的核心部分，它不能仅仅停留在对客户信息的数据分析上，还要对客户的态度、能力、信用、社会关系进行评价。

对客户信息进行分析时寻找共同点是必要的，它可以帮助企业找准发展方向，但进行差异化分析却是关键，因为它能够帮助企业把握合适客户和关键客户，他们才是客户关系的主体。

对客户进行差异化分析的主要内容有：

①识别企业的关键客户和合适客户；

②哪些客户在什么期间导致了企业成本的增加；

③企业本年度最想和哪些企业建立商业关系；

④有哪些合适客户或关键客户对企业的产品或服务多次提出了抱怨；

⑤去年最大的客户是否今年也订了不少产品或服务；

⑥是否有些客户从本企业只订购了一两次服务，却会从其他地方订购更多服务。

根据客户对本企业的价值，将客户进行分类。

(3) 信息交流与反馈管理。企业与客户进行双向信息交流，及时发现客户服务过程中的问题，正确处理客户的意见和投诉，对消除客户不满，维护客户利益，保持与客户的良好关系是十分重要的。

(4) 服务管理。主要内容包括：服务项目的快速录入；服务项目的安排、调度和重新分配；事件的等级；搜索和跟踪与某一业务相关的事件；生成事件报告；服务协议和合同；订单管理与跟踪；问题及其解决方法的数据库。

(5) 时间管理。主要内容有：日历；设计约会、活动计划，有冲突时，系统会提示；进行事件安排，如约见、会议、电话、电子邮件、传真；备忘录；进行团体事件安排；查看团体中其他人安排，以免发生冲突；把事件的安排通知相关的人；任务表；预告；记事本；电子邮件；传真；配送安排等。

2. 服务人员管理

服务人员如何招聘，如何培训，如何细化岗位职责，如何进行评价等不是一个企业单独能做好的。他们只有被纳入到客户关系管理系统之中，在信息协同共享的情况下才能规范地为客户服务，使客户满意。因此服务人员管理在客户关系管理中占有举足轻重的地位。

3. 市场行为管理

在客户关系管理中的市场行为管理主要有五项内容。

（1）营销管理。主要内容包括：营销策划与进程控制；营销计划培训；营销活动的协调与支付；营销信息收集、整理及分享；营销过程中的偶发事件及应急处理；安排重大营销活动；媒体关系及公共关系等。

（2）销售管理。主要内容包括：营销策划与进程落实；营销人员管理、考核、奖惩；销售信息，如客户、业务描述、联系人、时间、销售阶段、业务额、可能结束时间等信息收集与管理；产品特征、功能、种类管理；采购、仓储与配送管理；产生各销售业务的阶段报告，并给出业务所处阶段、还需时间、成功的可能性、历史销售状况评价等信息；对地域渠道资源（省市、邮编、地区、行业、相关客户、联系人等）进行维护；终端管理，客户联谊活动，销售商渠道资源管理，物流管理，销售费用管理等。

（3）响应管理。主要内容包括：呼入呼出电话处理；互联网回呼；呼叫中心运行管理；客户投诉管理；客户求助管理；客户交流；报表统计分析；管理分析工具；通过传真电话、电子邮件、打印机等自动进行资料发送；呼入呼出调度管理。

（4）电子商务。主要功能包括：个性化界面、服务；网站内容管理；店面管理；订单和业务处理；销售空间拓展；客户自助服务；网站运行情况的分析报告。

（5）竞争对手管理。通过吸取竞争对手的先进经验和操作方法，结合企业自身实际，创造出适合客户需要的独特服务方法，提高客户价值；同时通过掌握竞争对手的发展趋势，使企业在战略决策中有个参照，规避市场风险；还可以通过分析直接相关竞争对手的信息，根据企业发展的需要，寻求合作的机会。

4. 合作伙伴关系管理

物流合作伙伴关系管理，即生产制造商伙伴关系管理和业务外包管理，主要内容包括：对企业数据库信息设置存取权限，合作伙伴通过标准的 Web 浏览器以及密码登录的方式对客户信息、企业数据库、与渠道活动相关的文档进行存取和更新；合作伙伴可以方便地存取与销售渠道有关的销售机会信息；合作伙伴可以通过浏览器使用销售管理工具和销售机会管理工具，如销售方法、销售流程等。

沈先生根据房间摆放需要，想要一台左开门冰箱，他首先想到了海尔，到海尔网站一看，果然有用户定制服务，用户可以选择冰箱开门方式等十几个特殊需求，他按需要下了订单后，海尔冰箱生产部门立即在定制生产线上组织生产，接受信息、组织生产、配送、交易整个过程，7天时间就搞定，获得了用户沈先生的好评。对用户来说，只需轻松点击海尔的网站，对海尔来说，一张小小的订单却牵动了企业的全身——设计、采购、制造、配送整个流程。

在业务流程再造的基础上，海尔形成了“前台一张网，后台一条链”（“网”是指海尔客户关系管理网站 www. haier. com，“链”是指海尔的市场链）的闭环系统，构筑了企业内部供应链系统、ERP 系统、物流配送系统、资金流管理结算系统和遍布全国的分销管理系统及客户服务响应呼叫中心系统，并形成了以订单信息流为核心的各子系统之间无缝连接的系统集成。

海尔 ERP 系统和客户关系管理系统的目标是一致的，都是为了快速响应市场和客户的需求。前台的客户关系管理网站作为与客户快速沟通的桥梁，将客户的需求快速收集、反馈，实现与客户的零距离；后台的 ERP 系统可以将客户需求快速反馈到供应链系统、物流配送系统、财务结算系统、客户服务系统等流程系统，实现客户需求的协同服务，大大缩短对客户需求的响应时间。

问题思考：

海尔是怎样实施自己的客户关系管理的？

第三节　物流企业竞争者分析

国际竞争力水平的高低直接影响到世界经济发展的进程。随着全球经济一体化进程的加快及信息技术的发展，产业的国际竞争力正在成为世界各国参与国际经济贸易、深入市场经济、提升国家实力及寻求未来发展战略的重要手段。现代物流产业作为一种先进的产业组织方式和管理技术，具有资源整合与系统优化的功能。它的发展程度也成为衡量一个国家和地区竞争力强度的重要指标。

一、物流企业竞争者分析的含义

竞争者一般是指那些与本物流企业提供的产品或服务相类似，并且有着相似的目标顾客和相似价格的企业。通常行业内企业之间，行业与周边企业之间存在着竞争与合作的关系，即竞争与合作并存的关系。物流企业要开展营销活动，必然也要在竞争的环境中争取优势，必须对自己的竞争对手增加了解程度，要做到知己知彼，才能立于不败之地，因此，必须进行物流企业竞争者分析。所指的物流企业竞争者分析，就是分析每个竞争者的目标、获利能力、市场占有率、现金流量、技术领先、服务领先和社会表现等，研究竞争者在物流行业中的经营历史、管理背景、现行战略和潜在能力，新的服务产品、营销创新、市场战略等方面的情况。这是一项复杂的工作，因为每个物流企业所面临的现实和潜在的竞争者是非常广泛的，一个物流企业在其成长的过程中很可能是被潜在竞争者击倒，而不是被当前的主要竞争者所击倒。所以每个物流企业都必须将产品和市场两方面结合起来考虑，对竞争者进行全面综合的分析，掌握物流经营活动的主动权和制高点。

二、影响物流企业竞争的因素

在市场物流竞争中，影响行业竞争和演变的五种因素，也称五种力量，分别是新进入者、替代产品的威胁、买方讨价还价的能力、供方讨价还价的能力和现有竞争者之间的竞争，现分别作简单的分析。

（一）物流新进入者

新进入者是指新加入物流行业的新企业，每一个有利可图的行业，必然吸引众多的新进入者，他们以新的业务能力进入业内，大有后来居上之势，市场占有欲较强，这些新进入的物流企业同时也给行业经营注入了新机，促进市场竞争的发展，同时也带来挑战和压力，促进威胁着同行各企业的市场地位。这种新进入者的威胁大小，是由进入障碍（壁垒）和现存者的反击所决定的。如果新进入者认为原有物流企业反击力度大或进入行业竞争的障碍高，这种威胁就会小些。进入障碍大致包括规模经济、整合成本、产品差异、资本需要、转换成本的能力、接近分销渠道的程度与规模无关的成本等，新进入者还要预测现有物流企业的反击能力及所产生的影响。

（二）现有物流竞争者之间的竞争

现有竞争者是指已在行业内的现有物流企业之间的竞争。竞争的手段主要有价格竞争、广告战、产品竞争、服务竞争等，这需要分析研究行业内竞争对手的基本情况，竞争对手的实力，竞争对手的发展方向。行业内竞争的基本情况主要包括数量、分布、市场活动区域，规模、资金、技术等力量，通过分析找出威胁最大的主要竞争对手；主要竞争对手找出后，进一步研究他们的竞争实力在哪里，知己知彼地制订有效的对策；与此同时，还必须分析整个行业的竞争格局和主要竞争对手的战略动向、发展方向（产品开发、市场拓展或转移方向），从中制定出相应的竞争策略。

（三）替代物流产品的压力

替代物流产品是指同样的业务采用成本较低的方案完成任务，如航空货运一般比地面货运的价格高出十倍。假如在发货时间要求不紧迫的情况下，客户大多数选择水路、公路、轮船、火车、汽车等地面运输方式托运货物。又如互联网的出现，很多邮件通过互联网就安全快速地传递了，取代了其他的邮件传递方式。替代物流产品设置了行业中物流企业可谋取利润的定价上限，从而限制了一个行业的潜在收益，替代物流产品所提供的价格选择机会越具有吸引力，行业的利润就压得越紧。

（四）客户讨价还价的能力

客户讨价还价的能力是指客户向物流企业施加的压力，客户与物流公司竞争的手段主要有压低价格、产品（服务）质量要求较高、索取更多的服务项目。当出现客户大批量集中购买物流服务产品、购买产品成本很大、买方赢利低、转换成本低、买方掌握信息充分等情况时，客户讨价还价的能力就越强。

（五）供应方的讨价还价能力

供应方的能力是指供应者向物流公司施加的压力，主要采取提价或维持原价，但降低产品的质量和服务。当供方的压力足够大时，会使物流企业因无法使其产品价格跟上成本增长而失去利润。在出现以下情况时供方的压力较大：如供方产生由几个公司分配、集中化程度高于物流公司，供应商在向较为分散的物流公司销售产品时，往往在价格，质量及交货期上施加相当的压力；当物流公司并非供方集团的主要客户物流服务商时，供应商往往会自抬身价；当供应商产品成为物流公司的主要投入资源时，由于这种产品对物流公司的质量至关重要，供应商也会加大议价的筹码。

以上五种因素彼此联系，互相作用，形成了行业内竞争的五种力量，如图 2－4 所示。

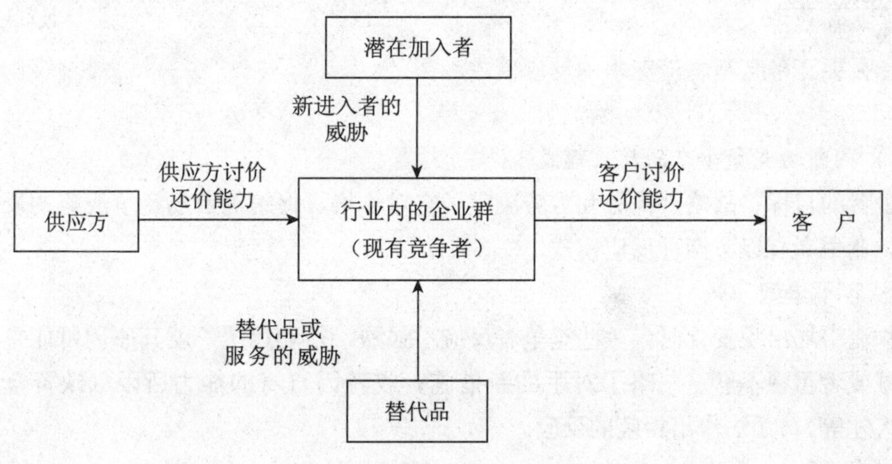

图 2－4　行业内竞争分析模型

三、物流企业竞争者的分析过程和方法

（一）识别物流竞争者

识别物流竞争者的工作比较复杂，通常的方法是将产业和市场两个方面结合起来分析，通过市场方格图（通过物流产品细分和物流市场细分）加以综合分析，即按物流产品（客户需要）和物流市场（客户群）这两个因素的不同组合来细分市场。通常行业内企业之间，行业与周边力量之间既有合作又有竞争，竞争与合作并存，所以每个物流企业要认真分析和加以识别。

（二）确定物流竞争者的目标与战略

确定了物流企业的竞争者之后，还要搞清楚每个物流竞争者的目标与战略，每个竞争者在市场上追求的目标与动力是什么，因为各个竞争者都有侧重点不同的目标，所采取的战略也各不相同。如获利能力、市场占有率、现金流量、技术领先、服务领先等。可以通过其在本行业中的经营历史，现行战略和潜在能力等方面来分析。

历史分析主要分析竞争者与历史相对的近期情况、财务情况和市场占有率、市场上的历史情况、在新服务产品物流营销创新方面有哪些出众表现和成绩等；

背景分析主要分析物流竞争者的高层领导人的职业背景、采取的各类战略、文化背景和价值观念等；

现代战略分析主要分析物流竞争者采用何种战略如实施市场领先战略、市场战略等；

潜在能力分析主要是分析涉及产品、销售渠道、营销方式、服务运作、研究开发、总成本、财务实力、组织结构、管理能力、业务组合、核心能力、成长能力、快速反应能力、应变能力及持久能力等。

为什么要正确判断物流竞争的反应模式?

（三）判断物流竞争者的反应模式

竞争者的目标、战略、优势和劣势决定了它对价格、促销等市场竞争战略的反应。归纳起来，竞争者有以下四种反应模式。

1. 从容不迫型

当物流市场出现变化时，一些竞争者反应不强烈，行动迟缓，就其原因可能是自以为客户忠诚或者重视不够、忽略了对手的新措施；或者因自身的能力所限（缺资金、缺技术、缺人才等），无法作出相应的反应。

2. 选择型

面对物流市场变化，一些竞争者可能会在某些方面作出强烈反应，而在另一些方面不予理会，如物流企业对运价的降低会予以大力反击，而对增加广告的预算则可能视而不见。

3. 凶猛型

针对物流市场变化，一些竞争者会对任何方面的进攻作出迅速强烈的反应，一般表现为当市场领先者一旦受到市场挑战者的进攻时，前者就会迅速发起全面猛烈的反击。

4. 随机型

面对物流市场变化，有些竞争者的反应模式难以琢磨，它们在一些特定的场合可能采取也可能不采取任何实质性的行动，难以预料其反应。

在物流市场营销活动中，只要物流企业密切注视国际、国内竞争的新动向、新信息，

积极客观地进行竞争者分析，扬长避短，掌握竞争的主动权，就能取得成功。

（四）面临理想与冒险环境的两种对策

1. 面临理想环境的对策

理想环境是企业难得遇上的好环境，因这时机会水平高，威胁水平低，利益大于风险，这时企业必须抓住机遇，开拓经营，创造营业佳绩，千万不可错失良机。

2. 面临冒险环境的对策

冒险环境是机会和威胁同在，利益与风险并存，存有很高利益的同时，存在很大的风险，面临这样的环境，物流企业必须加强调查研究，全面分析，发扬专家优势，审慎决策，以降低风险，争取利益。

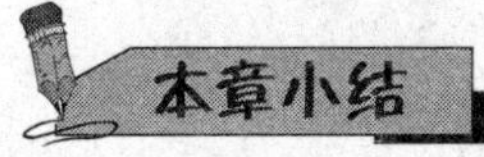

在现代物流市场营销一系列的活动中，如何根据物流市场的需要来进行目标市场的定位、制定的物流战略、合理安排物流计划、合理配置资源、确定解决方案等，是每个物流企业必须做好的重要事情。在这里，物流企业必须以市场调研和市场分析为依据，切实做好物流企业的环境分析、客户分析和竞争者分析，做好物流客户服务和客户关系管理有关工作，进一步了解、熟悉、掌握物流市场，更好地为客户提供满意的物流服务，取得良好的效益。

知识要点

1. 对物流企业的营销环境的全面分析就是要分析物流营销的宏观环境和微观环境。

2. 在国际化的现代物流活动中，世界各国都颁布了相应的经济法律法规来制约、维护、调整物流企业的营销活动。

3. 物流企业为客户服务的范围是根据自身的实力而决定的。

4. 客户关系管理的功能主要表现在三个方面，实施客户关系管理既涉及对企业现有资源的整合，又涉及企业发展的规划，它是一个创新的系统工程。它的实施一般包括八个步骤。

5. 物流企业客户服务的范围非常广阔，面对的是一个全球化的市场，

6. 现代物流的特点之一是客户对物流服务提出的个性化要求渐成潮流。

7. 每个物流企业都必须将产品和市场两方面结合起来考虑，对竞争者进行全面综合的分析。

检查与思考

一、名词解释

1. 物流营销宏观环境

2. 物流营销微观环境

3. 客户关系管理

4. 物流企业竞争者分析

5. 物流市场营销机会

二、辨析题（判断对错，并说明理由）

1. 环境因素对物流企业的营销活动产生极为重要的影响。（　　）

2. 影响物流企业市场营销的各种环境因素是相互关联又相互分离的。（　　）

3. 世界经济处在以信息科技为主导的新经济环境。（　　）

4. 识别物流竞争者的工作比较简单，通常的方法是将产业和市场两个方面结合起来分析。（　　）

5. 客户讨价还价的能力是指供应者向物流企业施加的压力。（　　）

6. 面对物流市场变化，对任何方面的进攻作出迅速强烈的反应的属从容不迫型竞争者。（　　）

7. 作为一个现代的物流行业，必然吸引众多的新进入者。（　　）

8. 认知物流需求是客户要求物流服务过程的起点，是客户实现物流服务行为的核心问题。（　　）

9. 客户关系管理首先应当对客户进行识别和管理。（　　）

三、选择题（单选或多选）

1. 现有者竞争是指已在行业中的现有物流企业之间的竞争。竞争的手段主要有（　　）。

A. 价格竞争　　B. 广告战　　C. 产品竞争　　D. 服务竞争

2. 物流竞争者的反应模式有（　　）几种模式。

A. 从容不迫型　　B. 选择型　　C. 凶猛型　　D. 随机型　　E. 理智型

3.（　　）是物流企业的微观环境因素。

A. 内部环境　　B. 供应者　　C. 营销中介　　D. 客户

E. 竞争者　　F. 社会公众

4. 物流市场营销环境分析是一个动态过程，是对营销环境的逐步深化认识的过程，包括了（　　）三个循序渐进的阶段。

A. 环境因素调查　　B. 评价　　C. 分析　　D. 预测

5. 供应链是把（　　）等联系在一条链上，并进行优化和产生模效应的一个整体。

A. 供应商　　B. 生产厂商　　C. 分销商　　D. 零售商　　E. 客户

6. 客户关系管理应面向（　　）。

A. 一般客户群体　B. 特殊客户群体　C. 主要客户群体　D. 大型客户群体

7. 如果企业在入门期的客户服务服务水平没能达到行业的平均服务水平，那么继续提高服务质量会带来（　　）。

A. 销售的增长　　B. 销售的下降　　C. 销售的不变　　D. 大量增加

四、简答题

1. 什么是物流营销环境？它有哪些特征？包含了什么内容？

2. 为什么要分析物流营销环境？

3. 简述物流环境分析的过程？

4. 怎样进行物流企业客户分析？

5. 客户关系管理的内容有哪些？

6. 怎样进行物流企业竞争者分析？

五、实践题

请对一家物流公司的内部环境分析，包括对该企业的发展目标、企业自身的条件、各个部门的协调、完成经营任务等情况进行调查分析，并写出评价和提出积极性建议的调查报告。

第三章　物流市场调查与预测

学习目标

学习本章后，学生能描述物流市场调查与预测的含义；了解物流市场调查的作用、步骤和预测的程序；说明物流需求的特点；初步掌握市场调查问卷的设计、物流市场调查的基本方法和预测的技术等。

第一节　物流市场调查

一、物流市场调查的含义、功能和作用

（一）物流市场调查的含义

在全球经济一体化下，物流企业不但要控制企业内部环境，还要了解外部市场情况，才能做到知己知彼，百战百胜。开展物流市场营销活动，必须对外部市场环境进行调查。市场调查不仅能促进企业市场营销策略的改进，还有助于创造新的市场机会。

关于市场调查的含义论述较多，美国营销协会所下的定义是：市场调查是一种通过信息将消费者、顾客和公众与营销者连接起来的职能。这些信息用于识别和确定营销机会及问题，产生、提炼和评估营销活动，监督营销业绩，改进人们对营销过程的理解。市场调查规定了设计收集这些所需信息的方法，分析结果并把结论反馈给管理者。

因此，物流市场调查可以这样定义：运用科学的方法，有目的、有计划地收集、整理、分析物流市场的有关信息资料，了解物流市场的营销环境及发展趋势，为物流市场预测和决策提供客观依据。

物流市场调查是一项基础性的工作，它需要运用科学的方法，收集真实可靠的资料，整理并分析资料，及时反馈相关信息，把握市场动态，发现新的机会和需求，物流企业才能更好地进行市场定位，投入产出效益才能做到最大化，才能在市场竞争中处于不败之地。

物流企业为什么要进行市场调查?

（二）物流市场调查的功能

物流市场调查具有描述、诊断和预测三种功能。

一是描述功能。描述是指收集和陈述事实。例如，物流企业税负较重，主要有营业税的税率是3%，城建税按营业税的7%征收，教育费附加按营业税的3%征收，企业所得税的税率25%，针对这种情况，2011年6月温家宝总理提出推动物流业发展的八项配套措施中的第一条是要切实减轻物流企业税收负担，主要是为促进物流业健康发展；如某客户对某物流企业的服务态度、收费标准的满意度等信息，通过调查，描述出来，促使物流企业提高服务质量。

二是诊断功能。诊断是指解释信息或活动。例如，改变包装对销售会产生什么影响。提高物流服务标准将会对企业收益有多大影响。

三是预测功能。预测是对物流市场未来发展变化进行预计和展望，以便利用稍纵即逝的市场机会。如物流业改革的新方向，就是要向现代物流转化，现代物流虽然还是以运输与仓储为主，但它要能为客户提供采购、加工、配送、装卸、金融、信息等全程的服务，以此为客户降低物流成本。

家居用品零售商宜家，自1998年进入中国市场，将自己定位为“家居便利店”。广州宜家家居物流配送中心面积达5万多平方米，其中库房面积达3万多平方米，主要向广东省各大城市配送，辐射范围至广西、福建。在广州范围内，也向营业场所、超市和批发商配送。经过调查，广州宜家家居物流配送中心主要存在以下问题。第一，物流成本与周边物流企业相比过高。铁路自备车的利用率只有45%左右，载重汽车的利用率也只有60%左右，造成了配送中心的运力大量浪费，物流作业效率低下，客户对配送中心的服务也不满意，因大量客户的流失而形成不了规模效益。因而物流成本比周边物流企业物流配送成本高出10%～20%。第二，配送中心信息系统虽已初具规模，但也存在一些问题。如信息系统与物流作业技术、物流作业流程配合的不默契，与最终用户之间的网络化程度低，配送资源的闲置与重复配置矛盾突出，严重地影响了配送中心的配送效益。第三，配送中心配送作业不合理。配送中心经常出现库存储存量不足，不能保证企业随机变化的需求，失去了一些本该拥有的订单，失去了一些本该拥有的市场。

针对广州宜家家居物流配送中心存在的问题，提出一些改善建议：①建立健全管理制度，规范运营流程。配送中心应成立项目小组对现有的制度和流程进行梳理，减少管理漏洞。还应制定配套的奖惩制度保证制度和流程的贯彻执行。对流程关键控制点还应编制详细说明，并绘制成流程示意图和附加标注，明确责任。②扩大服务范围。可以从为自己内部服务过渡到提供社会综合配送，如为其他企业提供配送服务、向第三方物流企业发展。配送中心除了传统的储存、运输、包装、流通加工等服务外，还可以从外延上扩展至市场调查与预测、采购及订单处理、向下延伸至物流配送咨询、物流配送方案的选择与规划、库存控制策略建议、货款回收与结算、教育培训等增值服务；从内涵上提高了以上服务对决策的支持作用。③广州宜家家居的配送中心应利用现有资源，建立信息化平台，运用电子商务手段努力提高信息处理速度，优化资源配置，在订单信息处理、库存管理、运输安排、追踪反馈各环节全面提高配送效率和运营水平。还要通过多种渠道发布配送服务信息，增加业务量，为客户提供满意服务。

（根据霍俊婷的“广州宜家家居物流配送中心研究”一文整理，中国企业 IT 网，2010-6-14）

问题思考：

物流市场调查发现宜家家居存在什么问题？应如何改善？

（三）物流市场调查的作用

1. 物流市场调查能促进物流企业改善经营管理，提高市场竞争力

在物流市场竞争中首先以实力为基础，物流企业通过市场调查，不仅可以及时了解本企业在竞争中所处的位置，还能够对比自己与竞争对手在经营方面的差异，为企业经营决策提供信息，不断改善经营管理，加强企业竞争力，提高企业经济效益。如海尔集团十分注重物流市场营销调查，不断对行业竞争的态势及时地进行调查研究，采取应对措施。从1999 年年初开始物流管理改革，定位在增强企业竞争优势的战略高度上，通过“市场链”对传统的“金字塔”形组织结构与管理体系进行再造，建立了现代化的立体库，开发了库存管理软件，运用机械化搬运和标准化包装，提高生产效率，后来，海尔利用第三方物流进行内部配送，利用企业物流把社会力量整合起来。利用企业全面信息化的创新管理，使海尔集团的市场影响力大幅提升。2007 年，海尔在中国家电市场的整体份额达到 25%以上，海尔品牌价值高达 786 亿元，现已跻身世界级品牌行列，其影响力正随着全球市场的扩张而快速上升。

2. 物流市场调查能够发现市场机会，应对市场波动，为赢得市场提供保证

市场供求状况及市场营销环境总是处在动态变化之中，在变化莫测的市场中，市场机会也会孕育于其中。影响市场发展的因素很多，有宏观环境因素，如人口因素、政治法律因素、经济因素、社会文化因素等；也有微观环境因素，如消费者、竞争者、中间商、供货商等。在商战中不断进行市场调查，广泛搜集有关信息资料，根据市场需求组织物流企业经营服务工作，才能增强企业自身的实力，增强在多变的市场中应对突发性市场波动的能力，进而发现并把握市场机会，采取合适的对策，赢得经营的成功。美国沃尔玛于 1996 年登陆中国深圳开始，目前在中国开设的门店数量超过 300 家，2010 年在中国的营业额约

为75亿美元，仅占其4200亿美元全球收入的2%。发展效果达不到预想目标，曾出现连续数年亏损的窘境。究其原因，正如沃尔玛亚洲总裁钟浩威说："我们刚开始时并不很了解中国市场，订的货不怎么适合当地的口味。"

3. 物流市场调查有助于物流企业提高市场预测和经营决策的准确有效性，为企业进行科学决策提供依据

现代营销、经营决策是在市场调查和预测基础上进行的，物流企业在各种可供选择的方案中，根据需要和可能去选择最优的方案，而经营决策的信息源主要来自市场调查工作结果。因此，市场调查在企业的整个预测和经营决策中无疑是起着基础性作用。上海通用汽车公司对中国汽车市场进行调查发现，中国汽车工业企业，一般的物流成本起码占整个生产成本的20%以上，差的公司基本在30%～40%，而国际上物流做得比较好的公司，物流成本都控制在15%以内。公司成立初期，在现代信息技术的平台支撑下，运用现代的物流观念做到交货期短、柔性化和敏捷化。建立一个在"精益生产"方式指导下全新理念的工厂，实行即时（Just In Time，JIT）供货，降低库存量，通过缩短供货周期来达到低成本、高效率。上海通用汽车市场占有率从第七位升到第三位。

4. 物流市场调查有助于物流企业形象的塑造

物流客户在选择物流企业的过程中，主要会受到价格和服务质量等因素的影响，但企业形象也是客户关注的又一因素。企业形象设计的前提和关键，就是要客观测定实际的企业形象，因此，企业形象的市场调查活动越全面、越充分，企业形象的设计就越具针对性，成功的可能性就越大。例如，雅芳集团为解决销售模式的弊端而进行了为期一年的市场调查和摸索，拟订了一套自称为"直达配送"方案，进行物流流程整合，结果，经销商的流失率下降到了10%，产品销售量平均提高了45%；营运成本从8%降至6%，其知名度、美誉度随之显著提高，品牌家喻户晓。

二、物流市场调查的类型和内容

（一）物流市场调查的类型

物流市场调查按不同的标准有不同的分类，通常有以下几种情况。

1. 按物流市场调查所要达到的目的划分，可分为探测性调查、描述性调查、因果性调查、预测性调查四种

（1）探测性调查。这种调查是企业对自身经营或市场存在不明确的问题而一时又收集不到有关信息资料而进行的调查。主要包括对企业的发展方向、规模以及对市场的某一问题等进行的调查。例如，某物流企业近三个月来的客户持续减少，是由于服务质量下降还是竞争对手营销策略的优势、是硬件落后还是内部管理问题等，为弄清原因，可以通过探测性调查来寻找答案。探测性调查一般通过搜集第二手资料，请专家、客户进行初步询问调查研究，或参照以往发生类似的实例，查明问题的初步原因，找出问题的关键所在，以便进一步探讨解决问题的办法。

（2）描述性调查。这种调查是进行资料的收集、整理，对市场客观情况如实地加以描

述和反映，从中揭示各因素之间的内在关系，通过调查，把市场活动的面貌如实地描述出来，不必作结论。一般可用于物流市场占有率的调查、竞争状况、零售连锁企业的物流配送系统的调查、物流管理模式的调查、物流市场客户满意度的调查等。

(3) 因果性调查。这种调查是在描述性调查的基础上，找出市场上出现的各种现象之间、各种问题之间相互关系的原因和结果。例如，为什么美国联邦快递成为全球最大的货物快递公司？为什么沃尔玛现在的物流配送业务运作在中国不顺畅？为什么某物流企业的供应比率老是达不到98%等。通过因果性调查，我们就可以弄清楚问题产生的前因与后果，弄清"因""果"的主次和影响程度，企业能对症下药，取得经营的主动权。

(4) 预测性调查。这种调查就是通过搜集和分析过去和现在的各种信息资料，运用定性和定量的方法测算和估计未来一定时期内市场变化趋势的调查活动。现在许多世界著名企业预测性调查都是使用计算机与网络进行的。例如，沃尔玛有一个零售链接系统，可以使供货商直接进入到沃尔玛的系统，在中国，沃尔玛有300多家供货商，在深圳他们也可以进入沃尔玛的零售链接系统中了解他们的商品卖得如何。在美国，沃尔玛有数以千计的商店，供货商也是通过零售链接系统来了解销售情况，从而进行生产决策。根据每天的销售情况，他们可以对将来的销售进行预测，以制订生产计划，降低产品的成本，从而使整个过程形成一个无缝链接的流程。

2. 按物流市场调查对象范围划分，可分为全面调查和非全面调查

(1) 全面调查。这种调查也称为普查，就是对涉及调查对象的全部单位无一遗漏地进行调查登记的一种调查方式。它能收集到覆盖面广、完整、系统的信息资料，进而得出较为可靠的结论，可避免以偏赅全的错误，但要花费较多的人力、物力、财力和时间，一般适用于被调查对象不多的情况。例如对中国百强企业物流现状的调查。

(2) 非全面调查。它是对调查对象中的一部分单位进行调查。包括重点调查、典型调查、抽样调查等。这类调查与全面调查相比，花费人力、物力、财力、时间较少，而且较灵活。同时，由于是选择一部分调查单位进行调查，所以可以掌握较深入、较细致的资料，对问题的认识也更透彻。市场调查大多数属于这一类型。要进行全国物流行业薪酬调查，可以采用抽样调查这种非全面调查方式。

3. 按市场调查具体方法的不同，可分为观察调查、询问调查和实验调查

(1) 观察调查。这种调查就是对被观察的问题或现象，由调查人员直接或借助仪器到现场对被调查者的行为进行观察、测量并记录以获得第一手资料的一种调查方法。如城市高速公路车流量的调查，可采用观察法调查。

(2) 询问调查。这种调查是指对企业所要调查的问题，通过交流访谈的方式向被调查者了解实际情况，从中研究如何解决问题的方法。如某物流企业可以通过电话访问的方式，了解企业的服务质量情况。

(3) 实验调查。这种调查是指对企业所要调查的问题，通过实验来获得资料，并从中得到答案的活动。

总之，按不同标准分类，市场调查种类还有多种，可见市场调查是一个分阶段、分层

次的、由浅入深的过程。

（二）物流市场调查的内容

1. 物流资源调查

（1）市场营运环境。

物流企业的经营活动是在复杂的社会环境中进行的，对市场营运环境的调查，是企业开拓物流市场的基本前提。主要包括政治环境、经济环境、法律环境、技术环境、社会文化环境和自然环境等方面的资料，以及区域内的物流调查，包括政府物流计划、物流设施建设、物流企业发展状况等。

（2）物流基础设施装备调查。包括仓储设施、运输车辆、装卸设备、搬运工县、分拣设备等。

（3）物流从业人员调查。包括物流从业人员的数量、素质和物流人员需求的调查。

（4）信息技术资源和需求调查。包括以下：

①物流市场信息网络、计算机及其辅助设备建设调查；

②信息技术需求调查；

③信息技术计划调查；

④竞争对手信息技术运用现状的调查。

2. 市场需求调查

（1）市场容量的调查。包括物流市场消费结构变化情况、消费量和分布情况、与竞争企业的比较、潜在客户情况调查等。

（2）物流需求特点的调查。分析和了解客户的消费偏好和差异，以提供合适的服务。

（3）市场需求变化趋势的调查。从客户需求变化的特点、改变物流服务战略可能引起的变化、竞争者的变化等状况入手，做趋势调查。

3. 客户资源调查

（1）主要用户数量、主要用户行业分布和区域分布、主要用户的稳定性和亲和度、主要用户的物流发展计划；

（2）主要拥有的未来物流需求、客户市场的基本结构和特征，这些购买者信息可以帮助物流营销者进行状况分析并制定目标市场战略。

4. 产品和价格调查

（1）调查市场同类服务的数量、性能、价格等以及物流购买者对服务的认识、建议等；

（2）服务成本及其变动情况；

（3）影响物流市场价格变化的因素、同类服务供求变化情况、替代服务价格的高低、不同服务方案的定价方法；

（4）物流服务标准确立现状与质量管理情况；

（5）促销的调查，包括物流客户惯于通过什么渠道了解物流信息，竞争企业的促销费用、广告费用，广告策划、促销组合的宣传推广效果等。

5. 物流流量和流向调查

(1) 库存商品的入出库数量、主要仓储方式;

(2) 承运商品的运量、主要运输方式;

(3) 商品资源的分散程度;

(4) 商品流向、流通过程所覆盖的区域。

6. 竞争情报的调查和收集

(1) 竞争者现有物流资源和现有的用户资源;

(2) 竞争者物流营销计划。

应该系统地收集、整理企业现有和潜在竞争者的信息,并对信息进行分析,以了解竞争者的营销战略、策略和未来发展方向。在竞争中知已知彼,更好地发挥企业的优势。

三、物流市场调查的步骤

物流市场调查是根据预定的研究目的,有组织、有计划、经过一定的程序或步骤收集有关资料的工作过程。一般的步骤分为准备、实施、整理与分析三个阶段。其中,每个阶段又分为若干步骤,如图 3-1 所示。

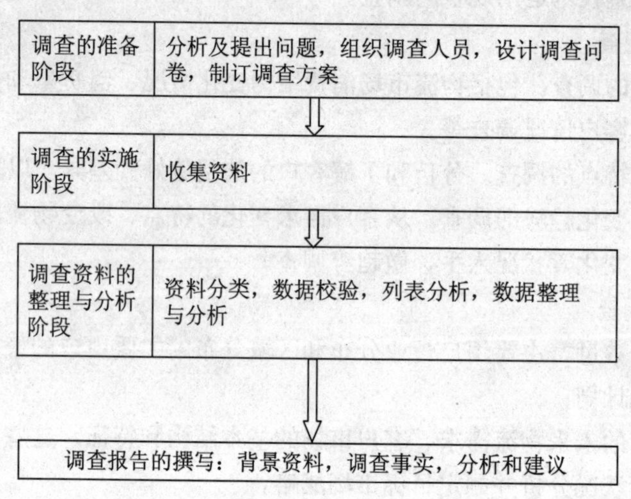

图 3-1 物流市场调查步骤

(一) 物流市场调查的准备阶段

1. 分析情况及提出问题

根据物流市场的变化,物流企业经营状况以及发展需要,提出调查的问题,确定调查的方向和任务。

2. 制订物流市场调查计划

(1) 确定调查目的。制订物流市场调查计划,首先要确定调查目的和任务,根据不同的任务,从不同的目的来搜集不同的资料,确定调查内容、调查对象、调查方法等。

（2）确定调查内容。调查内容是被调查单位需要登记的各个项目，包括：需要收集哪些材料，如何才能取得这些资料等。调查内容不应设置过多，只要能说明问题，项目越简单越好。

（3）确定调查方法。调查方法是实现调查目的的基本手段，选择方法时要必须考虑的因素有：用什么方法能获取尽可能多的情报和资料，用什么方法能得到如实的情报，用什么方法才能以最低的成本达到既定的调查目的等。可以选择的方法有抽样调查、重点调查、普查、典型调查。

3. 组织调查人员

这个步骤包括确定和选拔参加市场调查的人数、调查对象和组织领导者。调查人员的素质及组合直接关系到调查工作的质量和效果。在组织市场调查人员时应该注意以下几点：

（1）根据物流市场调查任务确定参加人员的数量；

（2）以专业调查人员为基础，根据需要选用一些非专业人员，组成一支专业人员与非专业人员相结合的调查小组；

（3）对调查人员进行专业培训，提高物流市场调查的素质和能力。

4. 设计调查问卷

问卷调查是物流市场调查常用的一种方法，因此设计出理想的问卷是使物流市场调查顺利进行的前提。以下是设计问卷的要注意的几个主要问题：

（1）设计问题表述的规则，具体如下。

①每个问题的内容要单一，避免多重含义，例如，戴尔计算机中国有限公司的库存量一般控制是多少？这问题只了解库存量，较为明确。

②问题的表达要具体，避免抽象、笼统，例如，设计“沃尔玛的物流配送体系是怎样的?”的问题就不太合适，因为它涵盖的范围太大，具体是指哪一个环节（自动补发货系统、零售链接系统或者是物流运输系统）不清楚；

③表述问题的语言要简短、通俗、准确；

④表述问题的态度要客观，不能带有倾向性或诱导性；如中国人购买产品较为习惯看到真品且货比三家，因此你认为销售计算机适合分销还是直销？这个问题带有明显的诱导性。

⑤不要直接提问敏感性问题。如贵企业今年给部门经理发了多少年终奖金？给职工又发了多少年终奖金这样涉及收入的问题，回答者可能不会明确地回答。

（2）设计问卷问题的形式。可以采用开放式题目和封闭式选择题两种，开放式问题可以根据被调查者的想法自由地作答；封闭式问题则给出一项或多项答案进行选择作答，采用后一种形式的调查者较多。

（3）设计问卷问题答案。这里主要是掌握和运用好设计答案的原则，具体如下：

①互斥性原则。是指同一问题的若干答案之间关系是相互排斥的，不能有重叠、交叉和包含等情况。例如，您现在从事物流工作的岗位是什么？

A. 运输业务员　　B. 仓储与配送员　　C. 物流营销员　　D. 信息处理员
E. 物流保管员　　F. 物流配送　　G. 物流运输

②完备性原则。是指所排列出的答案应包括问题的全部要点，不能有遗漏。被调查者选择的若干个答案之中，一定要设“其他”的附加问题，以避免遗漏现象。

上述的答案设计哪几个违反互斥性原则呢?

某物流公司客户满意度调查示例

※※

某物流公司客户满意度调查

一、调查目的

本公司经过多年发展，建立了全方位、多层次的运送保障体系，能提供适合客户需要的产品。为优化公司内部管理和提高客户服务质量，进行客户满意度调查，以找出存在问题，提出改善建议。

二、调查对象：本物流公司的所有客户

调查单位：每一位客户

三、调查时间：2011 年 8 月 31 日，本项调查工作在 8 月 31 日至 9 月 15 日完成

四、调查方式：采用随机抽样调查方式

五、调查问题说明

1. 本次调查真诚邀请您或贵公司根据实际情况发表您的看法和观点。

2. 答案无对错之分，如果您不明确某个问题的具体意思，可跳过该题。

3. 调查问卷绝对保密。

4. 问卷答案采取标尺形式，分为五级，各级分数分别代表：1——完全不同意；2——不同意；3——比较同意；4——同意；5——完全同意。请标出您的选择项。

本次调查为本公司内部资料，不对外公开，请您配合我们的工作，谢谢!

六、调查内容

1. 您的年龄：

A. 18 岁以下　　B. 18～30 岁　　C. 30～50 岁　　D. 50 岁以上

2. 您的月收入：

A. 2000 元以下　　B. 2000～5000 元　　C. 5000～8000 元　　D. 8000 元以上

3. 您的学历：

A. 大专及以下　　B. 大学本科　　C. 研究生及以上

4. 整体而言，您对我公司物流服务的满意度。

1　2　3　4　5

5. 您对我公司不满意的原因（可多选）：

A. 服务态度不好　B. 发生破损事故　C. 发生丢失事故

D. 货物晚点　E. 异常反馈不及时　F. 服务事故解决慢　G. 其他

6. 您非常愿意向正在寻求物流服务的公司推荐我公司。

1　2　3　4　5

7. 若有机会您想尝试与其他的物流公司合作。

1　2　3　4　5

8. 我公司能履行约定的服务内容。

1　2　3　4　5

9. 我公司的服务价格很合理。

1　2　3　4　5

10. 我公司的物流服务有助于您的成本节约。

1　2　3　4　5

11. 我公司的物流服务有助于减少您的存货。

1　2　3　4　5

12. 您愿意与我公司长期合作。

1　2　3　4　5

13. 贵司当前最亟须我公司予以解决的问题（可多选）。

A. 提高提/送货准时率　B. 降低缺失或破损等服务事故

C. 提高信息反馈及准确率　D. 增强特殊操作保障　E. 其他

七、结束语

因为有您的支持，我们的工作会做得更好，服务质量会更高！谢谢！

某物流公司

二〇一一年八月三十一日

※※※

（二）物流市场调查的实施阶段

物流市场调查实施阶段的主要任务是组织调查人员深入实际，按照调查计划的要求和安排，系统搜集调查资料，这些资料按来源的不同可以分为第一手资料和第二手资料。

第一手资料也称为原始资料。它是调查人员通过询问法、观察法、实验法等现场调查所搜集到的、没有经过任何加工整理的资料，这些资料是直接接触和感受的事物，是市场调查的直接结果。

第二手资料是经过其他人收集、记录或初步整理过的资料。它包括内部资料和外部资料，内部资料是指企业已存有的各种记录、凭证（包括发票、合同等）、统计表、客户往来函电，以及营销人员提供的情报资料、客户反映的记录等。此外，还包括企业会议记录、工作总结、行情动态等。外部资料主要包括：政府主管机关发布的统计资料、同行业、同系统所发布的市场动态、行情信息；市场调查机构、信息机构、广告公司等企业单位发行的商业性刊物；新闻出版单位公开出版的期刊、文献、报纸、杂志、书籍和研究报告等。

（三）调查资料的整理分析阶段

调查得到的资料往往是杂乱无章的，必须经过整理分析，才能加以利用，这个阶段的工作一般是这样进行的。

1. 资料的审查

主要审核检测资料的准确性、完整性、真实性、可比性、时间性，如果发现与要求不相符合的资料，必须加以剔除，以免影响调查结论的正确性。

2. 资料分类

分类是整理分析的基础工作之一，数据要标注明显、归类、注明出处、归档；译成代码，使用计算机处理和便于查找等。

3. 列表分析

通过表格的形式把大量复杂的经济问题或调查结果用一组或多组资料反映出来，既节省时间和篇幅，又可以集中问题进行研究和分析，反映市场相关因素的经济关系或因果关系。因此，列表是整理分析调查资料的重要手段，列表可采取两种形式：一是按时间连续性对比列表；二是按同一时点对比变化情况列表。

4. 资料整理与分析

资料整理是将调查得来的大量资料按照一定的标志和类别分成若干部分，资料分析是依据一定的统计方法，通过分析，探索被调查对象的发展方向及变化趋势。主要用描述性和探讨性两种分析方法进行分析。描述性分析包括分组分析、集中趋势分析、离散程度分析、相对程度分析等；探讨性分析包括假设检验、方差分析、相关分析、回归分析等方法。

5. 调查报告的撰写

调查报告是市场调查综合结果的书面资料，调查报告有专门报告和综合报告两种。报告的内容主要有：背景资料（调查目的、调查地点和对象、调查时间和样本数、调查采用的方法）、调查结果、分析建议、必要的附件等，撰写时要紧扣主题，用调查到的数据说明问题，统计数字力求准确；文字扼要，突出重点；分析问题力求客观，避免武断，克服片面性；必要时可使用图表说明问题。

四、物流市场调查的方法

（一）物流市场资料的收集方法有原始资料的收集方法和二手资料的收集方法

原始资料的收集可以通过定性调查和定量调查方法获得。定性调查提供对问题的看法

与理解，调查结果并没有经过量化或定量分析。定量调查通常是利用一些统计分析将数据量化。焦点小组访谈法和深度访谈法是定性调查的常用方法。焦点小组访谈法一般由 8～12 人组成小组，在一名主持人的引导下对某一主题或观点进行深入讨论，调查的目的在于了解人们心中想法及其原因。深度访谈法是进行一对一的会谈，可用于定性数据和定量数据的调查。二手资料的收集一般采用文案调查法，主要以收集文献性信息为主，如书籍、报纸、杂志、档案、统计报表、会计报表等所反映的信息，也可以通过互联网查询有关信息。物流市场营销调查方法归纳如图 3－2 所示。

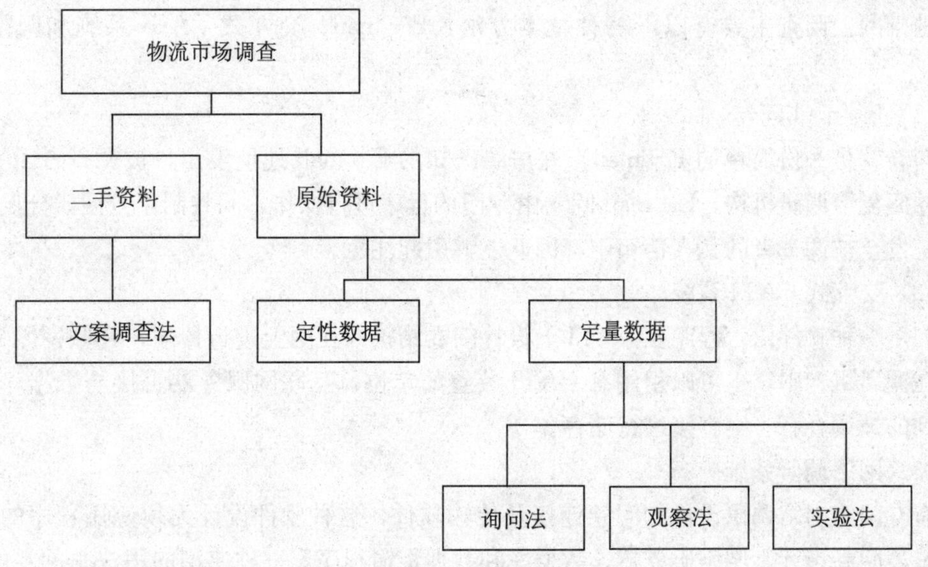

图 3－2　物流市场调查方法归纳

（二）询问法

它是调查者直接询问被调查者而获得资料的方法。根据调查人员与被调查人员接触方式或使用媒介物接触的方式不同，分为直接面谈法、电话调查、邮寄调查、网上调查等。

1. 直接面谈法

直接面谈法是调查者与被调查者面对面交谈以获取市场信息的一种调查法。它有以下几种类型：入户访谈法、集体座谈访问法、街上拦截法、经理访谈法等。该方法的优点是有很大的灵活性、拒答率低、易得到较高的回答率、调查资料质量较好、调查对象适用的范围广；缺点是调查费用较高、对调查者素质要求较高、调查周期较长。

2. 电话调查

电话调查是通过电话中介交谈来获取信息的一种方法，它是一种间接调查方法。运用此法应注意设计的问题要便于询问及记录，挑选和培训好调查员，选择好调查样本及调查时间，如调查洗衣粉的洗衣效果，应选择家庭主妇为调查对象，宜选在晚饭后进行调查。电话调查的优点是信息反馈快、费用低、通话范围广阔、节省时间；缺点是一次交谈人数少，内容不能多，接电话者没有思想准备，回答问题显得勉强或质量不够高，被调查者代表性不广泛，影响抽样及推论结果的准确性。

3. 邮寄调查

邮寄调查是一种将事先设计好的调查问卷寄给被调查者，由被调查者根据要求填写后寄回的一种调查方法。为提高回收率，可准备一些小礼品作为鼓励。其优点是调查空间广、范围大、费用较低，被调查者考虑作答时间充裕、匿名性好；缺点是问卷回收率低，影响样本的代表性，回收时间长，时效性较差。

4. 网上调查的方法

进行网上调查主要有以下三种基本方法：E-mail、交互式 CATI 系统和网络调研系统。

(1) E-mail 问卷

问卷就是一份简单的 E-mail，并按照已知的 E-mail 地址发出，被调查者回答完毕将问卷回复给调研机构，E-mail 问卷由专门的程序进行操作，问卷制作方便，分发迅速。由于是发至被调查者的私人信箱中，因此能够引起注意。

(2) 交互式 CATI 系统

利用一种软件语言程序在 CATI 上设计问卷结构并在网上进行传输，互联网服务站可以设在调研机构中，也可以租用有 CATI 装置的单位，互联网服务器直接与数据库连接，收集到的被调查者答案直接进行储存。

(3) 网络调研系统

有专门为网络调研设计的问卷连接及传输软件，这种软件设计无须使用程序的方式，包括整体问卷设计、网络服务器、数据库和数据传输程序。一种典型的用法是问卷由简易的可视问卷编辑器产生，自动传送到因特网服务器上，通过网站，使用者可以随时在屏幕上对回答资料、进行整体统计或图表统计。

应根据物流企业的条件和市场调查内容的要求，选择适当的方法收集数据资料。

(三) 实验法

实验法是把调查对象置于一定条件下进行小规模实验，通过观察分析，了解其发展趋势的一种调查方法。实验法是借用自然科学家在实验室中进行实验求证，来收集资料的方法。例如，物流企业要推出某项物流服务项目之前，先在小范围试行，观察市场反应，再普及实施。这就是实验法的例证。实验法应用范围很广，凡是某种物流产品或服务在改变它的质量、包装、设计、价格、广告宣传等时，都可以使用实验法进行调查。物流企业要改进内部管理或对外服务程序，也可以使用实验法。

(四) 观察法

观察法是通过观察相关人的行为和情景来收集第一手资料的一种调查方法。观察时可以采用机械观察、电子观察、人员观察等方法。常用的观察法有下面三种。

(1) 直接观察法，是调查者直接到现场进行实地察看。此法简单易行，比较灵活客观。

(2) 亲身经历法，是调查者亲身参与实际活动，亲历其境地进行观察调查，其调查的资料是最真实的。

(3) 行为记录法，是由调查者用特定仪器或方法，把被调查者在一定时间内的行为记录下来，再从记录中找出所需要的市场信息的一种方法。该方法的优点是事实客观正确；缺点是只看到现象，不能深入事物的本质。

第二节 物流市场预测

一、物流市场预测的含义

所谓预测是根据历史资料和现状，运用科学的知识和手段，通过定性和定量分析的方法，揭示市场未来发展趋势和变化程度。预测作为一门科学理论和方法，广泛地应用于各个领域。预测包含四个基本要素：预测信息、预测技术、预测分析和预测判断。

物流市场预测是预测的科学理论和方法在物流市场营销中应用。所谓物流市场预测是指在对物流市场调查的基础上，运用科学的方法和数学模型，预测未来一定时期内的物流市场发展趋势及变化程度。物流需求的特点是物流市场预测的重要理论依据，市场预测方法是物流市场预测的方法依据，结合市场调查结果的运用，市场预测才能成功。

二、物流需求的特点

随着现代社会市场竞争日益激烈，企业越来越重视市场预测工作，需求预测的准确性，将会影响物流企业对未来市场发展趋势的判断，从而决定企业的营销决策，决定企业的经营绩效。因此，需求预测对物流企业整体运作来说是非常重要的环节，是物流企业所有部门进行规划和控制的基础性工作。

苏宁电器公司是大型连锁家电销售企业，物流部门是其基础的核心部门。现代化的物流中心是企业强化客户服务体制、控制流通成本、战胜竞争对手的一个重要手段，实现物流中心自身的效率化、按照客户的要求建立进货体制以及保障物流中心内部的合理化，进而降低成本是必不可少的。苏宁电器的物流管理体系按照“专业化分工、标准化作业、模组化结构、层次化管理”的原则设立和运行。其物流配送体系上下分为三级：总部物流管理中心、区域配送中心、城市配送中心。公司以南京物流中心为全国配送中心，杭州和北京为2个区域配送中心，以满足公司在46个城市设立的门店的配送需求。物流作业分为四个阶段，分别是商品入库阶段，订单处理、拣货核对阶段，货物运输阶段以及产品退货阶段。为降低商品采购过程中的各项费用支出，采取以下措施：①加强集中采购，发挥规模优势。苏宁开创了个家电经营商业新的采购模式——买断、包销。所谓“买断、包销”，就是苏宁通过大单一次性买下一款或几款畅销机型，通过规模数量获取优势价格。同时，还会根据不同区域市场的特点，包括气候条件、房屋结构等，向厂家专门为该地区消费者定制一批机型，充分满足该地区消费者的需求。②根据市场状态，确定采购对象，建立稳定的供应伙伴关系。苏宁电器采用“定制”的采购模式进行采购。所谓“定制”，就是苏宁根据不同地区、不同消费者的需求，专门向工厂定制在功能、款式等方面符合消费者需求的产品。2011上半年苏宁实现营业收入442亿元，同比增长22.68%，归属母公司净利润24.7亿元，同比增长25.35%，销售和服务能力增强，综合毛利率同比增加1.57%。同期苏宁综合毛利率达到18.9%。这主要归功于以下两方面：其一，整合供应链资源的能力增强，和供应商订立采购合同时议价能力增强；其二，传统家电产品随着定制、包销、OEM等采购手段深入，品类毛利率稳步提升。正建立新一代的物流自动化仓库，将实现小件商品的远距离快速配送响应。同时，公司计划在全国68个城市筹建208个快递点，提高网上商城配送的及时性、准确性，为苏宁易购网上商城的长远发展提供助力。

问题思考：

为满足不同消费者的需求，苏宁采用什么采购模式？

诚然，市场预测在供应链运营的所有决策中也起着重要的作用，物流市场预测是供应链运营决策的基础，每个部门都有各自不同的预测问题，物流部门的预测，涉及需求的空间和时间的特征、需求波动的幅度和随机程度等。

1. 需求的空间性和时间性

物流需求要考虑时间和空间两维，即物流管理者必须知道需求量在何时、何地发生，预测的时间性是指需求随着时间的推移而发生的变化，在物流企业中这一变化往往反映为不同时段销售的波动，需求的时间特性是预测中比较常见的，由于销售的增长或下降、季节性变化、多个因素的影响而导致的一般性波动都会引起需求时间的变化，短期预测都要处理需求的这种时间变化，被称之为时间序列。需求的空间性是指在某一时间需求的地域分布，它将显示出企业目标市场的分散程度，物流企业规划仓库位置、平衡物流网络中的库存水平和按地理位置分配运输资源等都需要知道需求的空间位置，所选择的预测技术必须反映影响需求模式的地理差异。

2. 物流需求的规律性和不平整性

物流管理者将产品分组，以确定不同的服务水平，对它们实行区分管理。这些不同的产品组合、不同种类的产品都会随时间形成不同的需求模式，大多数的需求随着时间序列递增或递减，会呈现出有一定规律的模式，这种需求就是规律性的需求，它表现为趋势性、周期性和随机性三种状况。

所谓趋势性指的是需求呈现随时间推移表现出来的稳定增加、减少或不变等趋势；所谓周期性变化的需求是呈现大体有规律的波浪形变化的特征，例如随着电风扇销售量每年春、夏、秋、冬发生较有规律的需求季节性周期变化，则电风扇营销的物流活动也呈现有规律的周期变化。随机性是指需求因不特定时间的特殊事件而发生的变化。如果随机波动

只占时间序列中的很小比重，利用常用的预测方法就可以得到较好的预测结果。如果某种产品的需求由于总体需求量偏低，需求时间和需求水平不稳定，那么需求就会表现为间歇式的，这种时间序列称为不平整的时间序列，这种需求称为不平整需求。一般来说，需求越不平整就越难预测。

3. 独立需求与派生需求

独立需求是指某物品自身的需求状况与其他物品需求不相关的特性。如客户对物流服务的项目、质量、价格、设备等方面的个性需求。派生需求也称相关性需求，是指由生产某产品或相关物品所带来的对其他物品的需求，如用户订购一辆汽车后，生产厂家除了进行汽车主体生产外，还会相应购置若干个轮胎、反光镜、车用坐椅等汽车生产配件，这些需求就是由汽车的需求状况所派生出来的需求。

换句话说，独立需求是指直接满足客户市场消费的需求，需求数量是随机的、零散的，只能有限地进行预测，而派生需求则是企业内部为满足生产制造的需求，它可以根据企业性质和生产周期准确计算。

如果需求是独立的，运用统计预测方法预测的效果就好。多数短期预测模型的建立在需求独立和随机的条件之上。而派生需求有很强的倾向性，也不是随机的，只要最终产品的需求是确定和已知的，利用派生需求的方法得出的预测结果就是很准确的。如果不知道需求变化的原因或者原因太多，使需求预测存在随机性太大，使用以统计为基础的预测就可以有效解决这一问题。

4. 需求的可预测性

需求的可预测性根据其难度一般可分为三种：第一种是有规律的需求，而且具有高度的可预测性；第二种是无规律需求，但数学统计特征持续统一；第三种是无规律需求且不可预测。从管理层角度讲，第一种需求模式最简单，无须复杂的预测模型，就可以得到较为准确的预测结果，多用于物流系统运作预测；第二种需求就需要借助统计预测的方法获得预测值，并在一定概率水平下达到预测结果；第三种需求模式则需要完善的库存管理系统，强调物流系统的柔性，才能达到物流企业减少存货降低物流成本，满足客户需要的战略目标。

三、物流市场营销预测的程序和方法

（一）预测的程序

预测的程序一般包括以下几个阶段。

1. 根据预测的任务，确定预测的目标，制订预测计划

按照预测计划的需要，确定预测对象和目标，明确预测的期限和所需的资料，准备选用的预测方法等，这是进行预测工作的前提。

物流营销预测经过哪些程序？应该选择哪些方法进行预测？各种方法应注意哪些问

题？适用范围怎样？

2. 收集、分析和整理与预测目的和内容有关的资料

收集资料的途径有：

（1）国家政府有关部门的统计资料和计划资料；

（2）本单位的历史统计资料和计划资料；

（3）国内外相关的背景资料和情报；

（4）研究院校、学术团体和高等学校等单位的研究成果；

（5）各学术刊物上公开发表的资料；

（6）其他途径获取的资料。

对各种途径获取的资料和资料，必须经过加工和整理，去粗存精，去伪存真，力求做到所收集资料完整、可靠、准确、及时、可比。

3. 选择预测的方法，进行预测

根据具体的预测目标，在获得资料的基础上，考虑各种预测方法的适用条件和范围，选择合适的预测方法。预测方法选用是否适当，将直接影响到预测结果的可靠性和精确度。运用预测方法的核心是建立预测模型，依据预测对象的性质、特征及其发展变化规律，建立逻辑推理方程或数学模型，分析有关资料，得到初步预测结果。预测时，可以利用模型进行多方案预测，又可以同时运用多种预测方法独立进行预测，最后使用组合预测法求出预测值。

4. 分析评价预测结果

对初步的预测结果进行验证，分析是否已达到目标要求，估计预测误差的大小是否在允许的范围内，估计预测结果合理程度等。在分析评价的基础上，通常要修正、调整原来预测值，进而得到最终的预测结果。

5. 提出预测报告

预测报告通常包括以下内容：

（1）概括预测研究的主要活动过程；

（2）列出预测目标，预测对象及有关因素的分析结论；

（3）主要资料、预测方法的选择和模型的建立，以及模型预测值的评价和修正；

（4）达到预测目标的各种有效途径和所必需的资源条件。

预测报告写好后，提交有关部门，作为编制计划、制定决策和拟订策略的依据。

（二）预测技术

对于物流需求预测来说，一般要考虑一定时期的基本需求、需求变化趋势、季节、周期、促销和随机等六个方面因素。其基本预测模型如下：

$$F_t=(B_t \times S_t \times T_t \times C_t \times P_t)+I$$

式中，F_t——时期 t 的预测值；

B_t——时期 t 的基本需求水平；

S_t——时期 t 的季节因素；

T_t——时期 t 的需求趋势成分（每期变化数量）；

C_t——时期 t 的周期因素；

P_t——时期 t 的促销因素；

I——随机变量。

预测的方法有很多种，各种方法之间还存在着很大差异，但从原理上说，它们都是基于预测对象所在系统过去和将来都遵循的运行规律，尽管预测结果不可能绝对精确，但它的准确性随着预测时间的缩短而增加。因此，短期预测的结果要相对准确一些，对实际管理工作具有重要的指导作用。

根据预测方法的不同，一般将预测分为定性预测和定量预测两种。前者也称为主观预测，具有简单明了、不需要复杂计算公式等优点，主要来源于各个不同方面的主观意见；而后者称为统计预测法，主要是利用历史资料和数学模型来表示需求与各种变量之间的关系而进行预测，精确性要求高的，计算一般比较烦琐，往往需要专业人员来进行。

1. 定性预测方法

（1）经理人员意见法。这种方法是由企业把熟悉物流市场情况的各业务部门主管人员召集在一起共同讨论，把他们对市场的预测意见进行归纳、分析，制订预测方案。适用于物流新产品开发和物流市场长期预测。优点是主管人员对市场熟悉，可以集思广益，调动管理人员积极性，使预测结果比较准确可靠。缺点是个人主观性强，缺乏严格的科学性。由于是集体讨论预测，无人对预测结果正确性负责，因而容易影响预测的准确性。

（2）销售人员意见法。也称为基层意见汇集法，即将各个地区销售人员对未来需求的判断意见收集起来进行分析，作出预测。优点是他们了解具体的物流市场和客户情况，预测准确性较高；缺点是他们容易受局部和短期销售情况的影响，带有一定的主观偏见，当涉及他们自身利益时，主观性特别强。

（3）客户意见调查法。该方法是通过信件、电话、传真或访问等方式对现实和潜在的客户进行调查，了解他们对某类物流产品及其相关产品的各种特性的期望，然后对各种信息综合处理，得出预测结果。优点是预测信息直接来源于客户的期望，较好地反映了市场的需求情况；缺点是预测周期较长，费用较大。

（4）德尔菲法（Delphi Method）。德尔菲法又称为专家调查法，通过对专家背靠背的匿名函询方式进行预测的一种方法，是美国兰德公司在 20 世纪 40 年代提出来的。一般包括如下几个操作步骤：

①组成包括经销商和其他行业权威人士在内的专家小组，各位专家只和预测人员单独联系，人数多少视具体情况而定，一般控制在 10～50 人为宜。

②提出所要预测的问题，附上有关要求和材料，一并寄给各位专家。

③各位专家以书面提出自己的预测意见及其依据。

④汇总各位专家的意见后，再次将有关材料反馈给各位专家，让他们做出比较，修改自己的判断意见。

如此重复多次后，如果专家的意见比较集中一致，则就得到最终的调查预测结果。一方面，这种方法具有匿名性，专家之间互相不通气，预测人员要对意见进行三至四次的充分反馈和收集，直到专家们的最后意见趋于一致，因而具有较明显的优点；另一方面，该方法主要靠专家的主观判断，如果专家选得不合适，预测结果就难以保证准确。德尔菲法通常适用较长期的预测和物流新产品的销售预测等。

2. 定量预测方法

定量预测方法是根据一定的数据资料，运用数学方法来分析需求与各种变量之间的关系，预测市场未来变化趋势。到目前为止，世界上用于预测的数学模型已经超过了100种，常用的是时间序列分析法和因果模型分析法。前者是以时间为独立变量，把过去的需求和时间的关系作为需求模式来估计未来的需求。所谓时间序列是按一定的时间间隔和事件发生的先后顺序将所收集的资料进行排列，具有随着时间进程重复出现的明显特征。我们这里只简要介绍基于时间序列分析的简单移动平均法、加权移动平均法、一次指数平滑法和回归分析。

(1) 简单移动平均法。即利用近期的实际数值，通过算术平均值的方法，不断引进新资料来消除偶然因素影响来求得未来预测值。计算公式为：

$$MA_{t+1}=\frac{1}{n}(A_t+A_{t-1}+A_{t-2}+\cdots+A_{t-n+1})$$

式中，A_i——第 i 期的实际值（$i=t-n+1$，…，$t-1$，t）；

MA_{t+1}——预测值；

n——移动平均的时间段数（$n\leqslant t$）。

(2) 加权移动平均法。根据实际值距离预测期远近不同，分别赋予他们不同的权数，依次来提高预测的可靠性。计算公式为：

$$MA_{t+1}=W_tA_t+W_{t-1}A_{t-1}+W_{t-2}A_{t-2}+\cdots+W_{t-n+1}A_{t-n+1}$$

式中，A_i——第 i 期的实际值（$i=t-n+1$，…，$t-1$，t）；

MA_{t+1}——预测值；

n——移动平均的时间段数（$n\leqslant t$）；

W_i——各期的权数值，$\sum W_i=1$，$W_t>W_{t-1}>W_{t-2}>\cdots>W_{t-n+1}$（$0\leqslant W_i\leqslant 1$）。

(3) 一次指数平滑法。它是对加权移动平均法的完善与发展，它以前期的实际值和预测值为依据，经过修匀后得出本期的预测值。因而是加权移动平均法的一种特殊形式。计算公式为：

$$F_t=F_{t-1}+a(A_{t-1}-F_{t-1}) \text{ 或 } F_t=aA_{t-1}+(1-a)F_{t-1}$$

式中，F_t——第 t 期的预测值；

F_{t-1}——$t-1$ 期的预测值；

A_{t-1}——$t-1$ 期的实际值；

a——平滑指数（$0\leqslant a\leqslant 1$）。

当时间序列变化较小时，a 宜取较小数值（0.1～0.3）；当时间序列变化有迅速而明

显的趋势时，a 宜取较大数值（0.3～0.6）；当初始值有疑问时，a 也宜取较大数值（0.4～0.7）。

（4）回归分析。利用线性回归分析方法进行预测是因果模型预测中的一种简单类型。回归分析是在一个变量与另一个变量或一组变量之间存在显著相关关系的前提条件下，依据其相关关系的类型，拟合恰当的趋势模型以近似地推测变量间平均变化趋势的预测方法。

在我们的经济生活中，大多数变量之间的关系都具有不确定的相关关系（因果关系），回归分析在经济预测中具有十分重要的地位，在物流预测方面亦然。但由于其方法计算复杂，现在一般都利用计算机手段来实现。我们在这里只简单介绍最简单的一元线性回归分析方法。

一元线性回归分析方法是处理一个自变量与因变量之间线性关系的预测方法。其基本表达式为：

$$y=a+bx$$

式中，y——因变量；

x——自变量；

a、b——回归系数。

利用最小二乘法原则可以求得回归系数：

$$a=\frac{\sum y}{n}-b\cdot\frac{\sum x}{n}=\bar{y}-b\cdot\bar{x}$$

$$b=\frac{n\sum xy-\sum x\cdot\sum y}{n\sum x^2-(\sum x)^2}$$

确定出回归方程式后，要检验回归预测方程的精度等指标，然后才可以应用该回归方程进行预测。

3. 定量预测实例

以上简要介绍了经常使用的简单的预测方法，为加强大家的理解，我们试举出一些例子，看看怎样具体应用这些方法。

例 3-1：某物流配送中心在 2009 年 1 月、2 月、3 月冰箱实际配送量分别为 280 台、200 台、210 台，试用移动平均法预测 4 月的销售数量。

解法一：简单移动平均法

利用公式 $MA_{t+1}=\frac{1}{n}(A_t+A_{t-1}+A_{t-2}+\cdots+A_{t-n+1})$，

那么，4 月的销售数量为：

$MA_4=\frac{1}{3}(A_3+A_2+A_1)=\frac{1}{3}(280+200+210)=230$（台）

利用这种方法，我们以三个月为基准（$n=3$），不断引进新资料来消除偶然因子影响，逐月预测结果如表 3-1 所示。如果改变基准，使 n 值增加，从表中可以看出，误差则相对增大（对干扰的敏感性降低）。

表 3-1　　运用简单移动平均法预测的结果　　单位：台

月份	1	2	3	4	5	6	7	8	9	10	11	12
实际销售量	280	200	210	220	240	260	240	250	260	270	280	310
预测值（$n=3$）				230	210	224	240	247	250	250	260	270
预测值（$n=4$）					228	218	233	240	248	253	255	265

解法二：加权移动平均法

接上题，试用加权移动平均法预测 4 月的销售数量。

首先根据实际值距离预测期的远近不同，分别赋予三个月的权数为 0.2、0.3、0.5，根据计算公式得：

$$MA_4 = W_3A_3 + W_2A_2 + W_1A_1$$
$$= 0.5\times210 + 0.3\times200 + 0.2\times280$$
$$= 221\text{（台）}$$

以三个月为基准，逐月预测的结果如表 3-2 所示。从表中可以看出，与简单的移动平均法的预测结果相比，这种方法的预测精确性要相对高一些。

表 3-2　　加权移动平均法预测的结果　　单位：台

月份	1	2	3	4	5	6	7	8	9	10	11	12
实际销售量	280	200	210	220	240	260	240	250	260	270	280	310
简单移动平均法				230	210	224	240	247	250	250	260	270
加权移动平均法				221	213	228	246	246	249	253	263	273

显然，这种预测方法比简单移动平均法来得准确一些。由于权重的选择具有较大的主观性，如果权重选择不恰当的话，就会出现较大的误差；如果选择恰当，预测的精度可以进一步提高。

解法三：一次指数平滑法

仍接上题资料，试用一次指数平滑法预测四月份的销售量。

根据公式 $F_t = F_{t-1} + a\ (A_{t-1} - F_{t-1})$，可以得出：

$$F_4 = F_3 + a\ (A_3 - F_3)$$
$$F_3 = F_2 + a\ (A_2 - F_2)$$
$$F_2 = F_1 + a\ (A_1 - F_1)$$

由于本时间序列值变化有迅速而明显的趋势，a 宜取较大数值（0.3～0.6）。计算的结果见表 3-3。

表 3-3　　一次指数平滑法预测的结果　　单位：台

月份	1	2	3	4	5	6	7	8	9	10	11	12
实际销售量	280	200	210	220	240	260	240	250	260	270	280	310
加权移动平均法				221	213	228	246	246	249	253	263	273
一次指数平滑法（a=0.6）				210	216	231	249	244	248	255	264	274
一次指数平滑法（a=0.4）				210	214	225	239	240	244	251	259	267

从逐月预测的结果中可以看出，与加权平均法的预测结果相比，这种方法的精确性也会相对高一些。

在实际操作过程中，平滑指数 a 的选择至关重要。从表中可以看出，当平滑指数 a=0.4 时，其预测精度要低于加权移动平均法的预测。这样就难以发挥出这种方法的优越性了。

例 3-2： 华荣物流公司 2010 年的月广告费用与营业收入资料如表 3-4 所示，假如 12 月广告费增加到 17 万元，营业收入将是多少？

表 3-4　　华荣洗发水 2010 年的月广告费用与营业收入　　单位：万元

月份	1	2	3	4	5	6	7	8	9	10
月广告费	5	7	8	10	10	11	12	12	13	15
月营业收入	40	50	53	60	62	66	70	71	75	85

2010 年华荣物流公司月广告费与营业收入之间存在着明显的直线趋势，所以可建立直线回归方程。计算回归系数与常数项详见表 3-5。

表 3-5　　计算回归系数与常数项

月份	月广告费（万元）x	月营业收入（万元）y	x^2	y^2	xy
1	5	40	25	1600	200
2	7	50	49	2500	350
3	8	53	64	2809	424
4	10	60	100	3600	600
5	10	62	100	3844	620
6	11	66	121	4356	726

续 表

月份	月广告费（万元）x	月营业收入（万元）y	x^2	y^2	xy
7	12	70	144	4900	840
8	12	71	144	5041	852
9	13	75	169	5625	975
10	15	85	225	7225	1275
合 计	103	632	1141	41500	6862

将计算表的有关数据直接代入公式：

$$b=\frac{n\sum xy-\sum x\cdot\sum y}{n\sum x^2-(\sum x)^2}$$

$$=4.4(\text{万元})$$

$$a=\frac{\sum y}{n}-b\cdot\frac{\sum x}{n}=\bar{y}-b\cdot\bar{x}$$

$$=17.88(\text{万元})$$

直线回归方程为：$\hat{y}=17.88+4.4x$

若 12 月广告费为 17 万元，则营业收入＝17.88＋4.4×17＝92.68（万元）

以上各种预测方法是常用的方法，普遍适用于各行业的需求预测，对于物流企业来说，还需要根据需求性质，认真判断一下是独立性需求还是相关性（派生性）需求，进行必要的分解，要根据物流运输条件加以换算，形成适合自己企业使用的单位形式，如将产品数量换算为运输车辆数、运输次数等，只有进行科学的预测，物流企业才能真正做到有效配置资源和科学的物流管理。

本章小结

物流市场的调查与预测是物流企业常用知识和技术，物流市场调查包括的内容、方法较多，本章重点介绍了问卷调查法的问卷问题与答案设计的方法和应用，同时概述了物流市场调查常用的三大方法即访谈法、实验法、观察法，在访谈法中增加了近几年新采用的网上调查方法的介绍。

关于物流市场预测部分，主要介绍两部分内容。一是物流需求的特性，包括需求的空间性和时间性以及需求的规律性和不平整性，分析了市场上常见的两种需求——独立需求和派生需求（又称为衍生需求）及其概念，指出了独立需求是多数商品具有的需求特性；二是简述了预测技术知识，全面介绍了预测的程序，详细介绍了常用的预测方法，包括定性预测与定量预测的方法。定性预测方法主要介绍了经理人员意见法、销售人员意见法、用户意见调查法、德尔菲法；定量预测法主要介绍了移动平均法、一次指数平滑法和一元

线性回归分析预测法。前面两种定量预测法应用于短期预测比较有效，一元线性回归分析预测法属因果分析法，用于中长期预测比较准确。

知识要点

1. 物流市场营销调查的借含义就是运用科学的方法，有目的、有计划地收集、整理、分析物流市场的有关信息资料，了解物流市场的营销环境及发展趋势，为物流市场预测和决策提供客观依据。

2. 问卷调查关键把握问卷问题与答案的设计与应用。

3. 物流市场常用的三大方法，即询问法、实验法、观察法，近几年新采用的网上调查方法。

4. 物流市场营销预测的含义，是指在对物流市场调查的基础上，运用科学的方法和数学模型，对未来一定时期内的物流市场供求变化规律及发展趋势进行推知或判断。

5. 常用的预测方法，包括定性预测与定量预测的方法。

6. 独立需求是指某物品自身的需求状况与其他物品需求不相关的特性。例如商场绝大多数的商品。

7. 派生需求也称相关性需求，是指由生产某产品或其他相关物品生产计划确定带来的对其他物品的需求。

检查与思考

一、名词解释

1. 物流市场调查
2. 探测性调查
3. 询问法
4. 物流市场预测

二、辨析题（判断对错，并说明理由）

1. 定性数据只能用深度访谈法进行调查。（　　）

2. 物流资源调查是对物流基础设施装备的调查和信息技术资源和需求的调查。（　　）

3. 问卷中问题答案设计的原则是互斥性原则和完备性原则。（　　）

4. 独立需求与派生需求是同一种需求。（　　）

5. 德尔菲法是一种面对面的专家会议讨论预测的著名的预测方法。（　　）

6. 定量预测方法是根据一定的数据资料，运用数学方法来分析需求与各种变量之间的关系，预测市场未来变化趋势。（　　）

三、选择题（单选或多选）

1. 市场调查按所要达到的目的不同，市场调查可分为（　　）四种。

A. 观察性调查　　B. 描述性调查　　C. 因果性调查　　D. 经常性调查

E. 探测性调查　　F. 全面性调查　　G. 预测性调查

2. 物流营销中定量调查的方法有：询问法、实验法、（　　）。

A. 观察法　　B. 座谈法　　C. 访问法　　D. 网络法

3. 询问法有直接面谈法、电话调查法、（　　）、邮寄调查法。

A. E-mail 问卷法　　B. 交互式 CATI 系统　　C. 网络调研系统　　D. 网上调查法

4. 物流需求有如下特点：①（　　）；②（　　）；③（　　）；④（　　）。

A. 需求的发展性与整体性　　B. 需求的空间性与时间性

C. 需求的规律性与不平整性　　D. 独立需求与派生需求

E. 需求的层次性　　F. 需求的可预测性

5. 定性预测的方法有经理人员意见法、销售人员意见法、客户意见法、（　　）。

A. 回归分析法　　B. 德尔菲法　　C. 移动平均法　　D. 匿名函询法

四、简答题

1. 简述物流市场调查的作用。

2. 市场调查的类型有哪几种？

3. 物流市场调查的内容包括哪些？

4. 简述询问法包括的种类，并分析其优缺点。

5. 什么叫德尔菲法？其预测操作如何进行？

五、实践题

1. 按照物流问卷设计的原则和格式设计一份调查问卷，题目自拟。

2. 某物流企业去年各季度营业收入分别 11350 万元、12330 万元、13580 万元、14450 万元。请选取合适的方法预测今年第一季度的营业收入。

第四章　物流市场细分与目标市场

通过学习，学生能说出物流市场细分、市场定位和目标市场的有关概念以及市场细分的条件和标准，陈述物流市场营销组合的有关内容和策略；学会如何进行市场细分、市场定位；掌握目标市场的选择的方法。

市场细分化与目标市场选择是现代市场营销研究的基本内容之一。客户的需求多种多样，物流企业外部环境复杂多变，内部条件也各有特色，通过市场细分化，选择目标市场，进行市场定位，是物流企业市场营销成功的保证。

第一节　物流市场细分

在物流市场上，能够找出需求相似的客户及潜在客户群，对他们可以提供相同的服务。如果这类客户的数量和购买力足以能给企业带来适当的利润，企业就可以为之配置相应的营销组合。

一、物流市场细分的概念

物流市场细分，是指企业根据客户需求的不同特征将整个市场划分成若干客户群的过程。每个客户群是一个具有相同特征的细分市场或子市场。企业针对不同的细分市场，采取相应的市场营销组合策略，使物流企业营销的产品（服务）更符合各种不同特点的客户需要，从而在各个细分市场上扩大市场占有率，提高产品和服务的竞争能力。

值得注意的问题是：第一，物流市场细分是对客户的需求进行细分，不是对产品（服务）进行细分。客户对物流服务的需求，从根本上讲都是为了完成产品从产地向接收地的实体流动过程，但是在物流活动或物流作业的具体运作过程中却存在着很大的差异，这就为物流市场的细分提供了客观依据。第二，物流市场细分是将具有相似需求特征的客户划分在同一个市场，并不意味着在这个细分市场内其他的需求差异不存在。在同一细分市场内部需求差异较小，在不同细分市场之间，需求差异较大。例如：客户的产品不同，对存储的要求不同，但他们可能为了降低成本而采用某种运输方式。第三，这些需求的差异性

是客观存在的。客户对物流的需求的差异性本来就存在，物流企业只是将它们找出来加以利用。

二、物流市场细分的模式与方法

（一）物流市场细分的模式

常见的物流市场细分模式有以下三种（如图 4－1 所示）。

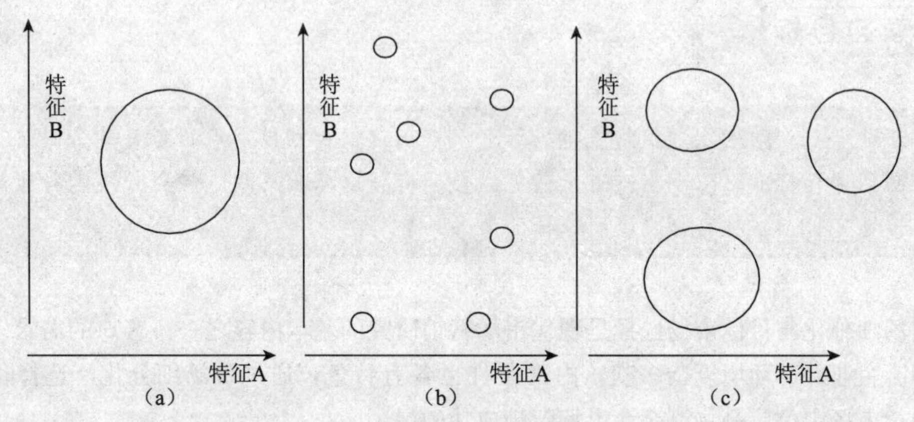

图 4－1　常见物流市场细分模式

1. 同质型偏好

即所有的外部物流需求者偏好大致相同的市场。这种市场显示出所有的物流需求者对产品的各种特征都有同样的需求，不存在明显的区别。例如，准时、安全等，不管什么企业，对它的要求基本没有区别。因此在这个细分市场中物流企业可以通过一般的物流服务要素供给来满足市场上的物流需求。如图 4－1（a）所示。

2. 分散型偏好

指外部物流需求者对服务的要求和偏好各不相同，有的偏好 A，有的偏好 B，有的偏好其中的几种特征，即需求者对服务要素的偏好很不集中，存在明显的区别，在坐标图中，偏好点呈分散型。如图 4－1（b）所示。因此在这种细分市场中，物流企业可以通过一对一的个性化服务来满足市场上的物流需求。

3. 密集型偏好

指外部物流需求者的偏好，在一定的环境和条件下可能出现独特偏好的密集型，如图 4－1（c）所示。针对这种密集型的特征，物流企业可以通过相对集中的营销行为来满足该细分市场中的物流需求。在该细分市场中的营销行为既要体现不同物流企业的差异性，又要考虑到物流企业的市场利益回报。

（二）物流市场细分的的方法

物流企业在对市场进行细分时，可采用单一变量细分因素，也可采用多个变量因素或系列变量因素组合进行细分。

1. 单一变量因素法

指根据影响客户需求的某一个重要因素进行市场细分。如运输服务需求，可按区域进行市场细分。

2. 多个变量因素组合法

指根据影响物流需求的两种或两种以上的因素进行市场细分。如根据企业规模的大小、产品的最终用途及用户的地理位置来细分市场。

3. 系列因素变量法

指根据企业经营的特点并按照影响物流需求的诸因素，由粗到细地进行市场细分。这种方法可使目标市场更加明确具体，有利于物流企业更好地制定相应的营销策略。例如，运输企业可先按区域对市场进行细分，再按客户的规模进行细分，最后按客户的产品性质的不同对市场进行细分。

三、物流市场细分的作用和条件

（一）物流市场细分的作用

任何企业的资源是有限的，如何使用有限的资源进行有效组合为客户提供服务关系到物流企业经营的成败。通过市场细分。物流企业可以认识到每个细分市场上物流需求的差异，物流需求被满足的程度以及物流市场竞争状况，那些未得到满足或满足程度较低，竞争者未进入或竞争对手很少的市场部分便是客观存在市场机会。抓住这样的市场机会，结合企业资源状况，从中形成并确立适宜自身发展和壮大的目标市场，并以此为出发点设计相应的营销组合策略，就可以夺取竞争优势，在市场占有较大的份额，为下一步的发展打下良好的基础。

1. 有利于企业发掘市场机会

企业只有不断地分析和研究市场，才能及时发现哪些客户需求没有得到满足或满足程度不够，这便是企业极好的市场机会，是企业努力的方向，企业可以根据这些市场需求，结合企业的资源状况，有计划地提供新的服务，以提高企业的竞争能力。

2. 有利于企业更加准确地认识客户的需要

企业通过对市场进行细分，不仅可以了解整个市场的状况，而且还可以具体了解不同细分市场的不同需要，包括客户的满足程度、客户的现实需要和潜在需要。使企业能从客户的角度出发，提供客户所需要的服务，满足客户需求。

3. 有利于企业合理地利用资源

任何企业的资源都是有限的，企业要想利用有限的资源在市场竞争中取得竞争优势，只有通过市场细分，对客户的需求有较深入地了解，发现目标客户的需求特征，集中有限的人力、物力和财力，采取有针对性的营销策略，才可能在目标市场上取得更大的市场份额。

物流企业通过市场细分选择一个或多个物流细分市场作为目标市场，就有可能深入细致地分析研究物流市场的特点，集中人力、物力、财力，有针对性地组织适销对路的物流服务，更好的满足目标市场的物流需要；此外，面对某一个或少数几个细分市场，可以及时捕捉需求信息，根据物流需求的变化随时调整市场营销战略和策略，需要说明的是，市场细分只是作为一种策略，蕴涵着这样一种思路；物流企业并非一味追求在所有市场上都占有一度之地，而是追求在较小的细分市场上占有较大的市场份额。这种价值取向不仅对大中型企业开发市场具有重要意义，对小型企业的生存与发展也至关重要。

（二）物流细分市场的条件

企业要使细分市场真正具有实用价值，保证细分市场能为企业制定有效的营销战略和策略服务，必须具备以下条件。

1. 可衡量性

可衡量性是指企业用以细分市场的标准是可以衡量的。主要包括以下三个方面：第一，客户对服务有不同的偏好，对企业的营销策略具有明显的不同反应；第二，企业必须能够获取客户的准确情报；第三，企业对于各细分市场能进行定量分析且便于对市场进行可行性研究，使企业能选择较好的目标市场。

2. 营利性

营利性是指企业进入目标市场后能够获得预期的利润。如果物流市场的规模很小，不能为企业获取足够的赢利，就不值得进行细分。

3. 可行性

可行性是指细分出来的市场企业是能够通过合理成本的营销组合能够达到的。细分市场的目的是企业能够利用自己的资源和力量进入目标市场。因此，在进行确定细分标准和进行市场细分时，要注意结合企业的具体条件，保证企业能够顺利地进入目标市场并进行有效地经营。

4. 稳定性

稳定性是指在一定时期内，细分市场的标志及细分的市场保持相对不变。企业占领市场以后，能够制定较长期的营销策略，有效地开拓并占领市场，获得预期经济效益。如果细分后的市场变动过快，目标市场稍纵即逝，则企业的营销风险会增加。

四、物流市场细分的标准

企业应该如何进行市场细分呢？根据物流市场的特点，可以用以下几类标准进行细分。

（一）地理区域

客户所处的地理位置不同，不同地理区域的经济规模、地理环境、需求程度和要求等差异很大，使进行物流活动的物流成本、物流技术、物流管理、物流信息等方面会存在较大的差异，不同区域的客户对物流企业的要求也各有特点，物流企业必须根据不同区域的物流需求制定不同的营销方案。按此标准，一般可以将物流市场两种。

（1）区域物流，指在一定的时空内，具有某种相似需求物流的一定区域。通常是指省内或省际之间的物流。

(2) 跨区域物流，指在不同的区域内进行物流活动。包括省际之间、行政区之间和国际物流。

也有的企业将市场分为城区、郊区和乡村三种市场。

中邮物流充分发挥邮政特色和优势，立足城市、农村两个市场，以一体化物流业务为核心，积极发展区域配送、货运代理与零担货运、分销与邮购业务，满足不同类型的客户需求，并稳步开拓国际物流市场。中铁快运发挥铁路长距离、大运能、全天候的优势，逐步向公路和航空延伸，通过多式联运的方式，加大中小客户开发力度。

问题思考：

中邮物流为什么将市场分为城市市场和农村市场？

（二）客户行业

同一行业的客户，其产品的构成差异不大，对物流的需求也具有一定的相似性。不同行业的客户，其产品的构成存在很大差异，对物流需求各不相同。按客户行业一般可以将市场细分为：农业、工业、商业和服务业等细分市场。例如上海的某民营物流公司在市区配送方面很有优势，他们的客户都是大型的食品企业。又例如中远物流凭借国际化网络优势，在细分市场的基础上，开拓了汽车物流、家电物流、零售物流、展品物流、电力物流和石化物流，为客户提供高附加值服务。

（三）客户业务规模

按照客户对物流需求的规模细分市场，可以将客户分为三种。

(1) 大客户，是对物流业务要求多的客户，它们是企业的主要服务对象。在充分竞争环境下，大客户往往是物流公司争相合作的对象。但服务大客户的管理和运作难度高、对资金的需求大，合作风险也大。

(2) 中等客户，是对物流业务需求一般的客户，是物流企业的次要服务对象。中等规模的客户，一般操作起来比较容易，而服务的利润空间比较高。

(3) 小客户，是对物流业务需求较小的客户，是物流企业较小的服务对象。

是否大客户的赢利率一定高于中客户和小客户？

（四）物品属性

物流企业在进行物流活动过程中，由于物品属性的差异，使得企业物流作业的差别也很大。按客户物品的属性将市场可分为三种。

(1) 生产资料市场，指用于生产的物资资料市场，其数量大，地点集中，对物流活动要求多且高。例如上海莲雄物流，在天津专门负责某化工集团的物流业务管理。

(2) 生活资料市场，指用于生活需要的物资资料市场，其地点分散，及时性要求高。

(3) 其他资料市场，指除以上两个细分市场以外的所有物资资料市场。

(五) 服务方式

指根据客户所需物流服务功能的实施和管理的要求不同而细分市场。按服务方式可将物流市场分为两种。

(1) 综合方式服务，就是客户需要提供两种或以上的物流服务。例如有实力的大企业在为其客户提供仓储、运输服务的同时，还为客户提供咨询服务。

(2) 单一方式服务，就是客户指只需要提供某一种方式的物流服务。

(六) 外包动因

按客户选择第三方物流企业的动因进行细分，可将市场细分为四种。

(1) 关注成本型，这类客户在选择物流服务商时，最关注的是物流成本问题。他们希望通过与第三方物流企业的合作，降低成本。

(2) 关注能力型，这类客户希望通过第三方物流公司的能力，提高自己的客户服务水平。

(3) 关注资金型，这类客户一般资金不足或比较关注资金的使用效率，他们不希望自己在物流方面投入过多的人力和物力。

(4) 复合关注型，这类客户选择服务商的动因不止一个。严格来讲，大多数客户选择物流服务商的动因都是复合型的。

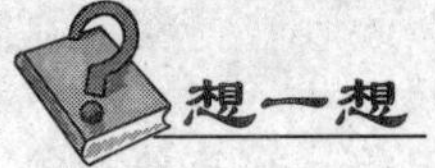

应该如何对待不同动因的客户?

当然，企业在进行市场细分的时候，既可以用一个变量标准，也可以用两个或者更多的变量标准。物流企业可根据自己的情况作出具体决定。

市场细分的标准是灵活的、变化的，企业可以用单一标准来细分市场，也可以用多个因素组合的划分标准来细分市场。

(七) 根据客户赢利能力

所谓客户赢利能力指企业客户在未来很长一段时间里（作为企业客户的时间长度内）为企业贡献利润的能力。根据客户赢利能力的不同进行市场细分，就是把每个客户都当做一个细分市场，分析企业服务每个客户的成本和收益，得到每个客户对企业的财务价值，然后与企业设定的客户赢利能力水平进行比较，如果客户的赢利能力达到或超过企业设定水平，那么他就是目标市场中的一员，所有满足这个条件的客户构成企业的目标市场，否则企业就不向他们提供服务。

五、物流市场细分的步骤

美国市场学家麦肯锡提出了细分市场的七个步骤，这对服务市场的细分具有参考价值。

(1) 选定产品市场范围。企业首先确定进入什么行业，生产什么产品，需求规模有多大，服务对象是谁?

(2) 列出企业所选定产品市场范围内所有潜在客户的各种需求，主要是心理的、行为的和地理的特征。

(3) 企业将列出的各种需求交由不同类型的客户挑选出他们最迫切的需求，最后集中客户的意见，选择几个作为市场细分的标准。

(4) 检验每一个细分市场的需求，抽掉它们的共性、共同需求，突出它们的特殊需求作为细分标准。

(5) 根据不同消费者的特征，划分相应的市场群，并赋予一定的名称，名称应该能反映这一消费者群的特质。

(6) 进一步分析每一细分市场的不同需求与购买行为及其原因，并了解要进入细分市场的新变量，使企业不断适应市场的发展变化。

(7) 决定市场细分的大小及市场群的潜力，从中选择使企业获得有利机会的目标市场。

第二节　物流目标市场的选择

由于企业的资源有限，任何企业都不可能满足一种服务的所有市场需求，而只能满足其中一部分客户的需求，为了保证效率，企业必须把这一部分客户找出来，确定为自己的主攻市场即目标市场，并对目标市场采取相应的策略。

一、物流目标市场的含义及条件

(一) 物流目标市场的含义

物流目标市场是企业所选定的作为客户营销服务对象的一个、几个或全部细分市场。

目标市场是在市场细分和确定企业的社会机会的基础上形成的。企业通过市场细分，会发现不同需求的客户群，发现市场上未得到满足的需求。这种未满足的需求就是市场机会，但并不是所有的市场机会都能成为企业的市场机会。一种市场机会是否成为企业机会，不仅取决于这种市场机会是否与该企业的任务和目标相一致，而且还取决于企业是否具备利用这种市场机会的条件，取决于该企业在利用这种市场机会时具有比其他竞争者更大优势。所以只有与企业任务、目标、资源条件相一致并比竞争者有更大优势的市场机会才是企业机会。企业机会实际上是对满足市场上哪一类客户需求所做的选择，确定了企业机会，也就基本上确定了企业的目标市场。

（二）目标市场应具备的条件

一个有效的目标市场应具备以下三个条件。

1. 有适当的规模和发展潜力

目标市场应具备一定的规模，使企业能赢得长期稳定的利润。企业开发一个新的市场要投入较多的人力、物力和财力，如果市场规模太小，企业进入后得不偿失，那么这个细分市场没有开发价值。

2. 有足够的吸引力

细分市场可能具备理想的规模和发展潜力，但从经营的角度来看，未必具有吸引力，因为有以下五种因素决定了一个细分市场的长期吸引力。一是同行业的竞争服务产品，若某个细分市场已经有了为数众多的、强大的或竞争意愿强烈的竞争者，该细分市场就失去了吸引力。二是潜在的新增加的竞争服务产品，若某个细分市场可能吸引新的竞争者，它们就会投入大量的资源，增加新的生产能力，争夺市场占有率，那么这个细分市场就没有吸引力了。三是如果新的物流服务进入这个细分市场时感到有森严的壁垒，并且遭受到细分市场内原有服务企业的强烈报复，它们就会很难进入；替代服务品，如果某个细分市场现已存在替代服务或潜在替代服务，该市场会失去吸引力，因为替代服务会限制细分市场内价格和利润的增长。四是物流服务需求者的议价能力，如果某个细分市场的购买者的议价能力很强或正在加强，该市场就没有吸引力，因为购买者会设法压低价格，对产品质量或服务提出更高要求，并且使竞争者互相争斗，使物流服务商的利润受到损失。五是供应商的议价能力，如果物流企业的设备供应商提高价格或降低服务产品的质量，该市场也会失去吸引力。

3. 符合企业的目标和资源

选择目标市场时，企业要结合自己的目标和资源进行综合考虑。企业有时要放弃一些有吸引力但不符合企业长远目标的细分市场，当细分市场符合企业目标时，企业还必须考虑自己是否拥有足够的资源，保证在细分市场上能取得成功。

二、物流目标市场的选择模式

企业通过对不同的细分市场进行评估，会发现一个或几个细分市场可以作为目标市场。企业应该进入哪几个细分市场？通常有五种模式可供选择。

1. 密集单一模式

这是最简单的方式，即企业只选择一个细分市场作为自己的目标市场，进行集中营销。也就是物流企业只提供单一形式的物流服务满足单一客户群的需要。采用这种模式的企业可能本来就具备了在该细分市场获胜的必需条件，这个细分市场可能没有竞争对手，这个细分市场可能会成为促进企业服务延伸的起点。

选择这种模式的优点是：企业能更好地了解客户目标市场的需求，服务目标市场，在市场上树立良好信誉；一旦公司在细分市场上处于领导地位，将获得很高的投资收益。缺点是由于投资过于集中，这种策略的风险较大。

2. 有选择的专门化模式

物流企业选择几个细分市场作为自己的目标市场，针对各种不同的客户群提供不同的物流服务。企业采用这种策略时通常属于这样的情况：被企业选中的每一个细分市场都具有吸引力，并且符合企业的经营目标和资源状况，但各细分市场之间很少或者根本没有联系，然而在每个细分市场上企业都可能获利。

采用这种模式的最大优点是：可以分散企业的经营风险，即使某个细分市场失去吸引力，企业仍可在其他细分市场上获利。缺点是企业投入的成本较高。

3. 产品专门化模式

物流企业针对各类客户的需要只提供一种形式的物流服务。企业可以通过这种模式，摆脱对个别市场的依赖，降低经营风险，在某个服务方面能树立起良好的声誉。

4. 市场专门化模式

指企业专门为满足某个客户群体的各种需要服务。即物流企业向同一客户群提供不同种类的物流服务。这种模式有利于巩固与客户的关系，降低交易成本，获得良好声誉。

5. 完全市场覆盖模式

完全市场覆盖模式是指企业利用各种服务产品满足不同客户群体需求。即物流企业选择全面进入各个细分市场，为所有客户群提供他们所需要的各种物流服务。这种模式往往为大型企业采用。

任何一个市场客户的需求不都是完全相同的。国内快递公司在选择目标市场时，采用的模式不同。根据统计，顺丰快递的文件与包裹的比例为6∶4（内地件占50%、中国香港件占50%）。相比较于宅急送、大通、大田等国内快递，顺丰的文件占比最大。这符合顺丰的客户定位。顺丰认为文件市场的风险最小而利润最大，另外国内机场等运输渠道的野蛮操作容易造成货物损坏，从而引起客户的索赔。

大田、大通等国内快递企业走的是项目客户路线。他们尽力给客户提供速递方案，对这些客户进行特殊路由的设计，甚至设定专门的驻厂人员。将物流的一套方法放到了快递市场。这两种市场是完全不同操作模式的市场。另外，不同的快递企业的定位完全不同，比如有专注于做区域内部市场的，有专注于做省内、同城快递的，有专注于做高科技产品的，有专注于做手机及配件的，等等。

问题思考：

顺丰、大田、大通是怎样选择自己的目标市场的？

三、物流目标市场营销策略

企业选择的目标市场模式不同，提供的物流服务就不同，占领目标市场的营销策略也

就不一样。概括起来，企业进入目标市场的主要营销策略有以下几种。

1. 无差异市场营销策略

无差异市场营销策略就是企业忽略各细分市场之间的差异，把它们看做是一个同质的大市场，企业针对这个市场只提供一种服务、制订一个营销计划，去满足所有客户的需求。

采用无差异市场营销的理由是规模效益。企业把市场看做是一个整体，不作细分，它们认为客户对物流的需求具有共性，不存在差异，即使存在差异，企业也无视这些差异，只向市场提供单一的物流服务形式，采用统一宣传、统一定价，建立较集中的物流网，向所有市场推出。这样做可以降低经营成本，获得较高的利润。但它难以长期满足客户的多种需求，应变能力较差，由于成本低，高额的利润会导致竞争者加入，风险较大。这种策略适用于那些适应性强、差异小且有广泛需求的物流服务。

2. 差异市场营销策略

差异市场营销策略是指企业经过市场细分，选择两个或两个以上的细分市场作为自己的目标市场，企业针对不同的细分市场设计不同的物流服务形式、推出不同的营销方案。

差异市场营销策略的指导思想是，客户对服务需求的多样性，提供差异性服务，满足客户的各种需求，就能提高企业的竞争能力，占领较多市场，因而选择较多的细分市场作为企业的目标市场。企业采用这种策略往往比无差异市场营销策略赢得更大的总销售额，但也会增加成本，主要增加服务改进成本、管理成本和促销成本。当成本增加的速度超过利润增长的速度时，企业应减少经营的服务品种，使每种服务适应更多客户群的需求。该策略适用于实力雄厚的大、中型物流企业。

3. 集中营销策略

集中营销策略是指企业只选择一个或少数几个细分市场作为自己的目标市场，集中力量搞好专业化开发和经营，占领一个或少数几个细分市场的策略。

集中营销策略的指导思想是，与其在较多的细分市场上都获得较低的市场占有率，不如在较少的细分市场获得较高的市场占有率。采用这种策略，企业的营销对象比较集中，有利于在物流服务方面提高专业化程度，提高对客户及其需求的了解程度，在客户中树立突出形象；有利于集中使用资源，节约营销费用，在市场上获取较高的市场占有率，确立企业在市场上的优势地位。但由于目标市场狭窄，应变能力差，风险较大。该策略适用于资源有限、实力较小的中小型物流企业，或新进入的物流企业。

4. “一对一”营销

“一对一”营销是营销者通过与每一位客户进行一对一的沟通，明确并把握每一位客户的需求，并用不同的方式去满足他们，以更好地实现企业利润的活动过程。

一对一营销的基础是企业与客户建立起一种新型的学习关系，即通过与客户的一次次接触而不断增加对客户的了解。利用学习关系，企业可以根据客户提出的要求及对客户的了解，生产或提供完全符合单个客户需要的产品或服务，提升企业的竞争力。一对一营销可以给企业带来巨大的利益，因为一对一客户化定制营销成本的下降，使它与细分市场的

成本费用相差不大，有时甚至更低。

邮政速递是目前中国最大的快递公司，邮政速递的优势项目是国内异地业务、区域业务、同城单证照业务以及国际精品区域业务。随着速递业市场竞争愈加激烈，EMS必须通过提高运行质量和拓宽营销服务领域，尽快实现异地业务由“大”到“强”的转变，确保EMS在国内异地市场上的主导地位。由于区域快递市场门槛低、利润高、组织简单，成为很多快递公司进军快递市场的切入点，给EMS造成了极大的冲击。中国邮政“次晨达”业务的推出，给非邮快递公司以强有力的反击。近几年，同城快递需求增长旺盛，EMS成功开发了身份证专递、护照专递、车证照快递等业务，目前在同城单证照业务市场上占有绝对的主导地位。目前，我国通过EMS寄往日本、韩国、美国、澳大利亚和我国香港的邮件占国际出口量的80%左右，且时限有保障、查询回复率高。所以邮政速递要下大力气做好这一精品区域的业务营销工作。

做好营销就要时刻满足客户的需求。近几年，速递相继推出的“次晨达”、省内“次日递”、代收货款业务、收件人付费业务以及渗透到各个行业的单证照业务，无一不是顺应了市场发展趋势、满足了客户不断变化的需要；为波导等手机协议客户提供投递开箱验货服务、跟踪查询服务等，也是根据客户的需求而调整的服务；“全夜航”等项目也绝非国内任何非邮快递公司所能及的。这些项目的实施，其意义不在于增加了多少收入，旨在树形象、塑品牌、强实力、树信心，捍卫EMS在国内异地业务市场的主导地位以及在国际精品区域占有的一席之地。

问题思考：

随着快递市场的竞争加剧，中国邮政采用了什么营销策略？这种策略适用的条件有哪些？

四、物流目标市场策略的选择

上述三种目标市场策略，各有优缺点。企业到底选择哪一种策略，必须从本企业的特点和条件出发，充分考虑以下因素。

1. 物流企业的资源

企业实力指企业满足市场需求的能力，主要包括企业财力、技术开发能力、经营管理能力等。如果企业实力较强，可采用无差异或差异营销策略。如果企业资源有限，就应采用集中营销策略。

2. 物流市场的特点

市场的特点主要是指市场上的客户对物流的要求是否一致。如果客户的要求一致，或大体相同，企业应采用无差异营销策略，否则就应采取差异或集中营销策略。

3. 物流服务的市场生命周期

一般来说，物流服务处于投入期或成长期，宜采用无差异营销策略，以探测市场需求与潜在客户情况，也有利于节约市场开发费用。当服务处于成熟期时，市场上提供同类物流服务的企业增多，物流服务的形式也增加，为了加强竞争，企业宜采用差异营销策略。进入衰退期后，应采用集中营销策略，集中力量服务于少数有利可图的目标市场。

4. 物流市场竞争状况

竞争对手的多少、强弱、集中或分散都会影响企业的营销策略。如果竞争对手较弱可采用无差异营销策略，反之，则应采用差异或集中营销策略。此外，企业应尽量避免与竞争对手采用相同的营销策略，以防止竞争加剧，两败俱伤。

第三节　物流市场的营销定位

物流企业通过市场细分确定了所要进入的目标市场，怎样进入目标市场？这需要对市场上的竞争状况作进一步的分析，以确定企业自身的市场位置，这就是物流市场定位的问题。

一、物流市场定位的含义

市场定位是在商品经济高度发达的情况下产生的。随着生产力的不断提高，市场上的商品日益丰富，而市场和消费者的购买能力是有限的，同行业之间的竞争加剧。企业要想战胜竞争对手，唯一的办法就是占领消费者的心理位置，成为消费者钟情的企业或首选的商品，这就是市场定位。

市场定位是由美国的两位广告经理艾尔·列斯（Alries）和杰克·特罗（Jack Trout）首先提出来的。他们认为：定位是以产品为出发点，针对潜在顾客的思想，是你对未来的潜在顾客心智所下的工夫。也就是说要为产品在潜在顾客的大脑中确定一个合适的位置。

物流市场定位是指物流企业根据市场竞争状况和自身资源条件，建立和发展差异化优势，以使自己的服务在消费者心目中形成区别并优越于竞争者服务的独特形象。定位为物流服务差异化提供了机会，使每家企业及其服务在客户心目中都占有一席之地，形成特定的形象从而影响其购买决定。

二、物流市场定位的基本原则

物流市场定位通过辨别物流客户的不同需求，突出服务的差异化，从而满足客户的需求。物流市场定位应满足以下原则：

（1）重要性原则。能向相当数量的客户让出较高价值的利益。

（2）明晰性原则。企业所定位出的差异性是其他企业所没有的，或者是该公司以一种突出的、明晰的方式提出的。

（3）优越性原则。该定位所表现出的差异性明显优越于通过其他途径而获得的相同

利益。

(4) 可沟通性原则。该差异性是可以沟通的，是买主可以看得见的。

(5) 不易模仿性原则。该差异性是其他竞争者难以模仿的。

(6) 可接近性原则。客户有能力购买该差异性。

(7) 营利性原则。企业能通过该差异性获得利益。

企业应重点宣传一些对其目标市场有重大影响的差异，有一个定位战略。

三、物流市场定位的步骤

物流市场定位的基本步骤和其他服务市场定位相似。

1. 分析市场和竞争对手

企业进行市场定位，需要进行市场分析，包括分析市场构成和潜在客户的需求。明确哪些是自己的竞争对手，研究它们的战略，评价自己的强弱之处，制定以与众不同为基础的战略。主要弄清以下问题：有什么企业在市场上竞争？它们都针对哪些细分市场开展竞争？

2. 了解潜在客户如何评价竞争对手

主要了解客户对物流服务的感受，他们认为哪些是重要的决定性的因素？什么动机使他们选择一种或者另一种服务，他们认为自己所找的企业比其他对手企业有什么优势？在这个阶段，企业要找出客户在竞争的各种服务之间进行选择的决定性因素，它们是重要的选择因素，也是使该企业区别于其他企业的重要因素。

3. 确定竞争对手的定位

了解哪些服务因素是与竞争对手的对比中要优先被感受到的，是如何被感受到的。企业对潜在客户认为是决定性的每一个因素，都要明确自己与对手相比地位如何，想取得何种地位。最常采用的确定客户最看重的因素的技术是画图。

画图是将市场上竞争中的各家进行对比的前提，是进行市场定位的有效手段。物流服务的特征有规模、功能、价格、质量等，利用两个不同的变量进行组合，便可以画出多个平面图。最简单的办法就是一对一对比较服务的特点。例如，图 4－2 所示的某企业的市场定位过程如下：分别以横坐标和纵坐标代表企业的服务价格和服务质量，A、B 代表不同的企业，圆圈代表企业的市场范围和或拥有的客户数量，企业可以定位在 A、B 之间的任何位置。

4. 分析客户的需求构成

物流服务的内容和形式多种多样，基本可以划分为常规服务和增值服务，物流服务定位就是要强化或放大某些服务功能，从而形成独特的企业形象。其实质是通过差异化的服务策略来取得在目标市场上的竞争优势，确定该企业在客户中的适当位置，以吸引更多的物流需求，因此，了解不同客户的预期和需求，特别要确定物流服务在客户的经营中所起的作用和占有何种地位，这往往影响到具体物流服务的绩效及由此带来的客户满意度。例如：有的客户需要提供增值服务，有的只需要提供基础服务。而不同的客户对质量和价格的要求是不同的。

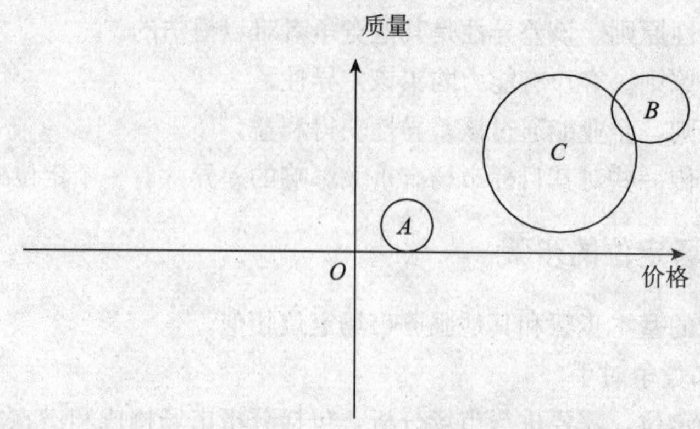

图 4-2 确定客户最看重因素的画图法

5. 选择定位设计

如果客户的感受与企业所希望的不同，就需要决定是否需要干预和怎样干预。企业在这个阶段要作各种量化分析：各种方案的成本与收入的估算，利润的估计。同时，弄清达到这种定位需要什么样的人力和财力资源？竞争对手会做出何种反应？最后企业选择定位设计，要让自己的服务与其他的竞争对手不同，按照潜在客户的要求提供特色服务。并向潜在客户宣传自己的服务。

四、物流服务市场定位方法

物流企业的市场定位是物流企业为了将自己的物流服务有针对性地进行推广或销售的一种客户定位，是企业将服务推向市场的最佳切入点。企业可从以下几个方面进行市场定位。

（一）按经营层面定位

经营层面定位，实际上是物流公司的“产品”定位。在品牌树立阶段，物流企业应该明确定位自己的核心经营层面。有了核心经营层面，才有可能形成核心优势，树立品牌形象。物流公司可选择以下几个经营层面。

1. 运作层

企业只提供比较初级的物流管理服务，物流企业本身不涉及客户内部的物流管理和控制，只是根据客户的要求，整合社会物流资源，完成特定的物流服务。

2. 管理层

管理层的服务包括销售预测、库存的管理和控制等专业的物流环节，对物流公司的管理水平要求很高，因此能够提供专业化物流管理的物流企业，往往可以得到较大的利润空间。但由于要深入到企业的销售、市场、生产、财务等环节，因此市场对此类服务的接受有一定的障碍。

华润物流（集团）有限公司是华润（集团）有限公司全资附属专业化的第三方物流供应商，华润物流在中国香港和内地建立了多间合资船公司，货运公司大型货仓等运输仓储企业，并在中国沿海和内地的主要城市建立了一批全资货运公司，业务代表处，形成一张覆盖广泛的运输服务网络，其网络将会延伸至亚洲其他地区。在同一个客户的合作中，华润物流除了进行运作层的整合外，还为客户提供内仓的库存管理，华润物流根据客户的生产计划，确定内仓的原材料库存，提供原材料库存分析。

问题思考：

华润物流为客户提供了哪些管理？

3. 规划层

规划层的服务内容包括物流设施、物流体系和物流网络的规划，这是物流领域中最富有技术含量的一块领域。由于其专业性太强，主要由咨询公司完成这一业务。

4. 混合层

混合层的经营模式是企业不断拓展自己的经营层面在核心能力得到加强的基础上，往其他经营层面延伸。

（二）按主导区域定位

主导区域的定位是企业设定自己核心业务的覆盖范围，在主导区域内，企业依靠自身的物流网络能够完成相关的物流服务。主导区域可以是一个城市、一个地区、一个省、一个大区或全国。确定主导区域要考虑以下几个因素。

1. 自身的投入能力

主导区域覆盖的区域越大，投入的资金越多。资金越雄厚的企业，自身投入的能力越强，确定的主导区域可以越大，否则，主导服务区域则越小。

2. 管理水平

主导区域覆盖面越广，管理难度越大。如果管理能力不强，过快地扩展自己的覆盖网络可能造成管理的失控和客户服务质量的降低。

3. 客户的需求分析

企业的客户群对物流的需求量不尽相同，有的对业务量需求大，有的一般，有的很少，因此，企业有必要对现有的客户群进行分析，将业务比较多的区域设为主导区域。

4. 营运成本分析

一般来讲，主导区域覆盖的面越广，表明提供服务的能力越强，同时有利于企业品牌的宣传，但需要的成本也越高。如果企业投入能力不足，对于主导区域不能覆盖的地方业务，可以通过联盟等协作方式解决。

上海虹鑫物流曾将自己的业务范围定在全国，但由于公司的投入能力有限，在外地设办事处很困难，运作全国性业务，也经常造成流动性资金的压力。在对经营状况进行深入分析的基础上，将主导区域定在上海，在上海建立了配送中心，具备了在上海市区 2000 多个网点配送的能力。结果大大改善了虹鑫物流的资金状况，其赢利能力也得到了显著提高。

问题思考：

上海虹鑫物流为什么要缩减业务范围?

（三）按主导行业定位

物流企业为了建立自己的竞争优势，一般将主营业务定位在一个或几个行业。因为不同的行业，其物流的运作模式是不同的。专注于特定行业可以形成行业优势，增强自身的竞争能力。物流企业在我国现阶段可以重点考虑的行业有：电脑、家电、通信、电子、汽车、化工、食品、服装、医药、家具等。

（四）按客户关系定位

物流企业与客户的关系可分为普通合作伙伴关系和战略合作伙伴关系。普通合作伙伴关系是合作双方根据双方签订的合作文件进行业务往来，在合作过程中双方的职责有比较明确的界限。战略合作伙伴关系双方职责不再有明确的界限，合作双方为了共同的利益，在很大程度上参与对方的经营决策。

（五）按服务水平定位

服务水平分为基本服务、标准服务、增值服务三种。因为服务水平与客户满意度和营运成本紧密相连，服务水平越高，客户满意度越高，但会带来营运成本的甚高。企业在确定服务水平时，一般要根据业务类型和客户属性进行，同时还要考虑竞争对手的服务水平及行业的最优服务水平。确定服务水平的一般原则如下。

1. 对于重点客户，一般要提供增值服务

重点客户的划分可以采用加权综合评估法，评估指标一般包括客户带来的利润空间、客户潜在的利润空间、客户的行业影响力、合作关系定位等。经过综合评分后，可采用 20/80 定律（即 20%的客户能给企业带来 80%的利润，80%的客户只能给企业带来 20%的利润），将得分最高的 20%客户列为重点客户，提供比较高级别的服务。

2. 对于可替代性强的业务，也要提供增值服务

一般的运输、仓储等业务，可替代性强，如果只是提供基本服务，往往很难将自己与竞争对手区分开来。在此情况下，可以开发增值服务项目。而对于新开发的业务，一般还没有竞争对手提供，单凭基本服务就可能对客户有很大吸引力，一般不提供增值服务。

3. 服务水平的确定是动态的过程，必须适时调整

服务水平的确定的动态性表现在以下两点：①客户是动态的，重点客户也是不断变化的，非重点客户可能发展成为重点客户，重点客户也可能退为非重点客户；②增值服务是一个相对概念，当该服务还没有普及推广时，是增值服务，当该服务成为行业普遍行为时，就成为标准甚至基本服务了。

世界最大的快递物流公司 UPS，其第一位的利润来源已经是物流金融服务。物流金融是物流企业作为银行和物流客户的第三方以其替客户保管的货物为质押物向客户提供金融服务的创新业务模式，物流金融服务的主要内容是物流企业为客户代垫运费、提供货款融资、货款回收和结算。

问题思考：

UPS 为客户提供了什么服务？

五、物流企业市场定位策略

物流企业进行市场定位，就是在客户的头脑中形成一个与众不同的市场形象，确定一个独特的和有价值的位置来赢得客户的认同。物流企业要明白：市场定位是一个动态过程，不是一成不变的，要时刻分析目标市场顾客所重视服务特征的变化，明确潜在的竞争优势并显示独特的竞争优势，进行市场定位和再定位。市场定位既要围绕产品和服务进行，又要考虑企业总体形象。物流企业进行市场定位时，可以从销售目标、产品特性、物流服务能力、企业竞争地位、质量和价格等方面着手，甚至还可以从企业形象识别系统考虑。由于物流服务的需求者，更倾向于向物流服务的供应者提供一体化的物流服务解决方案，因此，物流企业在进行市场定位时要综合考虑各种因素，实施整体定位。

企业作为一个整体，在客户的心目中是有一定的位置的。怎样使自己在客户心目中占据一个明显而突出的位置呢？企业要树立良好的形象，必须具有良好的服务和财务状况，同时企业领导人的形象也至关重要。企业定位可根据自身的资源优势和在市场上的竞争地位做出如下选择：

（一）市场领先者定位策略

市场领先者是在行业中处于领先地位的企业，其相关服务在市场上的占有率最高。一般来讲，它在价格变动、新服务项目的开发、分销渠道的宽度和促销力量等方面处于主宰地位，为同行所公认。一般来说市场领导者的定位要倾向于整体型。

中远集团通过向目标市场提供“一站服务”、“绿色服务”等一体化解决方案，向顾客提供全方位周到的物流服务，将自己定位为全球物流服务商。其他全球物流服务商诸如联合包裹公司、联邦快递公司等跨国物流巨头。由于其机能整合度高、物流服务广、综合实力强大，具有为客户提供综合物流服务的能力，故把自己定位为全球综合物流服务商。

问题思考：

中远集团为什么将自己定位为全球综合服务商？

采用领先者定位策略的企业必须具备以下优势：客户对品牌的忠诚度高、营销渠道的建立及高效运行、营销经验的迅速积累等。市场领先者为了维护自己的优势，保住自己的领先地位，通常可采用三种战略：扩大市场需求总量、保护市场占有率、提高市场占有率。

（二）市场挑战者定位策略

在相同的行业中，当居次位的企业势力很强时，往往以挑战者的姿态出现，攻击市场领导者和其他的竞争者，以获得更大的市场占有率，这就是市场挑战者定位策略。企业采用这种策略时，必须具备以下条件：

(1) 有较强的实力可以与竞争对手抗衡；

(2) 要有创造并维持超越竞争对手的竞争优势；

(3) 必须以大面积市场范围为目标。

挑战者的挑战目标可以是以下三种：攻击市场主导者、攻击与自己实力相当者和攻击地方性小企业。在确定了战略目标和进攻对象后，挑战者还需要考虑采取什么进攻战略。一般有五种战略可以选择：正面进攻、侧面进攻、包围进攻、迂回进攻、游击进攻。进攻者不可能同时运用这些战略手段，也很难靠单一战略取得成功。通常是设计出一套整体战略，借以改变自己的市场地位。

（三）市场跟随者定位策略

市场跟随者定位策略是指企业跟随市场领导企业开拓市场、模仿领导者的服务项目开发、营销模式的定位策略。但“跟随”并不是被动地单纯地跟随，而是设法将独特的利益带给它的目标市场，必须保持低成本和高服务水平，同时，积极地进入开放的新市场。它必须找到一条不致引起竞争性报复的发展道路。采用这种定位策略有三种战略可供选择：紧密跟随、距离跟随、选择跟随。

(1) 紧密跟随：指企业在各个细分市场和营销组合方面，尽可能模仿主导者，不与主导者发生直接冲突。

(2) 距离跟随：指跟随者在主要方面如目标市场、产品创新、价格水平和分销渠道等方面追随主导者，但仍与主导者保持若干差异。

(3) 选择跟随：指企业在某些方面紧跟主导者，在另一些方面又发挥自己的独创性。

(四) 市场补缺者定位策略

市场补缺者定位策略是指企业专心关注市场上被大企业忽略的某些细小市场，在这些小市场上通过专业化经营来获取最大限度的收益，在大企业的夹缝中求得生存和发展的定位策略。选择这种策略一般要具备以下条件：

(1) 有足够的市场潜量和购买力；

(2) 利润有增长的潜力；

(3) 对主要竞争者不具有吸引力；

(4) 企业具备占有补缺点所必须的资源和能力；

(5) 企业既有的信誉足以对抗竞争者。

采用这种策略的企业主要战略是专业化市场营销，就是在市场、客户、渠道等方面实行专业化。在选择补缺基点时，通常选择两个或两个以上的补缺基点，以减少市场风险。

(五) 重新定位策略

公司在选定了市场定位目标后，如定位不准确或虽然开始定位得当，但市场情况发生变化时，如遇到竞争者定位与公司接近，侵占了公司部分市场，或由于某种原因消费者或用户的偏好发生变化，转移到竞争者方面时，就应考虑重新定位。重新定位是以退为进的策略，目的是为了实施更有效的定位。

市场定位是设计公司产品和形象的行为，以使公司明确在目标市场中相对于竞争对手自己的位置。公司在进行市场定位时，应慎之又慎，要通过反复比较和调查研究，找出最合理的突破口。避免出现定位混乱、定位过度、定位过宽或定位过窄的情况。而一旦确立了理想的定位，公司必须通过一致的表现与沟通来维持此定位，并应经常加以监测以随时适应目标顾客和竞争者策略的改变。

第四节　物流市场营销组合

物流企业的管理部门怎样把有限的资源分配到营销组合 4Ps——产品、价格、渠道(地点)、促销的各部分中，将决定着物流企业的市场份额和收益。通过在营销组合上的资金更多投入，通过更有效地分配资源到营销组合的各部分，可以增加企业的竞争地位。

一、营销组合概述

所谓营销组合是指企业针对目标市场的需要，综合考虑环境、能力、竞争状况，对自己可控制的各种营销因素（产品、价格、分销、促销等）进行优化组合和综合运用，使之协调配合，扬长避短，发挥优势，以取得更好的经济效益和社会效益。由于企业营销环境的不断变化，西方企业界和学术界不断提出一些新的组合观点。下面对这些观点做一些简单介绍。

（一）4Ps 理论

4Ps 理论是指美国市场学者尤金·麦肯锡 1960 年在其《基础市场营销学》中提出来的，他把市场营销的诸多要素归纳为“4Ps”，即产品（Product）、价格（Price）、渠道（Place）和促销（Promotion）。

1. 产品策略

产品策略包括产品设计、交货期等决策的内容。其影响因素包括产品的特性、质量、外观、附件、品牌、商标、包装、担保、服务等。

2. 价格策略

价格策略包括确定定价目标、制定产品价格原则与技巧等内容。其影响因素包括分销渠道、区域分布、中间商类型、运输方式、存储条件等。

3. 分销策略

分销策略主要研究使商品顺利到达消费者手中的途径和方式等方面的策略。其影响因素包括付款方式、信用条件、基本价格、折扣、批发价、零售价等。

4. 促销策略

促销策略是指主要研究如何促进顾客购买商品以实现扩大销售的策略。其影响因素包括广告、人员推销、宣传、营业推广、公共关系等。

4Ps 的每一策略又都由很多要素组成。企业的市场营销活动只有通过对 4Ps 诸因素加以科学合理的综合运用才能取得成功。1984 年，市场营销学家菲利普·科特勒在 4Ps 的基础上增加了两个“P”——政治权力（Political Power）和公共关系（Public Relation），将市场营销组合的范围扩展到 6Ps 组合。有人提出应加入人（People）的因素，有人认为应增加公众形象（Public Image）、公司哲学（Philosophy of Film）、物流管理（Physical Distributing）等。这些发展并没有从根本上改变营销组合理论的核心内涵，4Ps 所代表的营销理念，至今仍然十分有效。

（二）4Cs 理论

4Cs 理论是由美国营销专家劳特朋教授在 1990 年提出的，它以消费者需求为导向，重新设定了市场营销组合的四个基本要素，即消费者（Consumer）、成本（Cost）、便利（Convenience）和沟通（Communication）。它强调企业首先应该把追求顾客满意放在第一位，其次是努力降低顾客的购买成本，再次要充分注意到顾客购买过程中的便利性，而不是从企业的角度来决定销售渠道策略，最后还应以消费者为中心实施有效的营销沟通。

（1）瞄准消费者需求（Consumer’s Need）。首先要了解、研究、分析消费者的需要与欲望，而不是先考虑企业能生产什么产品。

（2）消费者所愿意支付的成本（Cost）。首先了解消费者满足需要与欲望愿意付出多少钱（成本），而不是先给产品定价，即向消费者要多少钱。

（3）消费者的便利性（Convenience）。首先考虑顾客购物等交易过程如何给顾客方便，而不是先考虑销售渠道的选择和策略。

（4）与消费者沟通（Communication）。以消费者为中心实施营销沟通是十分重要的，

通过互动、沟通等方式，将企业内外营销不断进行整合，把顾客和企业双方的利益无形地整合在一起。

4Ps 和 4Cs 的区别在哪里?

东方物流公司是一家以海上运输为主的综合物流服务商，为了应对国际航运市场的激烈竞争，在进行准确的市场细分后，公司根据自身条件和市场需求，把目标顾客定位为直接客户和大客户，重点是跨国公司。根据市场细分，公司对目标顾客进行了营销组合设计。在产品策略上，公司为了有效地满足顾客的需要，将核心产品（为货主提供其所需要的位移），有形产品（舱位体积、位置、货物定位等），附加产品（如咨询、报关、报价等），综合考虑，提供整体产品服务，在运用整体产品理念的基础上，不断提高产品质量和调整产品组合策略：在三大东西主干航线——太平洋航线、欧洲航线、大西洋航线扩充产品线深度；在价格策略上，实行随行就市定价法，采取客户不同、运价不同、季节不同、运价不同；在分销渠道策略上，采取在全球设立自己的办事处，大力拓展直销渠道；在促销策略上，以人员推销为主，注重公共关系的开展。公司经过几年的运作，赢得了竞争优势，在一些主要航线上市场份额全面提升，总体经济效益明显好转。

问题思考:

东方物流公司是怎样运用营销组合策略的?

二、物流市场营销组合的特点

从物流市场营销组合的内容可以看出物流市场营销组合具有以下几个特点。

1. 可控性

物流市场营销组合的四大因素是企业可以控制的。例如，企业提供什么样的服务、采用什么分销渠道，把价格定得有多高，营销者可以根据自己的资源状况、市场竞争状况等进行决策。当然，任何一个企业的成功决策，都是在对市场环境、政治法律、自然条件等不可控因素进行了分析和研究的基础上制定的。

2. 动态性

物流市场营销组合不是固定不变的静态组合，而是变化无穷的动态组合。因为市场营销组合本身包括四个大的因素，每一个大因素又包含了若干个小的因素，这些因素受到内部条件和外部环境的变化影响，经常处于变化之中。例如物流公司为了争取大客户，可以提供其一定的增值服务，也可以给予一定的价格折扣，这就形成了两个不同的营销组合。

3. 整体性

物流市场营销组合是根据企业营销目标制定的整体策略，它要求企业在制定市场营销组合时，要追求整体最优，而不是各个因素最优。也就是说，企业在设计营销组合时，要做到四个因素互相配合，为客户提供一体化的解决方案。

本章小结

物流市场细分是企业进行目标市场选择的先决条件，它有利于企业发现市场机会、增加竞争力、合理利用资源，在具备市场细分的条件下进行市场细分，可按照地理区域、客户行业、客户业务规模、客户所有制性质、物品属性、服务方式和企业外包动因等标准按一定的步骤进行细分。

物流目标市场的选择需要具备一定的条件，按照一定的模式进行。对目标市场可采用：无差异性、差异性、集中性或“一对一”营销策略。企业在目标市场进行市场定位，可按经营层面、主导地位、主导行业、客户关系、服务水平等进行。为实现市场定位，企业可采用：市场领先者定位策略、市场挑战者定位策略、市场跟随者定位策略、市场补缺者定位策略，不同企业根据自己的实力选择不同定位策略。物流市场营销组合是对物流市场营销四个方面的综合运用，尽管现在出现了 4Cs、4Rs 理论，但我们后面的内容主要是从 4Ps 的角度来进行介绍。

知识要点

1. 物流市场细分，是指企业根据客户需求的不同特征将整个市场划分成若干客户群的过程。每个客户群是一个具有相同特征的细分市场或子市场。

2. 物流市场细分是对客户的需求进行细分，不是对产品（服务）进行细分。

3. 常见的物流市场细分的模式有三种。

4. 物流企业在对市场进行细分时，可采用单一变量细分因素，也可采用多个变量因素或系列变量因素组合进行细分。

5. 任何企业的资源是有限的，如何使用有限的资源进行有效组合为客户提供服务关系到物流企业经营的成败。

6. 物流细分市场必须具备一定的条件。

7. 根据物流市场的特点，可以用八类标准进行细分。

8. 物流目标市场是企业所选定的作为客户营销服务对象的一个、几个或全部细分市场。目标市场是在市场细分和确定企业机会的基础上形成的。

9. 物流目标市场的选择模式通常有五种。

10. 企业选择的目标市场模式不同，提供的物流服务就不同，占领目标市场的营销策略也就不一样。

11. 三种目标市场策略，各有优缺点。企业到底选择哪一种策略，必须从本企业的特点和条件出发，充分考虑有关因素。

12. 物流市场定位是指物流企业根据市场竞争状况和自身资源条件，建立和发展差异化优势，以使自己的服务在消费者心目中形成区别并优越于竞争者服务的独特形象。

13. 物流市场定位具有一定的原则和步骤。

14. 企业可从五个方面进行市场定位。

15. 企业定位可根据自身的资源优势和在市场上的竞争地位选择定位策略。

16. 企业通过在营销组合上的资金更多投入，通过更有效地分配资源到营销组合的各部分，可以增加企业的竞争地位。

检查与思考

一、名词解释

1. 物流市场细分

2. 物流目标市场

3. “一对一”营销

4. 差异市场营销策略

5. 物流市场定位

二、辨析题（判断对错，并说明理由）

1. 物流市场细分是对物流服务进行细分。（　　）

2. 对于关注资金型的客户，应注意将成本降到最低。（　　）

3. 有选择的专门化，可以更好地满足单一客户群的需要。（　　）

4. 物流市场定位是为了使自己的产品或服务在消费者心目中形成独特的形象。（　　）

5. “一对一”营销是指营销者按照每一位客户的要求，采用不同的方式去满足他们。（　　）

三、选择题（单选或多选）

1. 物流市场细分的条件有（　　）。

A. 可衡量性　　B. 营利性　　C. 可行性　　D. 稳定性

2. 大多数客户选择物流服务商的动因都是（　　）的。

A. 关注成本型　　B. 关注资金型　　C. 复合关注型　　D. 关注能力型

3. 企业经过市场细分，选择两个或两个以上的细分市场作为自己的目标市场，针对不同的细分市场设计不同的物流服务形式、推出不同的营销方案，属于（　　）市场营销策略。

A. 无差异　　B. 差异　　C. 集中

4. 当企业有较强实力与竞争对手抗衡时，可采用（　　）。

A. 市场跟随定位策略　　B. 市场挑战者定位策略

C. 市场补缺者定位策略　　　　D. 市场领先者定位策略

5. 物流市场营销具有（　　）特点。

A. 可控性　　B. 不可控性　　C. 动态性　　D. 整体性

四、简答题

1. 什么是物流市场细分？细分市场的条件有哪些？它有什么作用？
2. 市场细分的模式有哪些？
3. 物流市场细分的主要标准有哪些？
4. 什么是目标市场？企业选择目标市场的条件怎样？
5. 物流目标市场营销策略有哪些？如何选择目标市场营销策略？
6. 什么是物流市场定位？物流企业应该如何进行市场定位？
7. 物流市场定位的方法和策略有哪些？
8. 什么是物流市场营销组合？它有哪些内容和特点？
9. 比较 4Ps 和 4Cs 理论。

五、实践题

1. 按照某些标准对运输市场进行细分，找出目标市场。
2. 上网查询两家物流企业，对比它们选择的目标客户有什么不同？

第五章　物流产品策略

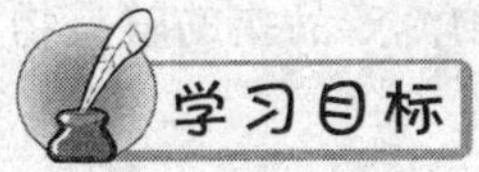

学习目标

学习本章后，使学生说出物流产品的含义，描述物流产品的基本特点，说明物流产品在物流营销中的地位和作用，初步掌握物流产品的生命周期及其策略以及物流产品的品牌策略。

物流产品策略是指与物流企业提供的服务或产品有关的决策。对于物流企业来说，产品策略可以概括为服务内容、服务方式、服务行业和目标客户等要素的定位和确定。物流企业在实施物流服务的过程中，有效地利用物流产品策略，创新物流服务，为物流消费者提供个性化的物流服务，创造物流价值的增值，从而增强物流企业的市场竞争力。

第一节　物流企业产品与产品组合

一、物流产品整体概念

（一）物流产品的概念

物流产品是一种服务性的产品，是人们有意识地将人力或机械作业力应用到人或物上而产生的结果。物流企业的产品就是物流企业为客户提供的各种物流服务。物流服务是人或组织的活动，或者对一种可触知产品的临时可支配性。

具体地说，物流产品是指物流企业为了满足客户（包括内部和外部客户）的物流需求，在开展一系列物流活动的过程中向物流消费者提供的各种物流服务。物流产品的本质是服务，它本身并不创造商品的形质效用，而是产生空间效用和时间效用。物流的空间效用是指在商品流动过程中由于商品的空间转换所产生的效用。物流的空间效用是通过物流活动将产品从供给地输送到需求点，使市场区域的界限有了延伸，对产品和服务也有了增值的作用。物流的空间效用主要是通过运输产生的。例如我国需要从俄罗斯进口石油，利用管道，从俄罗斯境内输入我国东北地区。这就是利用管道运输的方式改变了物体的空间移动，从而产生空间效用。产品和服务不仅要在客户需要的地点得到，而且还必须在他们需要的时间得到，这就是时间效用。时间效用通过物流的库存管理、选址策略和服务活动来产生。例如，客户在合同规定的时间内得到所需的原材料，或者消费者在厂商承诺的时间买到所需的商品，这都产生了时间效用。在某种程度上，运输将商品更快地运到需求的地点也是产生时间效用了。

物流企业的产品是物流企业为客户提供的各种物流服务。物流服务是人或组织的活动，或者对一种可触知产品的临时可支配性。物流企业服务的本质是满足客户的需求，物流企业提供的物流服务包括有仓库管理、集装运输、物流信息系统、选择承运商、订单处理、产品加工、装配、库存补充和进出口等。我们这门学科所研究的物流产品指的就是物流企业提供的这些物流服务。

物流产品的整体概念可分为三个层次，即物流产品的核心层、有形层和延伸层。

1. 物流产品核心层

物流产品的核心层是物流产品整体概念的基础层次，也是物流产品整体概念中最主要的部分，它主要是指向客户提供的基本效用和利益。而在物流全过程中物流产品能够以最低的成本满足客户的需求，为物流客户创造更大的价值。因而对于一个物流企业来说，生产和推销物流产品，首先要考虑到核心层，明确物流产品能够提供的功效和益处。例如物流企业通过对货品进行仓储管理，可以保证货品的随时补给、保证货物的增值；又如，物流企业通过对货物的搬运装卸，可以保证货品能水平移位和垂直移位。因此，物流产品核心层是物流产品的实质，没有这一层次，就没有人花钱去购买和使用它，物流产品也就丧失了存在的价值。

2. 物流产品有形层

物流产品的有形层是指在物流产品组成中客户可以直接观察和感受到的那一部分。物流消费者购买物流产品时，除了要求物流企业提供的物流产品具备某些基本功能，能够提供核心利益外，还要考虑物流企业在提供物流服务时使用的其他有形产品，如物流软件产品，因为这些产品是保证物流企业在提供物流服务时能否保证物流产品质量的有效手段，通过对有形产品的合理使用，可以满足物流消费者不同的需求，保障物流消费者最根本的利益。因此，物流产品的有形层是物流企业在市场竞争中吸引物流消费者的一个重要方面。

3. 物流产品延伸层

物流产品延伸层是指客户购买物流产品时所获得的附加服务和利益的总和。它包括物流产品的说明书、物流产品承诺或保证书、物流产品技术培训等服务。

由于科学技术和信息技术的不断发展，不同的物流企业提供的物流产品在核心利益上越来越接近，几乎没有什么大的差别，主要体现在物流产品的技术性能相近，物流产品的功效接近，产品价格差异不大等方面，这时产品竞争力的高低只能取决于产品的延伸层。当前我国物流企业的物流业务主要集中在运输和仓储上，而其他的信息服务、资本服务、咨询服务等延伸服务占有的份额相当少。但随着物流市场的日益成熟和发展，从事物流行业的企业绝多数的获利途径应来源于信息服务、资本服务、咨询服务等延伸服务，实际上物流的高利润主要是来自这部分延伸服务的提供。

物流产品的核心层、有形层和延伸层是什么样的关系?

(二) 物流的产品特征

如前所述我们所说的物流产品主要是指一种物流服务，因此，研究物流企业产品特征的实质就是研究物流企业的服务特征。我国“入世”后，物流业已经逐步对外开放，更多的跨国企业将进入中国参与物流市场的竞争；物流业将从传统物流逐渐向现代物流转化，使物流企业的产品随着物流市场的发展变化逐步形成鲜明的特征，突出表现在以下七个方面。

1. 物流服务的专业化

社会分工导致了专业化。专业化物流本身至少包括两个方面的内容：一方面，在企业中，物流管理作为企业一个专业部门独立地存在着并承担专门的职能。企业内部的物流部门也可能从企业中游离出去成为社会化的、专业化的物流企业；另一方面，在社会经济领域中，出现了专业化的物流企业，提供着各种不同的物流服务，并进一步演变成为服务专业化的物流企业。

随着市场竞争进一步加剧，必然促使企业更加关注其核心资源和核心竞争力的培养，而将企业内部的物流转交给专业的物流公司经营，第三方物流的市场比重将会逐年增加，使物流服务走更加专业化的道路。

2. 物流服务的规模化

专业化的物流必须走规模经营的道路，才能在市场的竞争中立于不败之地。物流企业通过提供规模化的物流服务不但可以提高物流服务的质量而且可以降低物流服务的成本，从而提高物流企业的竞争力。

3. 物流服务的标准化

物流服务的目标是提高物流服务质量，全面提升客户的价值。为此，物流企业在提供物流产品时必须要建立和完善物流技术标准化体系，制定和推进物流基础设施、技术装备、信息网络等技术标准，形成协调统一的物流技术标准体系。

4. 物流服务的增值性

物流服务是提供增值利益的过程，物流企业通过运输、仓储、配送等活动实现物品空间与时间转移，不仅创造出时间和空间效用，而且通过节省成本费用为物流企业和客户提供增值利益。

5. 物流服务的个性化

在物流企业提供物流服务的过程中，各企业提供服务能力和服务方式不同，客户对物流服务的认识和评价也不同，同时，随着经济的发展，生产和生活方式的改变，客户对物流服务需求的个性化更加强烈。物流企业在实行服务的过程中，必须根据客户“个性化”

需求，做好各项基本服务的基础上多加个性化服务，以赢得更多的客户。

6. 物流服务的信息网络化

现代物流是以信息技术为支撑的，物流服务过程中，物流信息的适时共享，促进了物流管理的科学化，大大地提高了物流的效率。先进的物流技术设备的应用、物流的信息网络化是现代物流的发展的必然趋势，Internet 网络资源的可用性及网络技术的普及都为物流的运营提供了良好的外部环境。

7. 物流服务的综合化

物流企业在市场竞争中，必须利用拥有的服务网络、设施及人力资本等优势，通过重组、资本扩张、兼并、流程再造等形式，形成有效的供应链服务网络，不少的物流企业向综合物流发展，为客户提供多功能的综合性服务。

（三）物流服务的特性

1. 从属性

由于货主企业的物流需求是以商流为基础，伴随着商流而发生的，因此，物流服务从属于货主企业的物流系统，表现在流通货物的种类、流通时间、流通方式、提货配送方式都是由货主选择决定，物流企业只是按照货主的需求，提供相应的物流服务。

2. 不可存储性

物流服务是属于非物质形态的劳动，它生产的不是有形产品，而是一种伴随销售和消费同时发生的即时服务，是不可储存的。

3. 移动性和分散性

物流服务是以分布广泛、大多数是不固定的客户为对象，所以，具有移动性以及面广、分散的特性，它的移动性和分散性会使产业局部的供需不平衡，也会给经营管理带来一定的难度。

4. 需求波动性

由于物流服务是以数量多而又不固定的顾客为对象，他们的需求在方式上和数量上是多变的，有较强的波动性，为此容易造成供需失衡，成为在经营上劳动效率低、费用高的重要原因。

5. 差异性

差异性是指物流服务的构成成分及其质量水平经常变化，很难统一界定。物流企业提供的服务不可能完全相同，因此，物流企业难以制定和执行统一的服务质量标准，不易保证服务质量。

6. 可替代性

从物流活动承担主体的角度看，产生于货主企业生产经营的物流需求，既可以由货主企业自身采用自营运输、自营保管等自营物流形式来完成，也可以委托给专业的物流企业来完成。因此，对于专业物流企业，不仅有来自行业内部的竞争，也有来自货主企业的竞争。如果物流行业的服务水准难以达到货主要求的情况下，货主企业就会以自营物流的形式拒绝物流企业的服务，物流企业的市场空间的扩展就会面临困难。

二、物流经营服务的分类

（一）以物流服务的范围来分，物流产品可分为国内物流和国际物流

1. 国内物流

国内物流是指向国内物流消费者提供的物流服务。这种物流服务通过企业在国内设立总部和分公司，为国内的物流消费者提供各种物流服务，如仓储、拼箱服务、铁路、公路和驳船运输公共货运代理、项目开发与管理以及租船经纪等服务。

2. 国际物流

国际物流是指向国外物流消费者提供的物流服务。这种物流服务通过企业在国外设立代表处，或与国外物流服务企业签订长期的合作协议，通过功能齐全的物流网络系统，为物流消费者提供现代物流、国际船舶代理、国际多式联运、空运代理、集装箱场站管理等服务。

（二）从物流服务的依托程度来分，物流产品可分为自理物流和代理物流

1. 自理物流

自理物流是指由企业自己来经营的那部分物流业务。企业根据自身条件，对部分物流实行自主经营，如对有自己把握能够完成的物流业务，企业一般都自主完成，或者那些与企业自身业务关联性非常强的物流业务，也必须由企业自己来经营。但须注意的是企业在进行自理物流时，则必须考虑运用先进的物流管理观念、技术、硬件来降低成本、优化流程和供应链。

2. 代理物流

代理物流是指将企业的物流业务交由专业的物流企业来完成。又叫物流外包。企业在发展的过程中时刻面临着如何降低企业成本，赢得利润的压力，这时企业更加关心的应该是如何发挥企业的核心竞争力，这无形中就增加了企业物流外包的这种需求。目前众多企业越来越倾向选择专业物流供应商，放弃自理物流。如美国的进出口企业把报关和清关等各项内容委托给专业物流公司来处理，以避免由于出现价值申报等方面的错误而导致海关罚款。

（三）根据物流的功能划分，分为基本物流和增值物流

1. 基本物流

基本物流产品是指将物品从供应地向接收地移动过程中提供的实体流动服务。物流企业根据实际需要，利用运输、储存、装卸、搬运、包装、流通加工、配送、信息处理等基本功能，对物流产品实施有机的结合，具体包括运输服务、存储服务、装卸搬运服务、包装服务、配送服务等。

2. 增值物流

增值物流产品是指在完成物流基本功能基础上，根据客户需求提供的各种延伸业务活动，为客户提供更多的利益和不同于其他企业的优质服务。针对特定客户或特定物流活动，在基本物流服务的基础上提供的定制化服务。物流企业在提供的增值服务时，必须根

据客户需要，为客户提供超出常规范围的服务，或者采用超出常规的服务方法提供物流服务。

增值服务是竞争力强的企业区别去一般小企业的重要方面。增值服务的特征就是在提供基本服务的基础上，满足更多的顾客期望，为客户提供更多的利益和不同于其他企业的优质服务。因此，创新、超出常规、满足客户需要是增值性物流服务的本质特征。

当前我国物流企业能提供的增值服务主要有以下几种。

(1) 承运人型增值服务。运输企业在承接委托人委托运送货物的过程中提供的增值服务。尤其是承运货物运输的快运公司、集装箱运输公司，最适宜从事此类增值服务。例如，物流企业可提供的对货物进行从收货到递送的全程追踪服务。

(2) 仓储型增值服务。拥有大型仓储设施的仓储物流企业可以提供这种增值服务。例如，物流企业对服务企业的材料及零部件提供到货检验、安装制造等服务，最大限度地方便了物流消费者，提供了增值服务。

(3) 货运代理型增值服务。物流企业通过货运代理业务活动为客户提供的增值服务。例如货运代理物流企业提供的集装箱拼装拆箱、分拨、中转及相关的短途运输等，就是这种增值服务。

(4) 信息型增值服务。物流服务商以信息技术为优势，把信息技术融入到物流作业中，通过提供良好的信息平台，促进物流活动的有效开展，从而降低了物流成本，带来了物流增值。例如：运用网络技术向客户提供在线的数据查询和在线帮助服务。

(5) 第四方物流增值服务。物流服务商向客户提供全面意义上的供应链解决方案，对第三方物流企业的管理和技术等物流资源进行整合优化，对物流作业流程进行再造，甚至对其组织结构进行重组，对客户物流决策提供咨询服务等。

中国远洋运输（集团）总公司成立于1961年4月27日。1993年2月16日组建以中国远洋运输（集团）总公司为核心企业的中国远洋运输集团（以下简称中远集团）。经过40余年的艰苦创业，中远集团已由成立之初的4艘船舶、2.26万载重吨的单一型航运企业，发展成为今天拥有和经营着近600艘现代化商船、3000多万载重吨、年货运量超过2亿吨的综合型跨国企业集团。作为以航运、物流为核心主业的全球性企业集团，中远集团在全球拥有近千家成员单位、7万余名员工。在中国本土，中远集团分布在广州、上海、天津、青岛、大连、厦门、中国香港等地的全资船公司经营管理着集装箱、散装、特种运输和油轮等各类型远洋运输船队；在海外，以日本、韩国、新加坡、北美、欧洲、澳大利亚、南非和西亚8大区域为辐射点，以船舶航线为纽带，形成遍及世界各主要地区的跨国经营网络。标有“COSCO”醒目标志的船舶在世界160多个国家和地区的1300多个港口往来穿梭。

目前，中远集团的集装箱班轮航线已经遍及全球160多个国家和地区的1300多个港

口。此外，中远集团还拥有着世界上规模最大散货船队、种类齐全的杂货船队、油轮船队、液化气船队以及特种船队，拥有着亚洲第一的具有高科技含量的半潜船，其船身可潜至水下9米，专门运输特大、特重型的机械设备，在国际航运高端市场上鹤立鸡群。

今天的中国远洋运输（集团）总公司，在致力于为全球客户提供航运、物流等全球优质承运服务的同时，还能够为客户提供船舶和货物代理、船舶工业、码头、贸易、金融、房地产和IT等多个行业的服务，被业内称为中国航运界的“旗舰”，对国际航运市场具有很大的影响力。

问题思考：

你能说出中国远洋运输（集团）总公司的物流产品有哪些吗？

三、物流产品组合的概念

物流产品组合是指物流企业为了提高客户的竞争优势，以专业知识为基础，开发物流的合理流程，并将这些流程加以组合运用而形成的新产品。物流企业通过对产品进行有效的组合，能迅速适应操作环境的改变，增强物流企业的灵活性，更有效地为企业提供物流服务。

在市场营销学中，产品组合被定义为“企业生产经营的全部产品项目和产品线的组合方式”，其中，产品项目是指每一个具体的产品；产品线是指产品在功能、使用等方面具有类似性，但在规格、款式、档次等方面存在差异的一组产品。根据市场学对产品组合定义的释义，我们对产品组合也可以下这样的定义：物流产品组合是指物流企业为物流消费者提供的全部物流服务项目的组合方式。它既反映了物流企业的经营范围，又反映了物流企业市场开发的深度，物流产品组合包含了物流服务线和服务项目这两个概念。

物流企业可提供的每一类物流服务就是一个物流服务线，每一个物流服务线下的每一个具体的物流服务内容就是服务项目。如上海铱力物流公司对外提供的物流服务线有仓库运作管理、物流系统方案、物流业务咨询等物流服务线，其中仓库运作管理这条物流服务线又包含有仓储及配送、库存及运输、增值物流服务共五个物流服务项目。

（一）影响物流产品组合的变化因素

根据物流产品组合的概念，我们认为影响物流产品组合的变化因素有四个，他们是物流产品组合的宽度、深度、长度和相关性。

1. 物流产品组合的宽度

也称物流产品组合的广度，指物流产品组合中所涉及的物流服务项目的数目。具体地说，是指一个物流企业提供的物流服务的大类有多少，也就是说拥有多少条物流服务线。拥有的物流服务线越多，物流产品组合就越宽，反之就越窄。

2. 物流产品组合的深度

指物流企业提供的各条物流服务线上所涵盖的环节数。多者为深，少者为浅。如北京天信达信息技术有限公司开发了全面的货运系统产品线，涵盖了航空物流企业业务处理、

数据交换、信息发布、网上订舱与查询等功能，并已开始进行航空物流信息平台的建设。这说明该公司货运系统产品组合的深度比只是一般的货物运输业务处理在货运系统这个物流服务线上所涵盖的环境数要深得多。

3. 物流产品组合的长度

指一个物流企业所有物流产品线中物流项目的总和，项目多为长，少为短。如中国远洋物流有限公司在仓储、配送服务中有家电、电力、汽车、石化、零售和会展等物流业务，物流项目的总和比较多，物流产品组合的长度就长些；而泉州市邮政物流公司的物流配送中心同样也有仓储、配送服务，但它只有酒类、药类等项目，物流项目的总和较少，物流产品组合的长度就短些。

4. 物流产品组合的相关性

指物流企业各服务系列之间在最终用途、经营条件、服务渠道等方面的联系密切程度。物流企业服务系列之间的相关程度越高，则产品组合相关性越大；反之，则小。物流产品组合的相关性大，实际上是指物流服务系列之间具有一种协作作用。如泉州市邮政物流公司原有业务主要是邮政业务。随着邮政发展物流的兴起，在物流业务发展上，泉州市邮政物流公司成立了仓储物流配送中心，以仓储平台带动物流业务发展。从泉州市邮政物流公司的这两项业务的关联性来看，由于这两项业务之间的关联程度较大，从而使这个邮政公司能够从邮政业务拓展到仓储业务，再带动其他如配送等相关的物流业务。

（二）物流产品组合的基本要素调整

物流产品组合的宽度、深度、长度和相关性不同，就构成了不同的物流产品组合。最佳的物流产品组合是指能使物流企业在获利、发展和稳定三者之间取得平衡的物流产品组合。最佳物流产品组合的主要方法有对新的物流产品的开发、对疲软的物流产品的淘汰以及对物流产品组合中的各基本要素进行调整等。

1. 调整物流产品组合的宽度

即增加或减少物流产品组合的宽度。增加物流产品组合的宽度使物流企业的经营多样化，更好地满足各种不同的需求，有利于物流企业分散经营风险。当物流企业的资源比较充分，有较好的市场机会时，可以增加产品组合的宽度。当物流企业的资源不足，或为了使资源得到更有效的配置，或现有的一些物流服务线不能给企业带来盈利时，应该考虑削减物流服务线，即减少物流产品组合的宽度。

2. 调整物流产品组合的深度

即增加或减少物流产品组合的深度。增加物流产品组合的深度能满足不同细分市场消费者的不同需求。当物流企业的资源比较充分，物流经营能力有剩余，物流消费者有不同的需求，市场竞争比较激烈时，可以考虑增加物流产品组合的深度。

增加物流产品组合深度可以有两种做法：一是进行物流服务线的扩展，即通过向下扩展、向上扩展和双向扩展来增加物流服务线的服务项目数；二是物流服务线的填补。即根据物流企业的经营能力、物流消费者需求和市场竞争的情况，填补物流企业现有物流服务线的市场空隙，在充分地利用物流企业的经营能力、满足物流消费者的不同需求。但是，

当物流企业的经营能力有限，或者物流产品线中的一些服务项目已经不能适应物流消费者的需要，或者现有物流服务线的一些服务项目不能给物流企业带来赢利时，就应考虑减少物流产品组合的深度，即对一些物流服务项目进行削减。

3. 调整物流产品组合的关联性

即增加或减少物流产品组合的关联性。在调整物流产品组合的宽度或增加或减少物流服务线时，应考虑是增加物流产品组合关联性还是减少物流产品组合的关联性。增加关联性可以充分地利用物流企业现有的资源，而减少关联性则有利于降低物流企业的经营风险。对物流产品组合关联性的调整，关键是考虑物流企业的资源和市场机会，如果物流企业的资源比较充分，又有良好的市场机会，则可以考虑减少物流产品组合的关联性。

四、物流产品组合策略

一般地讲，物流企业扩大物流产品组合的宽度，增加物流产品组合的深度，加强物流服务线的相关性，可能就会扩大销售，提高市场占有率或降低成本，增加利润。因此，物流企业在对物流产品组合的宽度、深度、关联性进行多种多样的选择时，就会形成不同的产品组合策略。因此，物流企业进行的产品组合策略是指物流企业根据自身的经营目标，对物流产品组合的宽度、深度、长度和相关性进行最优化的过程。常用的策略主要有以下几种。

1. 物流产品组合方式策略

（1）服务单一化组合。指物流企业只提供某一类物流服务以满足特定细分市场的需要。一些小的物流企业为了解决资金不足、竞争力弱等问题，可以采用这种组合方式；如，一些小型物流企业以传统运输、仓储服务为主，提供功能单一的物流服务。一些大的物流公司的下属企业按专业化协作组织物流时，也可采用。如某物流企业可以提供综合性的物流服务，但其下属的某一子公司专门负责车队运输这个物流项目，提供物流运输服务。

（2）市场专业化组合。指用多条物流服务线和多个服务项目来满足某一专门目标市场需求的组合方式。任何企业的资源是有限的，如何使用有限的资源进行有效组合为客户提供服务关系到物流企业经营的成败。物流企业通过市场细分选择一个或多个物流细分市场作为目标市场，就有可能深入细致地分析研究物流市场的特点，集中人力、物力、财力，有针对性地生产经营运销对路的物流服务，更好的满足目标市场的物流需要。如外资或合资的物流企业由于对物流费用的承受能力比较强，对客户的服务水平要求比较高，他们更多地以满足高端的物流市场为目标，诸如 IT 产品、高档服装、医药产品、汽车及其零部件等物流市场。但小的物流企业则以低端的物流市场为目标，或为其他高端 3PL 供应商提供基本的仓储和运输等服务。此外，物流企业面对某一个或少数几个目标市场，可以及时捕捉需求信息，根据物流需求的变化随时调整市场营销战略和策略，使物流企业在某一目标市场上占有较大的市场份额。

（3）产品专业化组合。指物流企业集中生产某一类物流服务产品，并将这类产品同时供应几个不同的细分市场的组合方式。这种组合方式便于发挥物流企业的行业技术和经营专长，使物流企业成为提供专业产品的主导企业。如作为货运业领头羊的深圳市环宇货运物流服务有限公司专业从事长途、短途货物运输往返，集公路、铁路、航空、海运为一体，为不同的细分市场的提供服务，有专人接提、专人分送、专人押车、专人负责的一条龙服务，在行业中形成自有的物流服务风格，为在激烈的竞争中求生存，该公司还走出深圳，构建和扩张物流网络，成为全国性的地面服务商。

（4）多样化组合。指物流企业以多条物流服务线来面向多个目标市场的组合方式。在这种物流产品组合中，物流企业可以把整个市场作为目标市场，一般是资金雄厚、竞争力强的大企业采取这种组合方式。如中海集团物流有限公司向社会提供多样化的物流服务形式，一方面围绕货运代理、商业配送、多式联运、社会化储运服务、流通加工等物流职能和环节为生产、流通企业进行专业化物流服务。另一方面发展系统化物流服务或全程物流服务，为生产、流通企业提供从物流方案设计到全流程组织与实施的物流服务。

2. 扩充产品组合策略

这种策略是扩大物流产品组合的宽度和加强物流产品组合的深度，增加一个或几个物流服务线，扩展经营范围或在同一个物流服务线中扩大物流产品项目。如上海金桥出口加工区（南区）为企业提供产品进出口现场报关报检、仓储、代理统一采购、结算、退税等一系列全程物流服务外，还为企业提供物流咨询及其他各种相关配套服务，通过扩大产品组合策略，能综合利用企业资源，最大限度地满足不同客户的需求，提高企业市场占有率，增加了企业的市场竞争力，分散了企业的市场风险。

3. 缩减产品组合策略

这种策略是通过缩小物流产品组合的广度或深度，实行集中经营。如减少物流服务线，取消一些物流服务项目，特别是要取消低利润物流服务项目，从较少的物流服务项目中获取更多的利润。减少物流产品组合的主要方式有四种。

（1）取消自身经营能力不足的物流服务线。如运输能力存在严重不足的物流企业可取消自己的车队，把运输业务外包给其他的物流公司，这样不仅可以节约运输成本，还有利于企业专心去发展其他的物流服务项目。

（2）取消物流服务成本过高的物流服务线。随着物流市场的不断成熟，可逐步减少运作成本较高的那部分自营物流，通过第三方物流来实现物流的功能，完成物流任务。因此，对部分物流成本较高的服务线可加大委托的比例，实现物流服务的外包发展。

（3）采取混合策略，减少物流服务单独完成的作业量，实现物流服务的多元化发展。物流服务全部由企业自身完成或完全外包给第三方物流完成，易形成一定的规模经济，并使管理简化。但当产品品种多变、规格不一、销量不等时，采用上述的物流服务方式超出一定程度不仅不能取得规模效益，反而还会造成规模不经济。因此，企业采取混合策略，使物流服务一部分由企业自身完成，一部分由第三方物流来完成，使物流服务达到最佳的经济效益。

贺卡巨人 Hallmark 公司于 1994 年成立了一家名为 Ensemble 的子公司，主要生产卡

片、礼品包、明信片、书签、文具等礼品。其将分销环节外包给了一家成立于1967年专门提供增值物流服务的公司——USCD分销服务公司，根据协议，USCD全权处理Ensemble所有的订货物流业务，接受货物，仓储及美国境内的运输。平均每天有100票货物需运至Hallmark所属的独立卡片店，杂货店及其他零售点。Ensemble接受来自美国境内4000多个客户的订单。这些订单以电话、传真、EDI传入Ensemble，Ensemble再通过计算机将其传输给USCD以完成订货满足。除了传统的仓储和运输责任，USCD还向Ensemble提供分销咨询服务。

(4) 取消竞争力弱的物流服务项目。物流企业可根据自身的条件和市场的竞争环境，撤销一些竞争力弱的物流服务项目，使企业保持核心业务持续、稳定地发展，走地区性专业物流的道路，从而强化了企业的竞争能力。

4. 特殊化产品组合策略

这种策略是通过根据用户的特殊要求，在物流产品组合中向物流需求者提供某项特殊的物流服务。如物流企业根据客户的业务内容可提供“无包装配送”、“检验货物交付证明回收”、“夜间配送”等特殊化的服务物流服务；又如上海大众集装箱货运有限公司在集装箱货运服务中所有车辆均装备了GPRS系统，提供了可实现实时监控的特殊服务系统。

5. 高档产品策略

高档产品策略，就是在原有的产品线内增加高附加产品项目，以提高企业声望。如海尔物流建立高层自动化仓库，是利用巷道式堆垛起重机，人工不直接进行处理的自动存储和取出货物的系统。提供高层自动化仓库，不但可以节约用地，充分利用库房空间增大存储量，而且还可以提高入出库效率，使企业在原有的仓储服务中加入了高附加值仓储服务，提高了企业的形象。

6. 低档产品策略

低档产品策略是指在原有的产品线增加低附加值的产品项目，以扩大物流服务的数量。例如，一些物流运输企业，过去主要做长途运输，现在为了培育长期客户，打造自己的核心竞争力，增加了短途运输、送货上门等低附加值物流服务。

日本电信电话株式会社（NNT）物流子公司是NNT于1944年设立的全资子公司。该物流子公司成立之初，承担NNT所有的电话、通信设备和器材的物流业务。长期以来，NNT物流子公司的主要收入都来自电话簿物流业务。由于通信市场竞争激烈，致使NNT物流子公司的主要客户NNT东部公司和NNT胶片公司经营走入低谷，业务量大幅度减少。在这种严峻的经营环境下，NNT物流子公司也越来越担心经营难以维持现状，以后会更加艰难。为此，该物流公司决定运用多年积累的物流经验，为用户提供高附加价值的服务，开拓新的业务领域，进一步加强第三方物流的功能。在该公司设立的两个物流中心里，全部采用最新设备，其中，在位于IT设备国际物流要塞地区的千叶物流中心内新建了一栋仓库，增加了进出口通信设备的检验和调试作业，引入了物流中心管理系统(WMS)，提供终端信息服务，提高业务处理效率。尤其是在从大件商品向小件商品转换过程中，货物下架差错率已降低到百万分之三，准确程度达到了极致。为了进一步提高作业效率和降低成本，NNT物流子公司还专门研究制定了一整天非常系统的作业规程。

问题思考：

日本电信电话株式会社物流子公司在发展物流的过程中，运用了怎样的产品组合策略？

第二节　物流企业产品市场生命周期及其策略

任何物流服务都是有时间性的，是随时间变化而发展的。同时，物流服务价值是不断变化的，既有投入及其投入变化，又有产出及其产出变化。把物流服务与生命周期两个概念组合在一起，就能反映出物流服务以时间为基准的价值变化，实现物流服务的科学选择。

一、物流企业产品市场生命周期

产品的生命周期又称为产品市场寿命周期，它是指一项新产品研制成功后，从投入市场销售开始，到销售成长阶段，直至被市场淘汰为止的全过程。产品生命周期可分为四个阶段：投入期、成长期、成熟期和衰退期。

物流服务作为一种特殊的产品，同实物产品一样，也有其产品的市场生命周期。一个完整的物流产品市场生命周期也应该包括投入期、成长期、成熟期和衰退期四个阶段。

研究物流企业的产品处于市场生命周期的哪一阶段，能使现代物流企业对复杂变化的环境和日益激烈的竞争做出快速反应，实施以更为恰当的决策，从而延长物流产品市场生命周期。如随着社会分工的深化和市场需求的日益复杂，企业生产经营活动对物流技术和物流管理的要求也越来越高，传统的物流企业所提供的局限于仓库存货代理、运输代理、托运代办、通关代理等局部业务，已越来越不适应客户需要，而且这一类产品所提供的利润空间就越来越小，物流企业就必须对自己的业务进行重新整合，加大信息产业化的建设，提供一个合理的信息平台，为保证各项物流业务能顺利实施提供即时的信息资料，以适应市场快速变化的需要，从而延长了物流产品的生命周期。

二、物流产品市场生命周期的特点及策略

（一）导入期的特点及策略

投入期也叫导入期，一般是指物流产品投放到市场的起始阶段。物流产品在导入期的特点主要有五点。

(1) 物流需求者对物流产品不了解，物流业务量有限。特别是一项新的物流产品的推

出，物流消费者在没有得到实际的利益之前，都抱有观望的态度，不会大量使用新的物流产品。所以，在这个时期物流的业务量往往是很有限的。

（2）促销和其他营销费用开支较大。为了迅速打开物流市场，让物流产品更快地得到物流需求者的认可和惠顾，在投入期，必须对物流产品进行促销宣传和营运活动，从而增大了这部分费用的开支。另外，在这一阶段，物流产品的技术水平也较低，使得运营成本增加，利润水平下降，在某种角度上讲也是增加营销费用。

（3）物流服务的差别化较低，物流服务功能单一，增值服务薄弱。物流需求商还没有完全做好外包的装备，大多数的物流外包只停留在相对低利润的物流服务。如我国处于物流服务导入期的大部分物流企业只能承担运输、装卸或仓储等基础性服务，报关、存货管理、分拨、分销、包装、流通加工等增值服务则力不能及。

（4）同行竞争少，垄断市场的可能性不大。由于是导入期，进入物流产品领域的同行很少，竞争也就不那么激烈了，同时，物流企业在执行物流活动的过程中，虽然也为物流需求商提供一个物流服务的方案，但他们之间也只能是一种简单的买卖关系，还没有形成合作联盟，所以，还没有达到垄断市场的能力。

（5）物流服务的信息化程度较低，各个环节严重脱节，缺乏有效快捷的沟通联络手段，制约了这个供应链的时效性。

在物流市场形成初期，由于物流服务的技术含量不高，行业壁垒较低，存在大量潜在的进入者。物流企业间经营模式的大同小异，物流行业内模仿行为相当频繁，物流服务的水平难分高下。多数物流企业还没有形成独特的经营理念，企业的竞争地位不稳定，凭借“先动优势”获取较大的市场份额是企业经常用的策略。此外，物流企业还可采取以下营销策略。

1. 迅速建立完善的揽货网络和货物集散体系，同时加大宣传力度，向公众介绍产品的特色

作为物流企业必须通过形式一定程度的揽货网络来吸引物流需求者，并通过合理规范的货物集散体系，来保证物流需求者的利益。如宁波港在建设综合性国际枢纽港的过程中，坚持集散并重，协调发展的原则，持续增强国际集装箱运输能力，着力构筑大宗商品交易平台，健全海陆空联动的集疏运网络，完善以金融、信息支撑系统为重点的港口物流服务体系，进一步整合港口资源，推进梅山、大榭、穿山等新兴港区集约化发展，提升综合发展水平。同时继续推进宁波港大型专业化码头、深水航道、港口锚地拓展工程，积极拓展海铁联运、江海联运、内河联运，健全港口揽货体系。这样不但可以打造一批国际性资源配置中心，还可以深化口岸大通关建设，加快港口信息化建设，增强港口竞争软实力。

2. 服务体系化策略

即提高物流服务水平，建立完善的服务体系，树立良好企业信誉。如物流企业通过完善网络服务体系，扩展原有的服务模式，向物流需求商提供定时服务、门到门服务等优质的服务，赢得新老客户的长期信赖，建立固定的服务客户群，保障了企业的长期业务。

3. 服务差别化策略

即利用物流服务的差别化来实现物流服务的合理化。如物流企业在提供储存和配送服务的过程中，可以按照货物周转速度的差别，对周转快的货物群采取分散保管，周转慢的货物群集中保管的方法，通过压缩流通库存，降低物流成本；又可根据销售对象的差别，选择供应商直接送货或者通过物流中心配送。通过对配送方式的细分，达到提高物流效率、实现物流作业合理化的目的。

4. 服务联盟化策略

即物流供应商在提供物流服务时，与物流需求商签订合作协议或结成合作联盟。由于物流公司本身不拥有商品，而是服务于物流需求商提供的产品。采用这种物流管理方式，可以建立一种共同发展的伙伴关系，而不是简单的买卖关系，扩大物流服务的深度和广度，实现物流服务的最优化。

5. 服务信息化策略

即利用物流信息化水平，实现从传统物流向现代物流的转变，保证物流服务的正常运行，进一步提高物流企业的竞争实力。如物流企业可以充分利用现有的信息基础设施，建设现代物流信息处理通用平台，实现现代化物流的电子商务。通过这个平台整合行业原有资源，利用公共平台在运输、仓储、装卸、加工、整理、配送、车辆调度、路径选择等方面深入开发各种相关的信息资源，在流通领域及其相关领域切实做到信息资源共享。

（二）成长期的特点及策略

成长期是指物流产品投入市场成功后，物流需求量急剧上升，物流服务逐步向规模化、专业化和多样化转变的阶段。物流产品在成长期的特点主要有五点。

1. 销售额快速攀升，促销费用趋于平稳，市场价格趋于下降和稳定

在这一时期，由于物流产品被物流需求者认知，物流的需求量会得到一个很大的上升，销售额必将随之攀升，促销费用相对于销售额而言，基本是趋于平稳甚至略降，由于出现新的竞争对手，物流产品的市场价格就很难再有一个上升的空间，只能是趋于稳定甚至下降，才能保证物流客户不流失。

2. 物流服务规模化

规模化主要体现在物流企业通过延长内部供应链，不断增加物流服务的内涵，加大物流的增殖服务，创新物流服务项目。只要是面对流通的企业就必须面对物流规模化的问题。开源节流是企业最基本的经营之道，将物流做好不仅可以提高流通效率更能为企业节约成本和投入。一般来说，物流中心的规模越大其在各个环节的成本便会降低，同行合作企业和供应链上合作企业可以通过联合组建物流中心或者委托第三方提高物流规模，从而达到提高效率、降低成本的目的。

3. 物流服务专业化

专业化主要体现在物流企业对市场进行细化分析，确定自己的战略地位和业务主攻方向，在最适合自身的领域里，将物流服务做精做细，增强企业的核心竞争力。特别是中小物流企业由于本身的资源缺乏优势，很难做到物流服务规模化，就更应当走物流专业化的

道路。在选择客户时，中小物流企业应当以市场价值和客户价值为取向，实施一对一营销。

4. 物流服务多样化

物流企业不仅能够提供全程物流服务，还可以提供部分供应链管理下的物流服务。如吉宝物流（佛山）有限公司，以库存管理、内陆配送和相关增值服务为核心开展物流服务，不但承接了LG、FRANKY等跨国公司的内陆配送及鹰牌陶瓷广西线的配送，同时还为汤姆逊提供了从原材料运输、装卸、检验、包装直到送材料上生产线等配套的物流增值服务业务。

5. 物流产品竞争白炽化，物流服务更加程序化

在成长期，新的竞争对手开始出现，竞争开始比较激烈。市场格局不断的变化促使行业更具理性、服务内涵更加深广、价格更加合理、营销模式不断升华。很多物流企业开始打通上下游产业链，不断把物流需要者的各项服务包进来，为物流需求者提供一个从设计物流项目到整个物流流程的整体解决方案，形成了全天候的物流服务程序。

进入物流产品成长期，物流服务标准体系逐渐形成，市场竞争格局也逐渐确立起来。在这种市场格局中，如果物流产品得到市场上大多数认可的话，企业对物流的需求量就会迅速增长。此时，物流企业考虑更多的是怎样适应快速成长市场的需要，尽可能地适应市场的快速增长。因此，物流产品在成长期主要采取以下策略。

1. 合作服务策略

即通过加强物流服务商之间的合作，实现合作双方的利益共享，营造物流发展的整体环境。物流项目合作是物流企业发展壮大的必然选择。如通过对低档次的运输和仓储企业的重组、兼并，开拓新的市场空间，把市场培养成熟，避免恶性竞争。

2. 标准服务策略

物流服务标准化是指以物流为一个大系统，利用系统内部设施、机械装备、专用工具等技术标准以及物流信息标准来实现包装、仓储、装卸、运输等各类作业标准，从而形成全国的或与国际接轨的服务标准化体系。物流服务标准化不但是企业竞争的重要手段，还是物流现代化的基础。它包括商品包装的规格化、系列化，装卸、运输、储存作业的集装单元化，托盘、集装箱、卡车车厢尺寸的标准化等。

3. 专业服务策略

成长期的物流企业实力有限，在这种的情况下，选择集中一点战略，实施一对一营销，走服务专业化的道路，可以做到量体裁衣，更能令物流消费者满意。在成长期的物流企业，服务资源有限，品牌的可信度不高，在追求服务个性化的信息社会中，实施物流服务专业化策略，开展一对一营销，目标较为单一，易于弄清客户的真正需求，确定服务的重点，使得服务资源的配置向这些重点集中，以提高服务的客户满意度。

4. 增值服务策略

物流企业在由成长期向成熟期过渡的过程中，物流企业之间的产品竞争已不局限于行业一般性的服务竞争，而是深入到物流企业深层次供应链内部进行竞争。此时物流企业可

以通过向物流需求者提供其客户公司所不能提供的服务或生产要素，或多种的和高水平的服务，在不同的广度和深度方面为客户创造价值。如上海友谊集团物流有限公司为国际上最大的日用消费品公司——联合利华有限公司提供专业的物流服务，并与其建立了良好的物流合作伙伴关系，为联合利华公司提供了改变作业时间、流通加工、信息服务、退货管理等专项的物流增值服务。

（三）成熟期的特点及策略

成熟期是指大多数物流需求商已经接受物流服务，物流服务向协同化、集约化、全球化方向发展的阶段。物流产品在成熟期的特点主要有四点。

1. 物流服务向协同化、集约化、全球化方向发展

（1）物流服务的协同化。物流服务的协同化是指在物流供应链中，各个企业以及企业内部围绕核心企业的物流提供协调、同步的物流服务。在协同化的物流过程中，物流服务的双方有更多的合作内容，甚至双方形成战略合作关系，而协作各方均有自己的利益。协同化物流是打破单个企业的绩效界线，通过相互协调和统一，创造出最适宜的物流运行结构，达到资源的优化组合，提高整个社会的经济效益。其形式包括横向协同物流（即同产业或异产业之间的物流协同）、纵向协同物流（流通渠道不同阶段企业相互协调，形成合作性、共同化的物流管理系统，即供应链物流）和通过第三方物流实现的协同化。

（2）物流服务的集约化。物流服务的集约化是对企业内部和外部资源进行整合，建立新的物流业务，实现企业的物流集约，而不是互相分离的粗放的仓储、货代、报关、运输服务。物流企业通过提供高度集约化的物流服务来进一步降低经营成本，建立自己核心能力的经济增长点。物流企业可通过加快相关物流服务的开发，形成集约化经营。

（3）物流服务的全球化。物流服务的全球化是指物流企业跨国经营，开展国际物流服务业务，包括与目的国企业国际合作和国际投资，在目的国设立分支机构等形式，跨国物流企业可以利用公司的全球网络独立完成国内和国际物流服务业务，实现综合化物流服务业务。随着物流全球化活动的开展，进军海外市场的国际物流越来越受到关注。富士物流早期阶段就开始意识到国际物流的潜在性和重要性，并着手建立起了海外的基地网点。富士物流的国际物流网点为顾客提供无国界的全球化物流服务。只要利用在世界各地建有基地的富士物流发送网，所需的货物都能准时送达交货。作为面向全世界（亚洲、大洋洲、南北美洲、欧洲）的重量货物运送的专业公司，精通各国不同语言、商业习惯、复杂的法制法规等、各国的报关、物流现状的富士物流工作人员可以把各国的国际运输有机地结合利用，大力援助顾客的国际贸易。

2. 物流服务将由单一的业种向业态多元化发展

物流企业进入成熟期之后，对目标市场份额的控制壁垒不断强化，控制行业的能力很强，保留了部分市场份额，并形成稳定的业务渠道，新加入的企业则必须开辟新的市场空间，这也会在一定程度上加速物流服务的经营类型与业态的多元化发展；而且随着电子商务、网络技术以及物流全球化的迅速发展，使物流服务的经营类型与业态向着多样化和细分化发展成为可能。

3. 对电子物流的需求强劲，快递服务发展迅猛

互联网络电子商务的迅速发展，促使了电子物流的兴起，在全球信息化时代，快递服务应运而生，而且服务项目层出不穷。由于这一类的消费者对快递服务有着特殊的要求，在时限、安全、可靠、便利、跟踪查询方面比其他运输服务有着更高的要求，因此快递服务离不开信息技术的支撑。随着快递信息化的迅猛发展，快递消费者需要通过最便捷的手段了解最准确的货件递送信息以提高自身业务运作效率，物流企业利用互联网、通信网络进行快件操作及跟踪将是大势所趋。

4. 绿色物流增长

绿色物流包括两方面，一方面是对物流系统污染进行控制，即在物流系统和物流活动的规划与决策中尽量采用对环境污染小的方案，如采用排污量小的货车车型，近距离配送，夜间运货（减小交通阻塞、节省燃料和减小排放）等；另一方面就是建立工业和生活废料处理的物流系统。

随着科学技术的进步和经济的不断发展，物流消费呈现个性化、多样化的特征。企业面临着缩短交货期、提高产品质量和降低成本的压力。物流产品在进入成熟期以后，物流消费者对于物流产品的比较不仅仅放在质量方面，而更侧重于伴随产品购买所得到的其他增值服务，增值服务在消费者决策中已占据重要地位。面对激烈的市场竞争，越来越多的企业开始关注客户服务，去主动接近客户，并以顾客的需求和利益为中心，最大限度地满足顾客的需求，物流的增值服务成为企业竞争力重要表现。特别是随着网络技术的发展，企业间的竞争已突破了地域的限制，竞争的中心逐步转移为物流增值服务的竞争。

目前许多大型物流跨国公司，为争夺全球市场，把物流增值服务作为自己的竞争优势。同时，它们也从高效率、优质的物流服务中获得巨额利润。在日益激烈的市场竞争环境下，如何提升和确定企业的物流服务水平，保证企业长期竞争优势，已成为企业需要关注的重大课题。因此，物流产品在成熟期主要采取以下策略。

1. 战略联盟策略

即在物流企业之间形成战略联盟。由于商业运作的复杂性，某单一的物流服务提供方往往难以实现低成本、高质量的服务，也无法给客户带来较高的满意度。通过结盟解决资金短缺和应付市场波动压力，并进而增加服务品种和扩大企业的地理覆盖面，为客户提供“一站式”服务，从联合营销和销售活动中收益正成为许多具有一定实力的物流企业的发展战略。对物流企业而言，战略合作伙伴既可以选择其他物流企业、货代公司、国际分销公司等，也可以选择信息系统公司、制造商、设备租赁商等。通过结盟，使企业得以在没有进行大规模资本投资的情况下，扩大业务范围，提升市场份额和竞争能力。许多物流业经营和研究人员认为，相同的文化背景和彼此相互依赖，有效而积极的信息沟通，共同的企业经营目标和凝聚力，技术上的互补能力，双方高层管理人员在管理方面的共同努力等是使物流企业联盟成功的关键因素。

2. 采用进攻策略

物流进入成熟期后，销售增长缓慢或稳定在最高水平，产品销量不再剧烈变化。这时，对于物流企业来说，可采用进攻策略，寻找新的细分市场或进行品牌重新定位。例如，黑龙江省华宇物流集团是一家集公路运输、航空货代、铁路货代、国际货代、市区快递、仓储配送于一体的国家一级运输资质企业。在企业的发展进入成熟期时，该公司及时采取进攻策略，在全国 630 多个城市设立分支机构，进行揽货业务，进一步开拓物流市场。

3. 营销组合策略

物流企业在对市场细分的基础上，将企业的主要营销力量集中于某一目标市场，有针对性地采取营销策略。通过调整营销组合把劣势变成局部市场上的优势，从而增强企业的核心竞争力。如物流企业可以降低价格、强化广告、召开物流技术研讨会、博览会及其他促销手段来强化自身的竞争能力。

（四）衰退期的特点及策略

衰退期是指物流服务增长放慢，物流产品在经济上处于老化，在市场上面临被淘汰的时期。物流产品在衰退期的特点主要有三点。

（1）物流产品的需求总量急剧下降，物流产品的价格下跌，利润剧减；

（2）物流产品的弱点和不足已经显露，市场上出现了性能更好的替代产品；

（3）企业过大的经营投入能力与萎缩的市场之间的矛盾突出，竞争者相继退出市场。

衰退期的阶段时，由于技术变化、竞争或客户兴趣减退，多数物流产品的需求量都会下降。提升客户服务水平、降低运营成本就成为了物流企业生存和发展的基础，如通过调整产品运输和存货调度的模式，减少物流商品的存储点，节省物流商品的库存空间，使物流商品的存放地点将更加集中，从而使物流企业保持高效的配送、分销服务。这一阶段物流企业可以采用稳定策略、集中策略、持续策略和撤退策略。

1. 稳定策略

一方面，要积极寻找新的分销渠道，进一步完善货物集散运输系统，稳定货源；另一方面，大胆稳妥地进入新的细分市场，争取新的货主。这样可以保证企业在稳定中顺利过渡。

2. 集中策略

这种策略通过把企业的资源集中使用在最有利的细分市场，来赢得尽可能多的利润。如在市场上对物流的简单运输需求量减弱的时候，物流企业可以考虑在提供运输服务时，只维持最低数量的运力，以满足市场上尚存的少部分物流服务的需求即可。

3. 持续策略

这种策略通过继续保持原有的细分市场，沿用过去的营销组合策略，以低价等将物流需求量维持在一定水平上，待到合适时机，便停止该物流产品的经营，退出市场。如物流企业通过调整运输线路、运输结构和运输密度，来满足物流需求者的要求，同时对已不能适应市场需要的航班、航次、车次等进行精减，保持有利润的细分市场份额。

4. 撤退策略

这种策略通过大幅度降低物流费用，降低价格，尽量吸取利润，在一定的时机将物流

产品撤离市场。同时，积极推出新的物流服务项目。

案例分析

中国远洋运输（集团）总公司（以下简称中远）国际化战略的一个重要特征，就是其战略眼光十分远大，战略目标的定位积极追随全球航运的发展大趋势。用世界眼光来看发展，这是中远文化中最具神采的一笔。中远的全球化战略，表现在航线和实力规模的扩张上，更表现在应对各种变化，利用全球资本掌控未来发展能力的提升上。其中，全面进军国际资本市场是中远国际化战略中的又一大亮点。1993 年 10 月 5 日，中远在新加坡收购某上市公司 615 万股，成为其最大的股东，然后将该公司更名为“中远投资（新加坡）有限公司”。就这样，通过“借壳上市”，中远便顺利地进入了国际资本市场，同时也成为中国国企进入海外资本市场的“先行者”。

两年之后，中远又成功进入了香港资本市场，由中远控股的中远太平洋公司，在香港联交所挂牌上市。2003 年 6 月 9 日，中远太平洋公司经过八年的努力，也成功进入了香港恒指成分股行列，成为亚洲最具投资价值的 14 支股票之一。

作为一直以航运为主业的企业，中远要实现向以航运为依托的全球物流经营人转变，壮大现代物流业是当务之急和发展之重。2004 年 3 月 23 日，在青藏铁路海拔最高的铺架基地西藏安多铺架基地上，一台巨型平板车承载着内燃机车头向雪域高原缓缓驶来，这标志着西藏历史上出现了第一台铁路机车，从此西藏交通开创了新的历史阶段。负责机车运输的正是中远物流，COSCO 蓝色的旗帜首次迎风飘扬在青藏高原上。同样，在秦山核电站，在三峡水库，COSCO 蓝色的旗帜一次次迎风招展；在“神五”的运输途中，在“和平女神”耸立的飘逸英姿中，COSCO 的品牌一次次为世人所瞩目。近两三年来，COSCO 的物流品牌在国内可谓是“一花独放”。2003 年 10月，中远在圆满完成举世瞩目的“神五”返回舱首展物流服务后，又与世界商业集团中排名第九位的法国欧尚超市集团签订了物流服务合同；2003 年 11 月，又一举拿下“走出国门第一标”，成功签下中印最大经济合作物流工程：印度 DALCO（巴库）项目，4X135NW 燃煤自备项目的物流服务合同。这标志着 COSCO 的物流品牌日益成熟。

中远这些年来在技术改造上，一直走在国内同行前列，业务手段的科技含量不断提高。“数字中远、网上中远”的概念，就是近年来中远进入技术手段改造高峰期的真实写照。集团内部全球可视电话系统的开通，SAP 软件应用、人力资源管理系统的成功开发等，使集团的相关信息交流变得十分快捷、高效。GPS 定位系统的安装，保证了集卡车队的及时调动和管理。1998 年，中远又与国外专业机构联合开发成功全球航海智能系统。该系统对保证船期、避免事故、海上救助等具有十分重要的意义。特别是“全球集装箱运输信息集成系统”（简称 IRIS2）的成功引进、开发和运用，实现了内外部信息的动态管理，彻底改变了传统的信息分散收集、分散处理和分散使用的封闭营运方式。从而实现了全球集装箱经营管理的一次革命性变革。中远拥有的具有高科技含量的半潜船，被誉为世界半潜船的“全能冠军”和“亚洲第一船”。目前，全球半潜船仅有十多艘，而其中又以中远的泰安号最为先进，是特种船中的精品。

问题思考：

中国远洋运输（集团）公司的物流产品处于哪一生命周期，在这一时期它运用了怎样的策略？

三、物流企业新产品及其开发

在当今物流企业全球化的竞争环境下，物流企业要得以生存和发展就必须对本企业提供的物流产品进行创新，以提高自身的核心竞争能力，强化物流需求商与物流提供商的合作意愿。物流企业要在市场竞争中占有一席之地，它必须具有强大的适应市场发展，把握客户需求的能力，甚至是领导市场发展的能力，这些能力表现出来的就是这些物流企业能够不断地研发新产品并将产品有效地推向市场。随着市场的发展，在传统的物流领域，物流服务的经营空间已经越来越窄，经营理念的创新和服务产品的创新已经成为物流企业进一步生存与发展的关键，因此，加强物流新产品的开发和研制，是企业迫不及待的竞争手段。

物流企业在提供物流服务时变动原服务项目中的任何一个部分后所推出的产品，都可以被理解为一种新的物流产品。如中储发展股份有限公司无锡分公司以钢铁生产企业为目标，把钢厂货源引入仓库，建立太钢中心库，并以此为契机，发展剪切、配送等延伸业务，在拓展物流服务链的同时实现了物流的增值。又如为解决由于运输方式落后和各种运输方式衔接不畅带来的货物在运输过程中多次搬倒、拆装等问题，物流企业改革运输服务方式，实现一次性的“门到门”的运输方式等，这些都是创新了物流服务项目，我们都可以认为这些就是物流的新产品。

当今的物流行业对物流新产品的开发方式主要有三种：引进技术、自行研究与技术引进相结合、独立研制。

1. 引进技术策略

这种方法是利用市场上现有的已成熟的物流工艺或流程把本企业的物流服务制造出来。这可以减少企业的研究经费和人力成本，赢得宝贵的时间，有利于竞争和经济效益的提高。如传统的运输、仓储等服务企业，通过引进物流管理技术，实现企业物流服务的全面升级，进而发展成现代化的物流企业，这样可以提高企业的生存能力和竞争优势。

2. 自行研究与技术引进相结合策略

这是指在充分消化引进物流工艺或流程的基础上，结合本企业的特点进行某些创新；或在充分利用本企业物流设备的基础上，引进某些新的物流服务措施以弥补自己的不足。

3. 独立研制策略

这是针对现有产品存在的问题，从基础理论上开展独创性的研究。采用新的原理、新的结构、新的材料创造出具有特色的新产品，取得物流工艺和流程上的领先地位，从而在

市场上取得优势。

第三节 物流企业产品品牌策略

一、物流企业品牌的含义

在逐步开放的物流市场，企业取胜的主要手段已不再单纯以产品本身来竞争，追求品牌的市场占有率已经越来越成为许多知名企业的共同诉求。未来国际物流市场竞争的主要形式将是品牌的竞争，品牌战略的优劣将成为物流企业在市场竞争中出奇制胜的法宝。

美国市场营销协会定义委员会曾给品牌下了一个定义：品牌是指打算用来识别一个（或一群）卖主的货物或劳务的名称、术语、记号、象征、设计或其组合，并打算用来区别一个（或一群）卖主或其竞争者。在物流企业实施产品策略的过程中，物流企业品牌的含义已大大地被拓展了，它已与企业的整体形象联系起来，是企业的“脸面”，即企业形象。一个好的物流服务品牌往往使人对经营该产品的物流企业产生好感，最终将使物流消费者对该客户的其他物流产品产生认同，从而能够提高该物流企业的整体形象。因此，品牌战略实际上已演变成为物流企业为适应市场竞争而精心培养核心品牌产品，再利用核心产品创立物流企业品牌形象，最终提高企业整体形象的一种战略。如 UPS 的“最好的服务，最低的价格”、中铁物流的“向社会提供高效率的专业物流服务”、海尔的“真诚到永远”等品牌，不但树立了企业良好的形象，而且提高了企业在市场上的竞争能力。

二、物流企业品牌设计的原则

物流企业在经营管理中，要注意强化品牌意识，树立正确的品牌理念，创建物流企业自已独有的品牌，才能最大范围地占领物流市场。树立正确的理念要符合时代和消费者的心理要求，各个时代的人对品牌的认知和品位是不一样的，所以我们要跟上时代的脚步，做好品牌意识的转移。

一般来说，企业品牌的创立关键在于企业定位的成功与否。品牌定位是设计、塑造、发展品牌形象的核心和关键，只有正确的定位，才能占据竞争优势。物流企业要确定准确而且有个性化的品牌定位，品牌定位一般要遵循以下几个原则。

1. 导向原则

即物流企业在实施物流服务的过程中要以客户为导向，将追求顾客满意作为物流企业的服务宗旨。物流企业在产品发展中要以市场需求为导向，以技术创新为手段，以用户满意为宗旨，使物流双方在诚信合作的过程中实现“双赢”。如在市场细分的基础上开发多品牌产品，以适应不同层次的物流市场，尽可能满足不同消费层次的需求。

2. 差异化原则

即物流企业在实施物流服务的过程中利用产品的独特性为物流客户提供不同的服务水

平。如在物流企业的配送服务过程中，当企业拥有多种产品线时，不能对所有产品都按同一标准的服务水平来配送，而应按产品的特点、销售水平，来设置不同的库存、不同的运输方式以及不同的储存地点。

3. 个性化原则

即物流企业在实施物流服务的过程中根据客户的需求特点为物流客户提供具有个性特征的服务。个性化原则要求物流企业既要注意考虑物流对象的种类，又要考虑到客户的接受程度，才能较好地提供个性化的服务。如向物流消费者提供“客户导向的成本管理方法”这种个性服务在形成品牌的过程中，要认真分析物流消费者的需求特点：有的客户强调货物装卸的完整性，有的注重及时性，有的“斤斤计较”特别关注费率的高低等，然后再设计和控制自身的成本水平，以保证这种个性服务的科学性和实用性。

4. 动态调整原则

即物流企业在实施物流服务的过程中不断调整自己的经营目标、服务种类、技术水平、管理方式、定位策略，才能适应市场环境的变化。动态调整原则就是要求物流企业在变化的环境中，对周围环境时刻保持高度的敏感，及时调整品牌定位。如中远集团利用信息化系统实时跟踪物流动态，调整物流服务项目，实现物流服务的最优化。

三、物流企业创建品牌时应注意的问题

1. 要把服务质量放在首位

物流企业提供的不是有形产品，不能用详细的技术规格衡量其质量，也不能用产品在使用过程所表现出的耐用性和适应性以及经济性来树立产品品牌形象，而是通过无数次的物流服务赢得顾客信任，要每次都达到一致的服务水平，难度很大，但无论怎样，企业在创建品牌时一定要保持向物流需求者提供尽可能高的服务质量，才能为物流品牌的创建树立良好的口碑和形象。

2. 在交易的过程中要守诚信

物流供需双方的交易一定不是一般等价物的货币交易，而一定是信用交易，而信用交易的前提和基础是交易双方的诚信。在物流交易的过程中，要求物流企业不仅要使客户，而且要使投资者和社会认同自己的诚信。

3. 要有顾及全面的战略思想

物流企业提供的服务与其他第三产业相比，不论在地域上还是在过程上都要广阔得多。物流企业在每一个具体的业务中要对货物运输、货物储存、增值服务及相关信息进行全面的计划、实施和控制，才能保证物流服务不会出现不应该有的差错，保证物流企业在创品牌的过程中维护企业的品牌声誉。

4. 要有持之以恒的坚强信念

每一个物流企业都想成为客户的长期战略伙伴，而工商企业在确定物流供应商时，一定会在那些能与其长期合作的、并能为其提供良好服务的、具有良好品牌的伙伴中去选择。只有能长期做到最好的物流企业，才能为物流品牌的创建提供一个坚实的后盾。

物流企业为什么要创造自己的服务品牌？有什么策略可以运用？

四、物流企业品牌策略

品牌策略是产品策略的一个重要组成部分。在市场营销中，品牌的选择和应用正确与否，对企业经营的成败有着重要的影响。对于物流企业而言，具有品牌的物流产品更有利于在物流营销的过程中发挥作用。因此，在实施物流营销的过程中必须采用适当的品牌策略，来强化企业自有的物流产品市场竞争力。通常适用于市场营销的物流产品品牌策略有以下几种。

（一）品牌归属策略

1. 自有品牌策略

即物流企业建立自己独有的品牌商标。采取这种品牌策略，一方面有利于占领细分市场和树立良好的企业形象，吸引更多的品牌忠诚者；另一方面可以使企业的产品得到法律的保护。

2. 他人品牌策略

即物流企业将物流产品卖给其他物流企业，第三方物流企业使用自己企业的品牌对产品进行包装后再流向市场。企业使用他人的品牌，可以减少对品牌的管理成本，同时可以借用他人的管理优势和企业信誉来实现企业的销售。如某跨国电器企业对该企业原来的物流系统模式、操作流程和订单情况进行系统分析后，发现该企业物流成本高、物流系统反应速度迟缓、物流运作质量不稳定等问题，于是将原有多家传统运输企业提供的物流服务项目全部交给总部设在广州的宝供物流企业集团有限公司，宝供集团与该公司共同组成物流项目团队，将该公司的物流项目运行，使该公司的竞争能力得到了大大的提高。

3. 自有品牌与他人品牌共存策略

即物流企业有些产品用自己的品牌，有些用其他物流企业的品牌。采取这种策略物流企业一方面可以借用他人的力量来实现物流产品的销售；另一方面企业自有品牌的物流产品在实现销售的过程中，物流消费者通过不同品牌产品之间的对比，发现虽然品牌不同，但产品之间的差异并不大，而自有品牌产品有价格上的优势，从而使企业的产品逐渐得到物流消费者的认可和接受。

（二）品牌统分策略

1. 统一品牌策略

即企业生产经营的所有产品都采用一个品牌。如中远集团的“COSCO”物流品牌，先后在家电物流、汽车物流、电力物流、石化物流、会展物流、零售业物流上建立了自己的品牌。采取统一品牌策略的物流企业提供的所有产品均以同一种品牌进入市场，这样只要建立了一种产品（拳头产品）的信誉，便可借以推动其他产品，并节省品牌设计、广告传播等方面的开支。不过，这种策略也有缺点：物流企业担当的风险比较大。由于物流企业可以同时提供的多种物流产品，各种产品容易相互混淆，如果主打产品丧失信誉，其他产品也将跟着受害。

2. 差别品牌策略

即物流企业的每一种产品分别使用不同的品牌名称。采用差别品牌策略的物流企业根据不同产品的性质、特点，采用不同的品牌以满足不同消费者的需要。这样可以扩大品牌的阵容，有利于发展多种产品线和产品项目，增加企业在竞争中的安全性，提高企业的知名度，并有助于企业内部各品牌的良性竞争，推动品牌发展。

3. 品牌延伸策略

指物流企业利用某一知名品牌或某一具有市场影响力的成功品牌来推出新产品，使新产品自投放市场就获得原有品牌的优势支持。品牌延伸策略可以使新产品借助成功品牌的市场信誉在节省促销费用的情况下顺利地进占市场。物流企业借助品牌优势进入第三方物流领域，能够有效地进行资本的扩张和多元战略，不但业务得到扩张，服务趋于多元和完善，而且能在提高附加服务的同时，借助规模经济和范围经济来降低成本和价格，提高资产的回报率。

4. 企业名称与品牌并用策略

指在每一种产品的品牌冠以企业名称。如中邮物流公司成立后，将下属的物流业务进行重组，组建 31 个子公司，统一以“中邮物流”为品牌开展业务。物流企业的产品使用企业的名称做品牌，可以使新产品借助企业知名度而显示出其正统性而非杂牌货。

5. 副品牌和多品牌策略

副品牌是指大型物流企业以一个品牌涵盖企业的系列产品，同时各个产品打一个副品牌，以副品牌来突出产品的个性形象。采用副品牌后，广告宣传的重心仍是主品牌，副品牌一般不单独对外宣传，要依附主品牌进行联合广告活动，传播面广，而且张扬了产品的个性形象。

多品牌是指同一物流企业在同一产品上设立两个或多个相互竞争的品牌，这虽然会使原有品牌的销量略减，但几个品牌加起来的总销量都比原来只有一个品牌时多。多品牌策略的好处：一是许多客户都是品牌转换者，有求新猎奇的心理，喜欢试用新品牌：二是多品牌可把竞争机制引进企业内部，使品牌之间相互竞争，提高效率；三是多品牌可使企业多拥有几个不同的细分市场，即使各品牌之间差别不大，也能各自吸引一群客户。

6. 引进品牌策略

指国内物流企业在与国外物流企业进行交流的过程中，通过了解直接引进国外物流企业的一些先进的物流服务及物流理念。这种策略的缺点是企业无法树立自己的企业信誉，容易受制于人，影响自己的生存与发展因此在引进外来品牌的过程中可以采取自我开发与收购、参股等多种形式进行，如对于无优势的产品，可以通过收购或参股，进行规范后，共同享用品牌，实现双赢的目标。

7. 品牌兼并策略

指物流企业通过兼并或被兼并的手段，增强物流服务的一体化能力，壮大自己实力的策略。在激烈的市场竞争中，第三方物流公司业务要想进行延伸，通过实施兼并策略，增强其管理水平和技术含量，由资源整合走向品牌兼并。采用这种策略的优点在于：增加企业实力，增强企业竞争能力。但应注意两个问题：第一，把握品牌延伸的准则，即有共同的主要成分，相同的服务系统，技术专业的连接，彼此共享的利益点，相似的使用者形象；第二，品牌延伸速度不能过快，数目也不能太多。因为品牌延伸的前提是原品牌必须具有较高的知名度和美誉度，它在客户心目中的形象不是一朝一夕形成的，当原品牌并不强大而且受到同行强有力的挑战时，就迫不及待地推出新产品，这是很危险的，所以速度不能快。同时，新产品数目不能太多，如果多了，相关程度就差了，造成了品牌延伸的混乱。

（三）品牌定位策略

1. 品牌选择策略

品牌决策首先要决定产品是否使用品牌。虽然品牌对企业有很多好处，但建立品牌的成本和责任不容忽视。因而，不是所有的企业都要使用品牌。如市场上很难区分差异的特殊原料产品、化工产品物流，对这种政策垄断性的市场行为，可不使用品牌。而如果企业决定使用品牌，就要决定使用自己的品牌，还是别人品牌或特许品牌或中间商品牌的问题。对于实力雄厚、生产技术和经营管理水平俱佳的物流企业，一般都使用自己的品牌。这种品牌叫做企业品牌、自有品牌；企业还可以决定将其产品大批量地卖给中间商，中间商按约定的服务内容提供第三方物流服务，这种品牌叫做中间商品牌、连锁品牌；企业还可以决定有些服务内容用自己的品牌，有些服务内容用中间商品牌。使用其他企业品牌的优点和缺点都很突出，需要结合企业的发展战略来决策。

2. 品牌形象策略

品牌形象策略是指将企业的标志、企业名称、企业的色彩等视觉要素设计独具特色，让人一目了然，给人以强烈印象的策略。物流企业要具备较强的综合能力，而物流企业的综合能力不仅体现在产能服务上（服务服务规范、服务硬件体系如堆场、设备、仓库等）和地域优势上，更体现在市场的行销力和服务品质，而两者均体现在企业的形象识别上即品牌形象号召力上。采用这种策略的优点在于将企业精神和企业文化形成一种具体的形象，向公众传播，使公众产生一种认同感和价值观，以达到促销的目的。

在当今快递业，联邦快递无疑是颇为引人注意的一个品牌。在中国的国内快递市场未正式解禁，向外资企业开放之前，联邦快递只能在国际快递业务上与EMS展开竞争。但国内的国际快递业务却因其强大的物流网络、运力运能、服务水平等将原本是EMS一枝独秀的局面打破。在而后开禁的国内快递市场，联邦快递更是以“使命必达”的品牌口碑，为其客户提供更为方便、快捷、可靠的服务。它带入中国市场的所有服务项目，几乎都令国人耳目一新。比如：精确的运送时间表、多种付费方式（预付、到付、第三方付款）、即时的跟踪查询等。最具代表性的差异是，在联邦快递推出门到门服务之后的几年间，EMS还依然固守着“必须在规定时间到邮局办理业务”的老大作风。此外，在运能方面，运往美国、欧洲的快递，EMS大多使用航空公司飞机的腹舱带货，而以联邦快递为代表的几家国际快递巨头都是使用自己的全货机，因此在快捷性上，EMS也很难与之抗衡。

在与现有客户的沟通中，联邦快递往往更青睐于采用直接的、一对一的沟通渠道。先了解每一位客户在哪里，可以用电邮、电话，以及定期刊物的形式直接接触到每一个人。而对于非客户而言，直接针对每个人的沟通几乎是不可行的，而且沟通内容也需要有不同的侧重点。于是，在受众面更广的大众媒体上进行企业品牌文化传播，成为了重中之重。

联邦快递的经营战略正在悄悄地进行着改变。而这种改变在品牌传播的形式上也体现出了相应的调整。与大型跨国客户相比，本土中小企业客户对快递服务的期望值往往有一些细微的不同之处。比如，大客户多数比较看重快递公司的规模和运能，以及持续稳定的送递质量；而中小客户则对价格表现得更加敏感，同时期待更为人性化的服务方式。因此，在新一轮的品牌传播中，物有所值的服务、亲切热情的员工，以及团队互助的工作方式等都成为了重点突出的诉求点。

有数据显示，未来10～20年，全球快递业将增长12%～14%，而中国则会在此基础上再翻一番，成为全球增长最快的市场。中国快递业全面开放，随之而来的是更加激烈的竞争。现在，不仅DHL、UPS、TNT等国际级竞争对手纷纷加大对品牌推广的投入，本土品牌EMS也在奋起直追。

对于品牌已经走上健康发展轨道联邦快递而言，真正的挑战并非来自外界，而是来自自身。随着全球运营网点的不断增加，业务覆盖面越来越广，这带来的不仅是服务上的挑战，更是品牌管理上的难题。只有将品牌的形象和文化在那些发展差异较大的区域之间，成功地加以复制和传承，联邦快递才能继续保持甚至是扩大对竞争对手的领先优势，并对未来的业务发展提供良性的品牌支持。

问题思考：

联邦快递在经营战略上是如何利用品牌策略来实现市场机会的？

本章小结

随着现代科技和全球经济一体化的发展，现代物流产品机动、灵活、快捷、多样的特点日益突出。在激烈的市场竞争中，正确分析企业物流产品的特点，合理运用物流产品的策略来增强企业的竞争实力是摆在企业决策者面前的头等大事。

1. 物流企业为了满足客户的物流需求，时时不断地向物流消费者提供各种物流产品。实际上，物流产品的本质是服务，它本身并不创造商品的形质效用，而是产生空间效用和时间效用。

2. 物流业在从传统物流逐渐转向现代物流的过程中，物流企业的产品形成了鲜明的特征。

3. 物流企业为了提高客户的竞争优势，开发物流的合理流程，并将这些流程加以组合运用。物流企业通过对产品进行有效的组合，迅速适应操作环境的改变，增强物流企业的灵活性，更有效地为企业提供物流服务。

4. 物流服务也是有生命周期变化的。物流产品的生命周期反映物流服务以时间为基准的价值变化，为实现物流服务的科学选择提供依据。

5. 未来国际物流市场竞争的主要形式将是品牌的竞争，品牌战略的优劣将成为物流企业在市场竞争中出奇制胜的法宝。一个好的物流服务品牌往往使人对经营该产品的物流企业产生好感，最终将使物流消费者对该客户的其他物流产品产生认同，从而能够提升该物流企业的整体形象。

一、名词解释

1. 物流产品

2. 物流产品组合

3. 物流产品的生命周期

4. 增值物流产品

5. 自有物流与代理物流

二、辨析题（判断对错，并说明理由）

1. 物流服务只需要有个性化服务，不需要建立标准化体系。（　　）

2. 中小物流企业虽然本身缺乏资源优势，但也可以做到物流服务规模化，因此不一定非要走物流专业化的道路。（　　）

3. 当物流企业所有物流产品线中物流项目的总和多时，为之产品组合的长度为长，相反则为短。（　）

4. 一个好的物流服务品牌往往使人对经营该产品的物流企业产生好感，最终将使物流消费者对该客户的其他物流产品产生认同。（　　）

5. 企业品牌创立的关键在于企业定位的成功与否，只有正确的定位，才能占据竞争优势，创建出有利于企业形象建立的优秀品牌。（　　）

6. 在物流企业的衰退期，多数物流产品的需求量不会下降，相反还会有稍许的提升。(　　)

7. 在物流市场形成初期，物流服务的技术含量不高，行业壁垒较低，存在大量潜在的进入者。(　　)

三、选择题（单选或多选）

1. 下列属于基本物流产品的是（　　）。

A. 运输服务　　B. 存储服务　　C. 装卸搬运服务　　D. 包装服务
E. 配送服务　　F. 仓储型增值服务

2. 物流产品组合的相关性体现在物流企业各服务系列之间在（　　）等方面的联系密切程度。

A. 最终用途　　B. 经营条件　　C. 服务渠道
D. 服务技术　　E. 资金来源

3. 当物流企业只提供某一类物流服务来满足特定的细分市场的需要，这时企业采取的物流产品组合策略是（　　）。

A. 市场专业化组合策略性　　B. 产品专业化组合策略性
C. 服务单一化组合策性　　D. 多样化组合策略性

4. 物流服务的差别化较低，物流服务功能单一，增值服务薄弱是（　　）生命周期的特点。

A. 物流产品的导入期　　B. 物流产品的成长期
C. 物流产品的发展期待　　D. 物流产品的成熟期

5. 物流产品整体概念的基础层次指的是（　　）。

A. 物流产品的核心层　　B. 物流产品的有形层
C. 物流产品延伸层

四、简答题

1. 什么是物流产品？什么是物流产品组合？

2. 物流产品的特征是什么？物流产品的种类有哪些？

3. 物流产品组合的策略有哪些？

4. 什么是物流产品的生命周期？不同生命周期的特点及其策略是什么？

5. 品牌设计的原则是什么？物流产品的品牌策略有哪些？物流企业在创建品牌的过程中应注意什么问题？

五、实践题

对某一物流企业的产品项目进行调查，了解该企业在物流产品品牌建设方面的具体做法，并说明该公司品牌的策略是否得当。

第六章　物流定价策略

学习目标

通过本章学习，使学生了解物流企业产品定价的依据及影响因素；掌握物流产品定价的基本方法和基本技巧。

价格策略是指企业通过对顾客需求的估量和成本分析，选择一种能吸引顾客、实现市场营销组合的策略。物流企业的成本比较复杂，包括运输、包装、仓储等方面。所以价格策略的确定一定要以科学规律的研究为依据，以实践经验判断为手段，在维护生产者和消费者双方经济利益的前提下，以消费者可以接受的水平为基准，根据市场变化情况，灵活反应，买卖双方共同决策。

第一节　物流企业产品定价的依据及影响

在市场经济条件下，影响产品定价的因素是多方面的，正是因为影响因素的复杂性，为物流企业产品制定一个科学的、合理的价格也是物流市场营销组织中最难确定又最重要的部分之一。

通常，从经济学来看，产品的供求状况、产品的价格弹性是确定产品价格的最重要的因素，经济学认为产品价格是严肃的相对静态的。从经济学角度来说，定价是一门科学。而物流市场营销学则认为产品的价格是活泼的，是可以随时随地根据众多因素的变化而变化的，市场营销学产品定价的出发点是从企业的竞争、发展、赢利来考虑的，其定价措施是最接近市场实际情况的。

为了更好地制定产品的价格，我们既要从理论上清楚产品定价的影响因素，又要将理论同市场实际相结合，具体运用到实践中去，并通过实践总结出适合实际需要的产品定价策略。本节我们主要对影响产品定价的重要因素进行分析研究。

一、物流企业产品定价的意义

物流企业产品价格是客户为了获得某种服务而支付的成本，是物流企业的收入和利润来源。为了在竞争中取胜，企业价格的制定显得非常重要。

1. 价格是企业收入和利润的源泉

企业收入等于出售服务的数量与价格的乘积。利润是收入扣除所有活动成本后剩余。所以说价格是企业收入的关键，利润的来源。

2. 价格获得最大客户剩余的关键

为了尽可能获得可获得的最大利润，企业需要选择一个适当的价格，确定一个最接近目标客户预期的价格。如果价格定得高于客户的预期价格，就会因此而失去客户；而价格定得过低，企业则失去了利用客户对服务的心理预期而本应获得的收入。

二、影响物流产品定价的因素

（一）定价目标

在市场经济中，企业的最终目的是使企业能生存、发展和壮大，为达到这一最终目标，企业必须适应瞬息万变的市场变化，这就必然会使企业，在不同的时间内、不同的市场情况下确定其不同的工作重点，确定其近期和远期的不同发展目标，并努力采取各种措施去实现其近期的和远期的发展目标。而价格是企业为实现其目标所须运用的最重要的手段之一。企业的发展目标不一样，则为实现不同目标所制定的产品价格就会不一样，因而，企业产品定价须按照企业的目标市场战略及市场定位战略的要求来进行。也就是说，在产品定价和企业目标之间，产品定价应服从和服务于企业目标。通常，企业定价目标主要有以下几种。

1. 维持企业生存发展

对于物流企业来说，当行业竞争日趋激烈或其提供的产品在市场上大量过剩时，物流企业的发展目标就应是保障本企业在激烈的竞争中不致于被淘汰，维持企业的生存发展。此时，物流企业在对其产品定价时不宜制定过高的价格，否则，易使该企业产品在市场上失去竞争力而危及其生存发展。

2. 实现企业利润最大化

当行业市场处于初始发展阶段，市场竞争相对较小或其提供的产品供不应求以及企业产品或劳务在市场上处于绝对有利地位时，企业可实行相对其产品成本来讲较高的价格策略，以获取超额利润，实现或接近实现利润最大化。如我国现阶段能提供高效优质物流产品或劳务服务（相对于其他大多数物流企业来讲）的物流企业可据此制定其产品价格。

想一想

最高利润等于最高价格吗？为什么？

3. 扩大市场占有率

在市场经济条件下，谁拥有市场，谁就能生存、发展并获得可观的回报，因此，占领更大的市场是企业都渴望的。当企业以扩大市场占有率为发展目标时，此时其产品或劳务

的价格就应围绕着如何通过产品价格的变化来实现其市场占有率的增加来确定，如企业可制定尽可能低的产品价格或紧紧盯住主要竞争对手的产品价格适时变更本企业产品价格等。

4. 提高产品质量

企业也可能考虑以产品质量领先作为其目标，并在生产和市场营销过程中始终贯彻产品质量最优化的指导思想。在物流企业中，因其提供的产品多数为各种劳务（看不见的产品），不同物流企业提供劳务质量的高低会直接影响消费者的消费决定。当然，此时就要求物流企业用高价格来弥补因提高产品或劳务的高质量和开发的高成本。

（二）市场供求

从质上讲，产品的价格是由产品的供求决定的，弄清楚产品的供求及价格弹性等影响产品价格的基本因素对我们灵活运用各种定价方法和技巧具有非常重要的作用，因此，我们将着重就相关问题进行阐述。

1. 产品需求理论

需求是指消费者在某特定时期内和一定市场上，按某一价格愿意并且能够购买的某种商品或劳务的数量。此处应当注意的是，这里所指的需求是消费者购买欲望和购买能力两者的统一，如果消费者有购买欲望但无购买能力，则其虽有欲望也构不成我们所指的有效需求。而产品的价格和消费者对产品的需求之间存在着密切的联系。通常对于大多数产品来说，在其他条件相同的情况下，产品价格同消费者对该产品的需求数量之间是呈反比关系的，即我们通常所讲的产品的价格越便宜，买的人越多；产品的价格越贵，买的人越少。图 6-1 表明了产品需求量与价格的关系。从图 6-1 可以看出，如果企业产品价格从 P_1 提高到 P_2，它卖出的数量会减少，反之，如果企业产品从 P_1 降低到 P_3，它卖出的数量会增加。

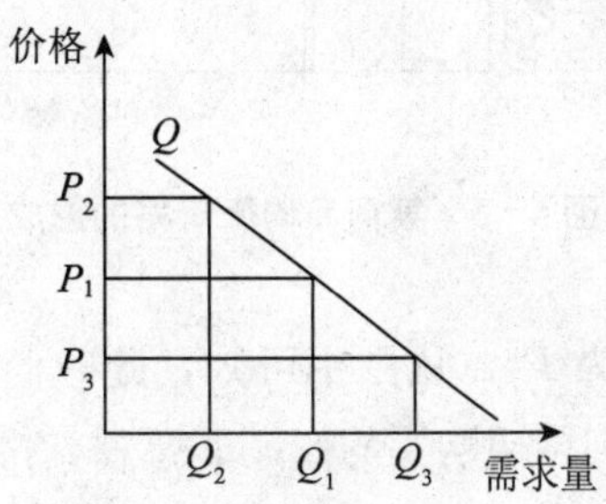

图 6-1　某商品的需求曲线

2. 产品供给理论

供给是指企业在一定市场上和某一特定时期内，与每一价格相对应，愿意并且能够供应的产品数量。

同需求类似，产品的供给与产品的价格之间也存在密切联系。通常，产品的价格同产品的供给之间存正比关系。即产品价格越高，企业越愿意生产或提供更多数量的产品；反之，企业产品的供给量会减少。图 6-2 表明了产品的供给量与价格的关系。从图 6-2 可知，如果企业产品价格从 P_1 上升至 P_2，则供给数量增加；反之，如果产品价格从 P_1 下降至 P_3，则供给数量减少。

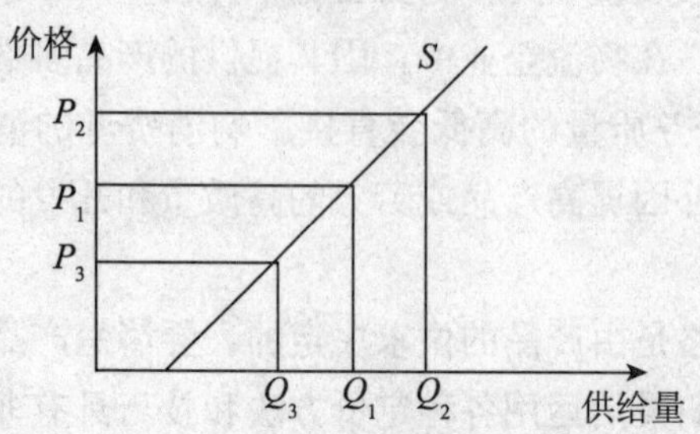

图 6-2 某商品的供给曲线

3. 产品价格的形成

当代西方经济学家认为，把需求和供给结合起来分析，就可知道在市场条件下，产品的价格是怎样形成的。

为便于分析，我们可以把前面的需求曲线和供给曲线合并起来，如图 6-3 所示。

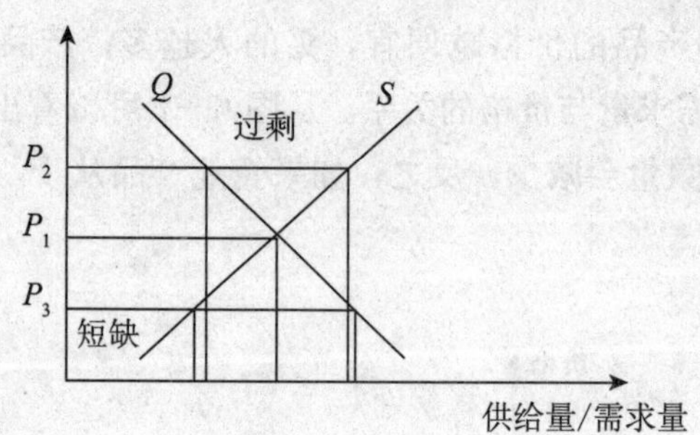

图 6-3 某商品均衡价格的形成

首先，假定该商品的价格为 P_3，从图中可知，此时商品供不应求，产生短缺。在此条件下消费者为了能够买到他们希望购买的商品而愿意支付更高的价格，企业也发现如果提高价格也能够把商品卖出去。此时，产品价格有上升的趋势。

其次，假定该商品的价格为 P_2，可知，此时商品供大于求，产生过剩。生产者为了把商品卖出去不得不降价。此时，商品价格有下降趋势。

最后，假定该商品的价格为 P_1，在此条件下可知，产品既不短缺也不过剩，既不存在消费者因买不到想买的商品而愿意支付高价格的情形，也不存在供应商因卖不出商品而不得不降价的情况，价格形成了相对稳定的状态。该价格就是这种商品的市场均衡价格。

均衡价格对企业定价有什么意义?

（三）需求的价格弹性

虽然各种产品的需求数量随着它们价格的变化而变化，但是产品种类不同的话，它们的需求数量对价格变化反应的敏感程度也是不同的。有的产品的需求数量对价格变化的反应很敏感，价格稍有变动就会引起需求数量很大的变化，有的产品的需求数量对价格的变化不那么敏感，即使价格有较大变动也不会引起需求量有多大的变化。需求的价格弹性就是用来衡量商品需求数量对它的价格变化反应敏感程度的概念。

需求的价格弹性的计算公式是：

$$\text{需求的价格弹性}\ |E_d| = \frac{\text{需求量变化的百分比}}{\text{价格变化的百分比}}$$

通过分析可知，不同产品的需求弹性是不同的，有的需求弹性 $|E_d|>1$，即需求数量变化的百分比大于价格变化的百分比，这种情形叫做产品富有弹性；有的需求弹性 $|E_d|<1$，即需求数量变化的百分比小于价格变化的百分比，这种情况叫产品缺乏弹性；有的需求弹性等于 1，即需求数量变化的百分比等于价格变化的百分比，这叫单位弹性。一般来说，在各种产品中必需品或非常容易形成供不应求状况产品的价格需求弹性较小，如某家擅长从事物流方案设计、策划的物流咨询公司的物流方案设计（劳务）产品的价格就相对缺少弹性，其原因在于其同类企业的同类产品的质量远低于该企业的产品质量，对于有需求的消费者来说，即使该咨询公司的要价很高，消费者在多数情况下也不得不购买其产品；而非必需品或非常容易形成供过于求状况的产品的需求弹性较大，如某省的两个地区之间的中短途汽车货运的价格在完全市场竞争条件下，其价格弹性相对较大。

弄清楚不同产品需求具有不同弹性后，将便于我们在对不同产品进行定价时的决策更科学、更合理。

（四）物流企业成本

一般认为，营销物流总成本的主要构成部分是运输（46%）、仓储（26%）、存货管理（10%）、接收和运送（6%）、包装（5%）、管理（4%）以及订单处理（3%）。物流成本往往在生产企业占到全部营销总成本的 13.6%以上，所以物流成本与营销成本息息相关，日益受到管理人员的重视。一些经济学家认为，物流具有节约成本费用的潜力，并将物流管理形容为“成本经济的最后防线”和“经济领域的黑暗大陆”。

企业不可能随心所欲地制定产品或劳务的价格。产品价格受众多因素的影响，制定价格则须注意分析相关因素。但不管怎样，产品的最低价格不能长期低于生产产品或劳务的成本，如其不然，若产品价格长期低于产品成本，则企业将无法经营。因此，物流企业制定价格时必须估算成本。必须注意的是，此处所指产品成本应是生产同类产品的社会必要劳动成本。

对于物流企业而言，物流成本有广义和狭义之分。狭义的物流成本仅指由于物品移动而产生的运输、包装、装卸等费用。广义的物流成本是指生产、流通、消费全过程的物品实体与价值变化而发生的全部费用。具体对于流通企业而言，其物流成本更侧重于狭义的物流成本。

但是，物流成本的归集和分析同其他类型企业有较大不同。原因在于首先物流活动的范围非常广，致使其成本分析较为困难；其次，由于物流成本较难单独列入企业的财务会计中，更加剧了确定物流成本的难度。因此，我国目前对物流成本计算的范围和具体计算方法还没有形成统一的规范。对此，我们可参考外国物流成本的归集计算方式来确定物流成本。

第一种方式是按物流范围划分物流成本费用计算标准。将物流费用分为：供应物流费用、生产物流费用、企业内部物流费用、销售物流费用、退货物流费用和废弃物物流费用等。

第二种方式是按支付形式划分物流成本费用计算标准。将物流费用分为材料费、人工费、公益费、维护费、一般经费、特别经费和委托物流费用等。

第三种方式是按物流的功能划分物流成本费用计算标准。将物流费用分为运输费、保管费、包装费、装卸费、信息费和物流管理费等。

总之，物流成本就是在物流过程中，为客户提供有关服务要占用和耗费的活劳动和物化劳动的总和，换句话说，也就是提供某种程度的物流服务过程中所花费的人力、物力和财力的总和。针对不同的成本分析目的，我们应具体问题具体分析，归集出相关过程中的人、财、物的耗费作为其物流成本。

（五）竞争者的产品和价格

在市场经济中，绝大多数企业都存在或多或少的竞争对手。为了更准确地为本企业产品定价，企业应采取适当方式，了解竞争对手产品的质量和价格。企业在获得对手相关信息后，才可与竞争产品比质论价。一般来说，如果二者质量大体一致，则二者价格也应大体一样，否则定价过高会使本企业产品可能卖不出去，如果本企业产品质量较高，则产品价格也可以定得较高，如果本企业产品质量较低，那么，产品价格就应定得低一些。还应看到竞争对手也可能随机应变，针对企业的产品价格而调整其价格，也可能不调整价格而调整市场营销组合的其他变量，与企业争夺顾客。当然，对竞争对手价格的变动，企业也要及时掌握有关信息，作出明智的反应。

（六）产品差异性

产品差异性包括商标品牌、产品的组合、服务方式等特点。拥有差异性的产品，其定价灵活性较大，可以使企业在行业中获得较高的利润。

（七）国家有关方针政策的影响

由于价格是关系到国家、企业和个人三者之间物质利益的大事，与人民生活和国家的安全息息相关。因此，国家常常会通过制定物价工作方针和各项政策，对价格进行管理控制或干预。因此，国家有关方针政策对市场价格的形成有着重要的影响。

1. 行政手段

指政府通过出台相应的行政规定或行政制度等来促进相应行业的有序发展等。如在物流企业中，其提供的产品往往是无形的劳务，其产品是非物质性的，由此往往导致价格竞争随着市场的日趋成熟而日趋激烈，此时，为防止物流企业的不正当竞争，行业协会或政府相关部门可采用规定收费标准的手段，限制物流劳务的过高或过低价格的出现，从而维持物流业健康平稳的发展。

2. 法律手段

指通过立法机关制定相关的法律法规来维护相关行业的健康发展。如我国制定的《企业法》《公司法》《反不正当竞争法》《消费者权利保护法》《知识产权法》等，目的是用以维护市场经济健康有序的发展，如当物流企业中出现垄断时，可采用相应法规限制垄断企业的存在和发展。

3. 经济手段

指国家采用税收、财政、利率、汇率等手段来间接影响经济及物价。如当经济发展过热时，政府可采用增加税收、提高银行利率等经济手段来调节其发展。例如，在物流企业发展过热时，政府可对物流产品的价格增加税收，高价高税，由此会导致企业的税后利润下降，从而影响企业的定价。

第二节　物流企业产品定价基本方法

对于物流企业来讲，因其产品是向用户提供劳务服务，产品是无形的，因此，影响产品价格的因素相对于有形的产品来讲就会显得更复杂、更难以把握。为了制定好产品价格，从市场营销管理的价格策略上提高物流企业的竞争力，从总体上，首先应熟悉物流企业的产品情况，在此基础上，全面分析产品的影响因素，灵活运用各种定价方法和技巧，才能更好地制定好物流企业产品的价格。

定价方法，是企业在特定的定价目标指导下，依据对成本、需求及竞争等状况的研究，运用价格决策理论，对产品价格进行计算的具体方法。定价方法主要包括成本导向、需求导向和竞争导向三种。

一、成本导向定价法

这种定价方法主要是从企业的角度来确定产品的价格，从经济学来讲，企业是以赢利为目的的经济组织。为了保持和提高企业的竞争能力，企业必须通过销售其产品来收回其付出的成本并在此基础上获得相应的利润回报。因此，制定其相关产品的价格就必须考虑产品的成本和利润。这种方法的特点是简便、易用。但是，这也是最不以消费者为导向的方法，由此制定出来的产品价格还需由消费者的反应来确定其定价的科学性、合理性，具体来讲，成本导向法主要包括四种具体方法。

（一）成本加成定价法

这种方法是按产品单位成本加上一定比率的利润制定其产品的价格。加成的含义就是一定比率的利润。其计算公式为：

$$P=C\ (1+R)$$

式中，P——单位产品价格；

C——单位产品成本；

R——为成本加成率或预期利润率。

例 6-1：某企业单位产品总成本（由单位劳动力成本、原材料成本、电力消耗、工具成本、日常开支成本汇总）为 12.32 元/个产品，企业的预期利润率为 20%，求该产品的销售价格是多少？

单位产品售价 $=C\ (1+R)$

$=12.32\ (1+20\%)$

$=14.78$（元/个产品）

这种定价方法的特点是：第一，成本的不确定性一般比需求少，将价格盯住单位成本，可以大大简化企业定价程序，而不必根据需求情况的瞬息万变而作调整；第二，如果同行业的企业都采用这种定价方法，各家的成本和加成比例接近，定出的价格相差不多，可能会缓和同行业间的价格竞争；第三，根据成本加成，对于买卖双方更加公平合理，卖方只是“将本求利”，不会在消费者需求强烈时利用此有利条件谋取额外利润。但这种方法的不足是缺乏营销管理中所重视的销售灵活性的特点，许多情况下其定价反应会较市场变化滞后。因此，这种方法在企业的产品生产成本小于或等于相同产品的社会必要生产成本时是合理的、有效的，而当企业的产品生产成本大于湘同产品的社会必要生产成本时采用此方法就有可能导致产品滞销。

（二）目标利润定价法

这是根据企业所要实现的目标利润来定价的一种方法。同成本加成法相比，该方法主要是从企业想达到的利润目标为出发点来制定产品价格的，而成本加成法是从产品成本为出发点来制定产品价格的。目标利润法的基本公式为：

$$单位产品价格=\frac{固定成本+变动成本+目标利润}{预计销量}$$

例 6-2：某公司 9 月计划周转量为 5000 千吨千米，单位变动成本为 150 元/千吨千米，固定成本 20 万元，目标利润为 30 万元，则单位运价是多少？

$$单位运价=\frac{固定成本+变动成本+目标利润}{预计周转量}$$

$$=\frac{200000+150\times5000+300000}{5000}$$

$=250$（元/千吨千米）

这种方法的特点是有利于加强企业管理的计划性，可较好实现投资回收计划。但要注意估算好产品售价与期望销量之间的关系，尽量避免确定了价格而使销量达不到预期目标

的情况出现。

（三）边际成本定价法

边际成本是指每增加或减少单位产品所引起的总成本变化量。由于边际成本与变动成本比较接近，而变动成本的计算更容易一些，所以在定价实务中多用变动成本替代边际成本，而将边际成本定价法称为变动成本定价法。

采用边际成本定价法时是以单位产品变动成本作为定价依据和可接受价格的最低界限。在价格高于变动成本的情况下，企业出售产品的收入除完全补偿变动成本外，尚可用来补偿一部分固定成本，甚至可能提供利润。

边际成本定价法改变了售价低于总成本便拒绝交易的传统做法，在竞争激烈的市场条件下具有极大的定价灵活性，对于有效地应对竞争、开拓新市场、调节需求的季节差异、形成最优产品组合可以发挥巨大的作用。但是，过低的成本有可能被指控为从事不正当竞争，并招致竞争者的报复，在国际市场则易被进口国认定为“倾销”，产品价格会因“反倾销税”的征收而畸形上升，使结果适得其反。

（四）盈亏平衡定价法

在销量既定的条件下，企业产品的价格必须达到一定的水平才能做到盈亏平衡、收支相抵。既定的销量就称为盈亏平衡点，这种制定价格的方法就称为盈亏平衡定价法。科学地预测销量和已知固定成本、变动成本是盈亏平衡定价的前提。

盈亏平衡点价格（P）＝固定总成本（FC）÷销量（Q）＋单位变动成本（VC）

以盈亏平衡点确定价格只能使企业的生产耗费得以补偿，而不能得到收益。因此，在实际中均将盈亏平衡点价格作为价格的最低限度，通常在加上单位产品目标利润后才作为最终市场价格。有时，为了开展价格竞争或为应付供过于求的市场格局，企业通常采用这种定价方式以取得市场竞争的主动权。

二、需求导向定价法

这种定价方法主要依据客户对物流业务的需求来制定价格。应当指出：此处所指的需求，既指物流需求与物流供给的平衡程度，也包含客户对物流的服务质量要求。

在市场经济条件下。物流业务供需量是否平衡及其平衡程度，是决定其价格的关键因素。当需大于供时，价格必定上升，反之，价格必定趋跌。同样，在市场经济条件下，运输速度的快慢，运输节奏的均衡性及频率的大小；运输服务质量及服务态度的好坏将决定客户的货物销售机会和销售价格。在途资金的占用及缺货成本等。因此，客户对物流服务的需求既期望有低廉的运价更希望能得到快速服务、频繁服务、规则服务、方便服务。此类服务质量高同样可以使价格定得高些，否则，此类服务质量差就会大大减少客户的光顾，价格必定趋跌。甚至趋跌也无人问津。

需求导向型定价方法一般是在服务未进行之前，在物流企业进行市场调研阶段，通过广泛收集信息、资料，搞清客户对物流企业的要求及对价格水平反映的同时，逐步形成双方都愿接受的价格水平。基本上根据定性分析的结论作为定价的依据。但是，也同时参考客户的货物销售价格与货物自身价值的关系。显然，货物自身价值的高低能反映货物本身对价格的负担能力，所以，通常是低值货物应是低价格，高值货物是高价。然而，若销售价格看好。则服务价格亦可以适当上扬，否则服务价格就不能过分地接近货物的销售价格。

需求导向定价法主要包括理解价值定价法、需求差异定价法和习惯定价法。

需求导向定价法是从顾客的需求和欲望出发来确定产品价格的，是否意味着所提供产品的价格是尽可能最低的?

1. 理解价值定价法

理解价值定价法即企业根据消费者对商品或劳务价值的认识而不是根据其成本来制定价格的定价方法。企业利用各种营销因素，从提供的服务质量、价格等方面，为企业树立一个形象，然后再根据客户对于这个形象的理解定价。

理解价值定价法的关键，在于企业要正确估计用户所能承受的价值。否则，如果企业过高地估计认知价值，便会定出偏高的价格，如果过低地估计认知价值，则会定出偏低的价格。而无论是定价过高或过低，最终都会给企业造成损失。因此，为避免出现这类问题企业在定价前要认真做好营销调研工作，将自己的产品与竞争产品仔细比较，正确把握客户的感受价值，并据此做出定价。

2. 需求差异定价法

需求差异定价法就是企业在不同季节、不同时间、不同地区、针对不同供应商的适时变化情况，对价格进行修改和调整的定价方法。例如：物流企业从事业务运作的区域主要物流业务的市场成交价可以分线路、分车型、分业务量进行公路运输定价。

3. 习惯定价法

习惯定价法是企业依照长期被客户接受的价格来定价的一种方法。对于有些产品或服务客户已习惯按某一习惯价格购买，即使成本降低，也不能轻易减价，减价容易引起消费者对服务质量的怀疑；反之，服务成本增加，也不能轻易涨价，否则将影响其销路。例如当每千米的运输价格确定后，即使燃料的价格发生变动，其运输价格不轻易发生变动。

三、竞争导向定价法

这种定价方法主要依据竞争对手的价格水平来确定自身的价格水平。在目前的市场经济条件下，企业的生产能力往往过剩，导致许多产品往往在市场上出现积压，企业为了将自己的产品销售出去获取利润，往往会采取各种措施来提高自身企业产品的竞争能力，如降低成本，提高产品质量、提高服务水平等，以便在与竞争对手的竞争中保持或提高其原有的市场份额。通过制定合理的产品价格来提高企业竞争力也是企业常用的措施。因此，

企业以竞争对手的价格作为依据来制定价格也是企业常用的定价方法，即所谓的竞争导向定价法。

（一）随行就市定价法

这是以同行业的平均现行价格水平或“市场主导者”（指在相关产品市场上占有率最高的企业）的价格为标准来确定本企业价格的方法。这种定价方法以竞争对手的价格为依据。在以下情况下往往可考虑采取这种定价方法：①产品难以估算成本；②企业打算与同行和平共处；③如果另行定价会很难了解消费者和竞争者对本企业价格的反应。

这种做法一般有如下三种类型。

第一种类型是自己所定的价格水平与竞争对手所定的水平完全一致，这种情况往往是众多的竞争者出于防止激烈的竞争造成彼此的经济损失，通过协定达成默契或妥协，同时又为了垄断市场，排斥他人进入市场，所采取的一种策略。

第二种类型是比竞争对手所定的价格水平略高一些，但是由于物流企业之间的产品没有什么太大的差异，因此除非在运输服务质量方面有更为吸引人的“绝招”，否则一相情愿地将运价或租金的水平定得略高于竞争对手，则是很难为货主所接受的。

第三种类型是比竞争对手所定运价或租金水平要低一点。这有两种可能：一是该物流企业经济实力十分雄厚，他企图通过降价打败所有竞争对手，独家垄断整个市场，以图日后再以霸主地位操纵市场，提高运价以获暴利；二是自己地位十分弱，且多数处于创业阶段，他们以低价吸引货主，通过低价建立信誉、扩大影响，以图日后跻身于强者之列。

具体地说，当企业产品或服务的质量、服务等综合因素与同行业中大多数企业的相同因素比较，没有较大差异时，即同质产品市场条件下，无论此时是有较多的企业生产该类产品还是由于专利权、特许经营、政府政策限制导致只有少数几家企业允许生产该类产品的情况下，企业按照同行业的平均价格水平为依据来确定该产品价格往往是惯常采用的定价方法，这就是所谓的随行就市法。此时，就可使该企业产品价格与大多数同行企业的产品价格保持一致，不致过高或过低，在和谐的气氛中获得平均报酬。

当某企业产品的质量或服务、销售条件等因素与同类企业的相同因素比较，有较大差异时，即异质产品市场条件下，企业有较大的自由度决定其产品价格。产品的差异化会使购买者对产品价格差异的存在不甚敏感。企业相对于竞争对手总要确定自己的适当位置，或充当高价企业角色，或充当中价企业角色，或充当低价企业角色。总之，企业总要在定价方面有别于竞争者，其产品策略及市场营销方案也应尽量与之适应，以应付竞争者的价格竞争。此时，异质产品市场的企业产品价格的确定可采用如下公式计算：

$$本企业产品价格=用以比较的价格标准\times(1\pm差异率)$$

另外，如果某种产品市场是完全垄断市场，即在该市场中由于专利权、政府规定等原因导致只有一家企业可以生产该类产品的市场，由于没有竞争对手，此时该企业产品定价不能用竞争导向定价法。在这种情况下，垄断企业往往从自身的利润角度去确定价格。

（二）投标定价法

这种方法一般是由买方公开招标，卖方竞争投标，密封递价，买方按物美价廉原则择优选取，到期当众开标，中标者与买方签约成交。这种方法往往是在买方市场（即产品供大于求的市场）中由买方掌握主动权来运用。运用此种方法和拍卖定价法时，企业对产品的定价权实际上已在某种程度上转移到了买方。

从企业来讲，为了能够以合理、科学的价格中标，必须认真选择和确定投标价格：一是要分析招投标条件和企业的主客观情况及能否适应招标项目的要求；二是计算直接成本，拟定报价方案；三是分析竞争对手的特点和可能报价，估计中标概率；四是计算每个方案的期望利润，并据此选择投标价格。一般来说，期望利润与报价成正比，而与中标概率成反比。其计算公式为：

期望利润＝（报价－估计成本）×中标概率

例 6－3：某企业参与某项投标，其投标分析如表 6－1 所示。

表 6－1　投标报价期望利润分析　　单位：万元

投标报价	估计成本	可获利润	中标概率	期望利润
(1)	(2)	(3) ＝ (1) － (2)	(4)	(5) ＝ (3) × (4)
800	800	0	95	0
900	800	100	80	80
1000	800	200	50	100
1100	800	300	10	30
1200	800	400	—	4

从表中 6－1 可见，较有利的报价是 1000 万元，期望利润为 600 万元，若报价 1200 万元时虽获利居多但中标概率极低。

（三）*产品差别定价法*

产品差别定价法是指企业通过不同营销努力，使同种同质的产品在消费者心目中树立起不同的产品形象，进而根据自身特点，选取低于或高于竞争者的价格作为本企业产品价格。因此，产品差别定价法是一种进攻性的定价方法。

产品差别定价法的运用，首先，要求企业必须具备一定的实力，在某一行业或某一区域市场占有较大的市场份额，消费者能够将企业产品与企业本身联系起来；其次，在质量大体相同的条件下实行差别定价是有限的，尤其对于定位为“质优价高”形象的企业来说，必须支付较多的广告、包装和售后服务方面的费用。

总之，在实际中企业定价的方法并不一定局限在我们所列举的这几种。随着管理科学的发展，企业管理方法、经验的丰富，信息技术和数量分析技术等的日趋成熟，必然会产生更科学、更合理的定价方法。而且，我们在运用定价方法进行定价时，也不能刻板地认为采用了一种方法就不能再吸取其他方法的精华去确定价格，不同的定价方法之间并不一定是相互排斥的，因此，我们要想制定出某种产品的科学、合理的价格，还须综合分析产

品本身的相关因素、运用相应的方法去制定产品价格。

第三节　物流企业产品定价策略

前述定价方法是依据成本、需求和竞争等因素决定产品或劳务基础价格的方法。基础价格是单位产品在生产地点或者经销地点的价格，尚未计入折扣、折让、运费等对商品或劳务价格的影响。但在市场经济条件下，随着企业的增多，竞争的加剧，现实中的产品或劳务市场往往是处于动态变化之中的，为了适应这种市场的变化，在物流市场营销实践中，企业还需考虑或利用灵活多变的定价策略，修正或调整商品或劳务的基础价格。

一、折扣（折让）定价策略

物流企业了为鼓励顾客及早付清货款，大量购买、淡季购买，还可酌情降低其基本价格。这种价格调整叫价格折扣（折让）。

（一）现金折扣

折扣现金是对按约定日期或提前以现金付款的客户，根据其所购产品原价给予一定的优惠。例如典型付款期限折扣按下式表达："2/10，净 30"。表示付款期限为 30 天，如客户在 10 天内付款，给予 2%的折扣。超过 10 天付款，不给折扣。超过 30 天付款，通常要加收较高的利息。

（二）数量折扣

数量折扣是根据每次或某一时间段内的客户需要服务业务的数量或金额的大小，分别给予买家不同的价格待遇的订价技巧。通常它是以交易活动中最小数量的价格作为基础价格，凡超过数量起点的交易，卖方给予买方一定的价格折扣，数量越大，折扣越大，成交价格也越低。

数量折扣可分为累计折扣和非累计折扣。累计折扣就是规定在一定时间内购买总数达到一定数额时，按总量给予一定的折扣。采用这种技巧的目的在于鼓励顾客集中向一个企业多次进货，从而使其成为企业长期或固定客户。

非累计数量折扣规定顾客一次购买达到一定数量或购买多种产品达到一定金额的为一批量，并据此给予一定价格折扣。采用这种技巧能刺激客户大量购买，增加赢利，同时减少交易次数与时间，节约人力、物力等开支。

想一想

累计折扣和非累计折扣企业分别在什么情况下采用?

（三）季节折扣

季节折扣是指企业在淡季给予客户一定的价格折扣，以刺激客户需要。例如客户对冷藏车的需求在冬天和夏天不一样，冬天可以给客户一定的折扣。

二、地区定价策略

一般地说，一个企业的产品，不仅卖给当地客户，而且可能同时卖给外地甚至外国客户。而卖给外地客户，所谓地区定价技巧，就是企业要决定对于提供给不同地区（包括当地和外地不同地区）客户的某种产品，分别制定不同的价格。

三、心理定价策略

心理定价技巧主要是通过分析和研究客户的消费心理，利用客户不同心理需求和对不同价格的感受，有意识地运用到产品或服务定价中去，以促进产品的销售。

1. 声望定价

企业利用客户仰慕企业的良好声望所产生的某种心理，制定商品价格，故意把价格制定较高。一般来说，高端服务的定价适宜采用此法，因为客户有崇尚名牌的心理，往往以价格判断质量，认为高价格代表高质量。

2. 招徕定价法

企业利用客户的求廉心理，将某些服务价格定得较低（低于正常价格，甚至低于成本）以吸引消费者。例如大客户对建立企业的市场形象和品牌是有利的，在充分竞争的环境下，大客户往往是物流公司争相合作的对象，所以提供给大客户的服务价格偏低，甚至不赢利。

四、差别定价策略

差别定价就是根据交易对象、交易时间和地点等方面的不同，制定出两种或多种不同价格以适应消费者的不同需求，从而扩大销售，增加收益。

（一）差别定价的主要形式

1. 按不同的客户差别定价

指企业按照不同的价格把同一种商品或服务卖给不同的顾客。如物流企业可针对客户是新客户还是老客户，是长期固定客户还是一次性客户，在运输、仓储、包装、配送、装卸搬运，流通加工等的劳务服务收费给予不同的价格。

2. 定制化价格

这种定价方法是将客户分为不同的细分市场，根据每一个细分市场对价格和服务质量层次的需求，分别为之制定不同的服务组合和价格。

3. 按产品部位差别定价

指企业对于处在不同位置的产品或服务分别制定不同的价格，即使这些产品或服务的成本费用没有差别。例如物流企业可根据不同商品在保管时环境条件导致的位置差别收取有区别的收费，以使位置等条件较差仓库也能有货物存放并取得仓储费用收入。

（二）差别定价的适用条件

企业采取差别定价必须具备以下条件。

（1）市场必须是可以细分的，而且各个市场部分须表现出不同的需求程度。例如物流市场可细分为运输市场、装卸搬运市场、包装市场、配送市场、流通加工市场、客户服务市场等，而且这些市场还可以细分，如运输市场可分为汽车、火车、轮船、飞机运输市场等。不同的物流企业可根据自身的实力及特点等，选择一个或多个细分市场作为目标市场开展业务。

（2）以较低价格购买某种产品的客户没有可能以较高价格把这种产品倒卖给别人。

（3）竞争者没有可能在企业以较高价格销售产品的市场上以低价竞销。

（4）细分市场和控制市场的成本费用不得超过因实行价格歧视而得到的额外收入，这就是说，不能得不偿失。

（5）价格歧视不会引起客户反感而放弃使用企业服务，影响销售。如在物流企业中，不能因采取客户差异定价后导致新老客户收费不同而使从新客户处获得的额外收入反小于由此而导致的新客户流失所给企业带来的损失。

（6）采取的价格歧视形式不能违法。

集装箱运输产品的需求是一种派生的需求，而且是有弹性的。由于目前市场竞争激烈，加上运输成本构成项目多，难以准确计算，以及整个行业有公会组织、战略联盟的合作基础，中远集装箱运输公司（简称中远集运）实行差别定价策略，对不同的市场，实行不同的运价定位，采用不同的价格策略。一般而言，客户不同，运价不同，对已签约大客户实行优惠运价；季节不同，运价不同，对未签约的客户，实行淡季低运价，旺季高运价。

问题思考：

中远集运的价格策略给物流企业提供的启示是什么？

五、新产品定价策略

新产品定价的合理与否，关系到新产品能否打开销路占领市场。

对于物流企业来说，因其提供的产品主要是各种劳务服务，随着市场的日趋成熟和完善，是否能有产品创新以及创新产品质量的高低对物流企业的市场竞争力强弱有重要影响。对于创新产品的定价可采用撇脂定价（高价定价即将新产品或服务的价格定得较高，尽可能在产品市场生命初期赚取最大利润）、渗透定价（低价定价即将产品或服务定价低于预期价格以迅速打开市场销路）和温和定价技巧（满意定价即介于撇脂定价和渗透定价之间的君子定价）。具体采用哪一种，需根据创新产品的特点来决定。通常对一次性或临时性新产品，为较快收回成本，可采用撇脂定价技巧。而对于一些需长期生产的市场前景良好的产品则可考虑采用渗透定价或温和定价，以尽快占领市场，从而获得较长期的利润。

六、产品组合定价策略

如果某个产品（服务）只是某一产品（服务）组合的一部分时，企业必须制定一系列的价格，从而使产品组合取得最大的利润。例如，综合物流企业可将物流方案设计、产品运输、装卸搬运、包装、配送、流通加工、仓储中的全部或若干项捆绑成一组产品销售，且其定价比该组产品中的单项产品价格之和有较大让利，则此时可能就会吸引消费者购买该组产品，以便使企业获得更多的利润。由于物流业务涉及较多，物流企业可根据自身特点向客户提供多项服务产品，由客户自由组合成一组产品系列，再在此基础上用产品系列定价法定出该组产品的价格。

七、其他定价策略

1. 保证定价法

保证定价法是指企业保证必须有某种结果产生后再付款的定价方法。该法适用于以下三种情况：保证中的各种特定承诺可以得到肯定和确保；高质量服务无法在降价的竞争环境中获得应有的竞争力；客户所寻求的是明确保证结果。

2. 牺牲定价法

指第一次订货或第一个合同的要价很低，希望借此获得很多的生意，而后来的生意价格却比较高的定价方法。一般在以下情况适合采用这种方法：客户不满意目前的服务提供者或不精通所提供的服务。但这种做法的缺点是起初的低价位可能成为上限价位。一旦上限价位成立，客户会拒绝再加价。

八、价格调整策略

（一）价格调整的方式

1. 降低价格

对企业来说降低价格往往出于被迫无奈，但在这样情况下必须考虑降价。①产品供过于求，生产能力过剩。②市场竞争激烈，产品市场占有率下降。③生产成本下降，为挤占竞争对手市场。

2. 提高价格

提高价格常会引起客户的不满而拒绝。一般只有在某些特殊情况下采用此策略。①通货膨胀或原材料等价格上涨引起企业成本增加。②产品供不应求，暂时无法满足市场需求。③政策、法规限制消费或产品的税率提高。

（二）价格调整的策略

1. 保持相对稳定

在一定时期内，企业对产品价格不作大的变动，保持稳定。对于与人们生活关系密切

的日常生活必需品，价格应保持相对稳定，不宜多变、大变。

2. 小幅度调整

随着企业内外部环境的变化，对产品价格作小幅度的变动。大多数产品由于生产成本、供求状况的变化，价格也常需调整。

3. 大幅度调整

为了战胜或应付竞争对手，在特殊情况下，有时需要大幅度调整价格。但企业在应用这种策略时须特别慎重。尤其是大幅度降价，往往会成为价格战的导火索，要尽量避免由此造成的于己于人都不利的众败俱伤的后果。大幅度提价也会使企业失去一部分顾客而导致销售量下降。故需权衡利弊，慎重决策。

案例分析

K物流公司在某大城市对超市进行市内配送时，由于受到车辆进城作业的限制，转而寻求当地的M搬家公司提供配送车辆支持。但是M搬家公司开出的配送价格是半天(6小时）或200千米以内为200元/车，大大超过了K物流公司可接受的120元/车的底线。

K物流公司经过仔细调查分析后发现，M搬家公司90%的搬家作业均在上午进行并在中午左右结束，这就意味着M搬家公司大都分的车辆和人员在下午基本上处于空闲状态，其上午搬家作业的收益已经足够支持其成本的支出和期望得到的利润。而K物流公司的市内配送业务却基本在下午2：00以后进行，K物流公司支付给M搬家公司的费用除去少量的燃油费作为额外成本外，其余的都应该是M搬家公司得到的额外利润。如果按每天下午一辆车行驶200千米计算，燃油费不应高于50元。从这个角度上看，K物流公司的市内配送业务带给M搬家公司不仅是新增加的业务和实在的收益，而对其资源的合理应用也是非常合理的。

最后的结果是，经过K物流公司与M搬家公司在价格和服务方面的仔细测算，双方达成了在80～90元/车价格成交的共识。

问题思考：

K物流公司是如何定价的?

本章小结

物流产品定价是物流服务中一个非常关键而又敏感的问题，它直接关系到企业利润的多少，甚至企业的生存，因此企业把握一定的定价方法和技巧是十分必要的。物流产品的定价受很多因素的影响，主要的因素有：定价目标、市场供求、需求的价格弹性、企业成本、竞争者的价格、国家政策等，其中任何一个因素的变化，都可能改变物流企业的定价。物流企业定价有一定的方法和技巧，基本方法有成本导向定价法、需求导向定价法和竞争导向定价法。每一种定价法都有它的优点和缺点，企业应在不同的情况下选择不同的定价方法。物流企业定价可采用折扣定价、分地区定价、心理定价、新产品定价、组合定价、维持高价、定制价格、牺牲定价、差别定价、保证定价等方法，企业应根据自己的情况做适当选择。

1. 影响价格的因素是复杂的，从物流市场营销的角度来说，定价是一门艺术。

2. 物流企业产品价格是客户为了获得某种服务而支付的成本，是物流企业的收入和利润的来源，为了在竞争中取胜，企业价格的制定显得非常重要。

3. 在产品定价和企业目标之间，产品定价应服从和服务于企业目标。

4. 从本质上讲，产品价格是由产品的供求决定的，弄清楚产品供求及价格弹性等影响产品价格的基本因素，对我们灵活运用各种定价方法和技巧具有非常重要的作用。

5. 产品的最低价格不能长期低于生产产品和劳务的成本，若价格长期低于产品成本，企业将无法经营。

6. 在定价方法上、同其他各类产品相似，物流企业定价方法主要有三大类：成本导向定价法。需求导向定价法和竞争导向定价法。在此基础上每一大类又分为许多小类，在定价时采用其中一种或将几种方法结合起来运用，必须根据产品的具体情况具体分析。

7. 在物流市场营销实践中，企业还需考虑利用灵活多变的定价策略或技巧，修正、调整商品或劳务的基础价格。

一、名词解释

1. 定价策略
2. 定制化价格
3. 物流导向定价法
4. 需求导向定价法
5. 竞争导向定价法

二、辨析题（判断对错，并说明理由）

1. 当企业的产品或劳务在市场处于绝对有利地位时，可实行高价策略。（　　）
2. 对于需求弹性小的产品或服务，一般采用低价策略。（　　）
3. 成本导向定价法不是以消费者为中心的定价方法。（　　）
4. 习惯定价法一般对老客户采用。（　　）
5. 利用产品的定价技巧可对产品或劳务的基础价格进行修正。（　　）

三、选择题（单选或多选）

1. 当企业制定尽可能低的产品价格时，其定价目标为了（　　）。

A. 维持生存　　B. 实现利润最大化

C. 扩大市场占有率　　D. 提高产品质量

2. 市场均衡价格是商品（　　）时的价格。

A. 供不应求　　B. 供过于求　　C. 供求平衡

3. 随行就市定价法属于（　　）定价法。

A. 需求导向　　B. 竞争导向　　C. 成本导向

4. 企业对一次性或临时性新产品，为较快收回成本，可采用（　　）技巧。

A. 渗透定价　　B. 撇脂定价　　C. 温和定价

5. 为鼓励客户增加对业务量的需求，企业一般采用（　　）的办法。

A. 现金折扣　　B. 数量折扣　　C. 季节折扣

四、简答题

1. 影响物流企业产品定价的因素有哪些？
2. 什么是理解价值定价法？
3. 什么是边际成本定价法？
4. 什么是差别定价法？
5. 物流企业的产品定价有哪些策略？

五、实践题

调查本地某物流企业，总结它们有哪些定价的方法？

第七章　物流产品分销渠道策略

学习本章后，使学生说出物流产品分销渠道的含义，了解物流产品分销渠道的基本类型，物流企业特许经营的含义，陈述影响物流产品分销渠道选择的因素以及物流产品分销渠道选择的策略。

在激烈的市场竞争中，物流企业的竞争优势不仅取决于企业能够以低成本为客户提供优质的物流服务，还取决于物流企业所占有的渠道资源。因此，物流企业必须建立起合理的物流分销渠道。通过渠道网络，将本企业的物流服务产品便利、快捷地送达客户手中，形成高效的物流系统。

第一节　物流产品分销渠道的基本模式

物流企业向客户提供运输、配送、仓储等服务的过程中，采取什么渠道和策略来推广其业务，是由本企业独立承担，还是借助于中间商？下面我们将对有关物流产品的分销渠道及其策略作一个扼要的介绍。

一、物流产品分销渠道的含义

美国营销协会把分销渠道定义为“公司内部的单位与公司外部的代理和经销商、批发商与零售商的组织结构，通过这些组织，进行产品或服务的营销活动”。从定义中可以看出，分销渠道是一群企业或机构，在某种产品或服务从生产者向消费者转移的过程中，取得产品或服务的所有权或帮助转移其所有权。

从服务的角度看，物流就是物流企业为客户提供的服务，物流营销的产品就是物流企业所提供的无形的服务。因此，物流产品分销渠道的定义是促使物流服务顺利地到达客户并为其带来利益的一整套相互依存、相互协调的有机性系统组织。它包括用什么形式、在什么地方、什么时间把物流服务交付给客户等。在物流营销中，企业应该制定和寻求适宜的渠道和策略，为客户提供方便的、全面的物流服务，才能获得竞争的优势。

二、物流产品分销渠道的类型

物流产品分销渠道的类型主要有以下几种类型。

（一）直接渠道

直接渠道是指物流企业直接将服务产品销售给客户，无须中间商参与。这是最适合物流服务产品的配送形式。当物流企业选择直销渠道时，往往是为了获得某些特殊的营销优势，这些优势表现为：

(1) 可以对物流服务的过程保持较好的控制。若经由中介机构处理，往往可能造成失去控制的局面；

(2) 可以为客户提供个性化的服务。针对每一个客户的不同需求，提供有针对性地解决方案，这对于物流企业来说尤其重要；

(3) 可以及时、直接地反馈客户当前的需求以及以后需求变化，并且了解竞争对手的相关信息。

(4) 可以减少佣金折扣，便于企业控制服务价格。

现代物流企业采用直接渠道模式，主要是通过推销人员、广告、电话等拓展业务，目前由于互联网的迅速发展，物流企业又都纷纷利用这一先进的媒介推广服务。例如，美国的联邦快递公司（FedEx）在1995年开通网站，可以使客户实时提交业务、跟踪运输情况、得知抵达时间等。

一般而言，物流市场营销以直销的形式最为普遍，而且渠道也最短。但也有一些物流企业采用一个或者多个中介机构的销售渠道，因此，直销并不是唯一的分销渠道。

无论何种物流企业都只适合采用直接渠道模式，这观点正确吗?

（二）间接渠道

间接渠道是物流企业通过一些中间商来向客户销售物流服务的渠道类型。采用间接渠道关键的是要选择物流中间商即代理商。代理商是指接受物流企业或客户的委托从事物流服务购销代理业务的中间商。代理商只在物流企业与客户之间起媒介作用，通过提供服务来促成交易并从中赚取佣金。尽管作用有限，但是对于物流企业而言，采用代理商仍然可以获得如下好处：

(1) 比直接销售投资更少，减少企业的投资风险；

(2) 代理商可以满足某一地区或某一细分市场客户的特殊要求；

(3) 有利于物流企业扩大市场覆盖面，提高市场占有率；

(4) 可以延伸信息触角，拓宽信息来源。

案例分析

新邦物流有限公司自2003年成立至今，目前已拥有9家全资子公司，300多家营业网点，员工6000多人，拥有和整合各种运输车辆600多台，物流设备300多套，仓库、分拨场地10多万平方米，日吞吐能力近4000吨。公司与国内外40000多家企业建立合作关系，网络覆盖全国400多个城市，在全国50多个大中城市开通专、快线长途零担与整车业务，并在珠江三角洲与长江三角洲区域内开展城际配送业务。到目前，新邦物流有限公司已发展成为一家集公路运输、航空货运代理、城际配送于一体的跨区域、网络型、信息化的综合型物流企业。

问题思考：

新邦物流有限公司采取什么样的渠道模式扩大规模？

三、物流产品分销渠道系统

物流产品分销渠道系统是渠道成员之间形成相互联系的统一体系，这一体系的形成是物流运作一体化的产物。目前物流产品的分销渠道系统大体有以下几种。

（一）垂直营销系统

垂直营销系统是指由物流企业、物流节点、物流中间商所组成的一种统一联合体。该联合体的成员或者属于同一家物流公司；或者由一个有实力的成员将代理权或承运权授予其他成员；或者某一成员有足够的实力促成其他成员共同合作，由这一物流企业统一支配、集中管理。垂直营销系统有利于控制渠道各方的行动，消除渠道成员为追求各自利益而造成的冲突，进而提高成员各方的效益。垂直营销系统主要分公司式、契约式和管理式三种。

1. 公司式垂直营销系统

公司式垂直营销系统是在一家物流企业拥有属于自己的渠道成员，并进行统一管理和控制的营销渠道系统。在这个系统中，通过正规的组织进行渠道成员间的合作与冲突控制。目前，世界大型物流公司大多采取总公司与分公司的垂直营销系统，由总部集权式运作，业务实行垂直管理。中国储运总公司在推行现代企业制度过程中，建立了以资产为纽带的母子公司体制，理顺了产权关系，其所属64个仓库在全国各大经济圈中心和港口，形成了覆盖全国、紧密相连的庞大网络，成为其跻身物流服务市场的强大基础。由于同属一个资本系统，公司式的营销系统中去到各成员的结合最为紧密，物流企业对分销的控制程度也最高。

2. 契约式垂直营销系统

契约式垂直营销系统是指为了取得单独经营时所不能得到的经济利益或销售效果，物流企业与其渠道成员之间以契约形式结合形成的营销系统。这一系统的紧密程度要逊于公司式

垂直营销系统。拥有“中国十大优秀国际货运公司”称号的锦程物流公司依靠与海外的公司建立代理合作关系，积极拓展海外业务。目前，锦程海运业务的海外代理有40多家，在综合国际物流方面与TNT、U-LINK、香港东方物流等国际知名公司建立合作关系。

3. 管理式垂直营销系统

管理式垂直营销系统是指不通过共同所有权或契约而是以渠道中规模大、实力强的物流企业来统一协调物流服务销售过程中渠道成员各方利益的营销系统。例如中国汽车运输总公司或者南方航空公司等实力强大的物流企业可以获得其中间商在产品促销和价格政策方面的合作。

为什么需要物流产品分销渠道系统来完成物流产品营销活动?

（二）横向营销系统

横向营销系统是两家或两家以上的物流公司联合，共同开拓新的分销机会的渠道系统。这些公司或因资本、运输技术、营销资源不足，无力单独开拓市场机会，或因不愿承担风险，或因看到与其他公司联合可实现最佳效益，而组成横向营销系统，通过各物流企业之间物流运作管理的合作，开拓新的营销机会，以提高物流效率，获得整体上的规模效益。例如，上海集装箱船务有限公司是由中远集团和长航集团共同组成的，它的成立使长江中下游干线与上海始发的国际干线相连，为中远集团加强其在国际航运市场上的竞争力起到较大的作用。

（三）网络化营销系统

网络化物流营销系统是垂直营销系统与横向营销系统的综合体。如运输公司不但可以通过汽车站点网络为其组织货源，而且可以由代理公司或自己直接面对客户提供运输服务。当某一企业的物流系统的某个环节同时又是其他物流系统的组成部分时，以物流为联系的企业关系就会形成一个网络关系，即为物流网络。这是一个开放的系统，企业可自由加入或退出，尤其在业务最忙的季节最有可能利用到这个系统。物流企业通过建立网站体系，将各物流企业、配送中心、仓库及车队连接起来，将整个供应链的客户和供应商集结到物流网络中来，充分发挥各物流公司的有效资源作用，化个别企业的服务行为为联盟整体的服务行为，向客户提供低成本、连贯性的服务。物流网络能发挥规模经济作用的条件就是物流运作的标准化、模块化。

四、物流产品分销渠道的发展——特许经营

特许经营（Franchise Business）是目前在全世界流行的一种新型组织经营形式。近年来，我国也兴起一股特许经营的热潮，涉及餐饮业、零售业、服装业及服务业等众多领域。截至2007年年底，我国特许企业数量超过2800个，加盟店近23万个。由于市场准

入以及物流行业自身的技术门槛制约，物流行业长久以来在发展特许经营时总是显得困难重重，目前仅有英国在此领域取得过较为成功的经验。

自从我国加入WTO以后，由于物流行业的市场开放，大型跨国物流企业纷纷进入中国，抢占迅速成长的物流市场，使我国物流市场的竞争日趋激烈。越来越多的本土物流企业意识到，在缺乏足够的资金支持和国际货源优势的前提下，遍布全国的物流运作网络将成为其对抗国际同行的主要竞争力。具备这一优势的直接结果就是将得到大型客户的垂青。为了尽快在短期内得到迅速扩张来满足大型客户的服务需求，部分具有相当资金实力的区域性物流企业选择了一种业内创新型策略——特许加盟。

（一）特许经营的含义

特许经营是一种高效率的经营方式，也是一种十分有效的商业发展模式。随着我国特许经营的发展，国家有关部门先后出台一些法规，对我国的特许经营进行规范。1997年11月14日，由国内贸易部发布《商业特许经营管理办法（试行）》（以下简称《试行办法》）。2000年1月26日，中国连锁经营协会根据《商业特许经营管理办法》制定了《特许经营企业备案管理办法（试行）》。

《试行办法》对特许经营的解释是："特许经营是指特许者将自己所拥有的商标（包括服务商标）、商号、产品、专利和专有技术、经营模式等以特许经营合同的形式授予被特许者使用，被特许者按合同的规定，在特许者统一的业务模式下从事经营活动，并向特许者支付相应的费用"。

同时《试行办法》规定了特许经营适用的范围，即"适用于中华人民共和国境内从事商业（包括餐饮业、服务业）特许经营活动的企业、个人或其他经济组织"。

特许经营是以特许经营权的转让为核心的一种经营方式。其本质特征可从以下三个方面来理解。

（1）特许经营是利用自己的品牌或技术与他人的资本相结合来扩张经营规模的一种商业发展模式。因此，特许经营是技术和品牌价值的扩张而不是资本的扩张。

（2）特许经营是以经营管理权控制所有权的一种组织方式，被特许者投资特许加盟店并对店铺拥有所有权，但该店铺的最终管理权仍由特许者掌握。

（3）成功的特许经营应该是双赢模式，只有让被特许者获得比单体经营更多的利益，特许经营关系才能有效维持。

（二）物流业特许经营的优势

虽然特许经营模式在物流行业的应用上存在着市场准入及技术方面的制约，但是如果能跨越这两项障碍，应用特许经营将为物流企业带来许多竞争优势。

1. 特许经营使特许企业获得如下好处

（1）特许经营有助于转让特许经营权的物流企业利用有限的资金迅速发展业务。

（2）在扩大市场的同时，还尽量降低了特许企业的经营风险。

2. 特许经营使受许企业获得如下好处

（1）由特许企业建议和协助选择站点，包括保持一致的品牌标识、对外形象设计等。

（2）由特许企业协助提交为获得物流相关业务的批准证书和营业执照等文件。

（3）受许企业可以获得现成的管理方法、培训制度以及宣传推广等支持。

（三）物流企业特许经营的条件

虽然物流企业实行特许经营的模式能够为其带来诸多优势，但是并非任何物流企业都可以实行这种模式，要成功地实施特许经营，要求特许物流企业和受许物流企业都应具备一定的条件。

1. 物流企业成为特许者必须具备的条件

（1）具有注册商标、商号和独特的、可传授的经营管理技术或诀窍、良好的经营业绩，并具有一定的品牌价值，包括知名度和美誉度；

（2）具有一定的客户资源及物流业务网络；

（3）建立了完善的物流信息网络系统；

（4）具备向被特许者提供长期经营指导、服务及教育和培训的能力；

（5）具备完善的服务质量管理控制体系及能力，能对被特许者的经营活动进行有效监督，以确保特许体系的统一性和产品、服务质量的一致性；

（6）具备完善的管理体系，并能够向被特许者提供经营手册；

（7）独具特色的企业文化及完善的企业识别系统（CIS），包括企业理念识别（MI）、企业行为识别（BI）和企业视觉识别（VI）。

2. 物流企业成为受许者的条件

（1）具有合法资格的法人或自然人；

（2）必须严格遵守国家法律法规，依法经营，并且承担相应的法律责任；

（3）严格遵守特许企业制定的规章制度，积极参加特许企业各分公司之间的业务交流，促进业务共同发展；

（4）必须如实及时向特许企业汇报财务、人力资源、市场、业务和政策法规等信息；

（5）拥有必要的经营资源（资金、场地、人才等）；

（6）具有一定的经营管理能力。

（四）物流企业特许经营加盟招募书实例

※※※※※※※※※※※※※※※※※※※※※※※※※※※※※※※※※※※※※※

北京中铁快运有限公司特许经营加盟招募书

北京中铁快运有限公司为物流方案提供商和服务商，致力于为国内外大、中型企业及大型流通企业提供全面的货物供应链物流服务、物流分拨、物流配送及仓储中转等系列化服务，同时还能提供包括定单处理、库存管理、运输装卸以及配送在内的物流以及相关咨询服务。

一、公司简介

公司自 1993 年成立至今，目前已拥有运营中心、客服中心、财务中心、信息中心四大营运部门以及覆盖全国的运输、配送的分公司 200 余家，自有仓储面积达 5 万平方米，近2000多名训练有素的服务员工、各种类型的货运车辆600余辆以及网络化的调度指挥系统，充分保证每天能为近万家客户提供优质快捷的“门到门”、“桌到桌”服务。我们一直以来牢固树立“努力使客户感动”的经营理念，不断提高服务质量、拓展服务领域、提高经济效益、增强企业实力和竞争力，在物流快运领域已享有较高的声誉。

近年来，北京中铁快运有限公司集先进的信息网络技术和现代物流技术于一体，整合自身内部资源和社会资源，建枢纽、筑连线，构建起立足北京、面向全国的全程物流网络。为了进一步增强公司实力、扩大市场份额，为客户提供更加方便、快捷的服务，我公司在全国各地建立起了自己的分公司、分支机构及加盟公司。优质的服务、灵活的机制、快捷的市场反应，加之科学的经营管理理念和2000余名优秀员工的敬业精神，造就了北京中铁快运有限公司与客户合作的良好契机。

二、公司的发展趋势

在国内物流行业刚刚起步发展的今天，在面对“入世”后的机遇与挑战，在进行企业内部资源整合、发展现代化物流的同时，建设和提升企业的品牌形象在企业整体的市场运营中也显得至关重要。企业品牌是企业发展理念、企业文化、经营实力、社会信任度、服务品质和附加值等的体现，品牌在市场资源整合和竞争中的影响将会越来越大；先进的物流管理及物流的现代化优势也将最终体现在品牌形象力的提升上。

北京中铁快运有限公司发展至今，经过不断的努力与摸索，在建立起一整套完整的现代化经营理念和管理模式的同时，正在向建立一个全国性的一流物流服务网络迈进。公司依托在全国的强大运输力量已在全国60多个主要城市建立起了自己的物流配送网络，并通过整合良好的社会资源逐步建立起了中铁快运全国性的物流加盟网络。随着中铁快运物流业务的快速发展，我们希望有更多志同道合的朋友加盟我们共同的事业，共同创造属于我们的全国性物流企业品牌！

三、为什么加盟中铁快运全国物流服务网络

（一）我们的物流快运优势

1. 完善的物流网络、强大的运输配送队伍

中铁快运依托全国强大的快运力量已在全国各主要城市建立起自己的分公司、分支机构。同时与各大航空公司、铁路部门及其代理机构保持着良好的合作关系，确保每天进、出货物的及时、安全配载。

2. 车辆优势

中铁快运目前拥有行邮专列北京至广州（华南）、至上海（华东）、至哈尔滨（东北）双向的全线路运营权、客挂行李包租车北京至成都、福州（厦门）的运营权、行包专列北京至上海、杭州、无锡、沈阳，郑州至广州双向运营权；北京至成都、重庆、昆明、南宁、兰州、银川的航空包仓权；公路自有线路20余条，各类型车辆达600余辆，运输实力强大，可以满足网络合作公司的各种不同需求。

3. 人员优势

中铁快运拥有近两千训练有素、经验丰富、爱岗敬业的专业操作人员，能够确保公司

每天进、出货物的安全分拣、装载、发运。

4. 推行个性化、人性化服务

为保证货物的在途安全，公司对所有货物在派送、中转前发现有不合格包装物品的，均会实行二次封装、加固服务。同时，推行365天全天候服务体系，为各网络公司提供各种应急性服务。

5. “零”风险的货物仓储及物流运输服务

为确保货物免受不可抗力因素损害，我公司与多家保险公司签订了长期合作协议，根据网络公司需求可随时提供货物的全程投保服务。

（二）我们为加盟网络提供的支持

1. 整套完善的操作体系

中铁快运在十余年的摸索与实践中，借鉴许多成功案例，结合自身特点与经验，总结出一整套完善的操作体系，包括各类管理制度、操作模式、运作流程、岗位设置及岗位职责等。

2. 优质化的服务

中铁快运设有专门的客户服务部门，负责进、出货物的查询、跟踪，投诉的处理，网络成员间的协调，及各类疑难问题的解答等。

3. 人员培训

中铁快运根据加盟公司的不同需求提供各岗位人员的培训及实践。

4. 媒体宣传

中铁快运加盟网站设有专门的加盟公司介绍频道，为加盟公司提供全方位的网络宣传与技术支持。

5. 全国性的网络支持

四、加盟的条件

（1）遵守国家有关法律法规及部门规章和相关行业各项管理规定；

（2）中国境内的自然人或依法注册经本地区行业管理审批的公司；

（3）公司法定代表人需具备相应的管理能力，为人坦诚正直、有超前的服务营销管理理念和超强的应对复杂局面的心理素质和解决问题能力；

（4）公司需设置必要的岗位和相应的绩效管理制度，渠道沟通人员要有极强的责任心，全体员工须树立服务意识，尊重异地网络内成员及合作伙伴；

（5）严格遵守中铁快运连锁加盟网络的各项规章制度和操作规范、接受网络管理中心的管理和监督；

（6）配备必要的计算机维护和操作人员；

（7）根据网络管理中心的授权合法使用中铁快运所有权范围内的商标、技术、文档资料、运单印刷品及各种包装物；

（8）承诺及时缴纳、结算各种费用；

（9）承诺不得以任何借口打击、报复网络加盟伙伴、客户的行为发生。

五、加盟的流程

(1) 填写加盟申请表，发电子邮件至 baiguangli@hotmail.com，传真至 010-67360989，同时在申请表或邮件中详细介绍加盟地经济情况、加盟者简历、社会能力、联系方式、公司筹建计划或目前公司状况（需提供营业执照电子扫描图）等；

(2) 中铁快运网络管理中心对客户信息进行登记入册，并进行可行性评估分析；

(3) 双方洽谈、沟通，达成意向；

(4) 签订中铁快运网络加盟协议；

(5) 缴纳加盟费、网络建设管理费、合同保证金等；

(6) 签订《商标授权协议》及《封单、印刷品使用协议》；

(7) 中铁快运网络管理中心进行必要的培训和相应的授权，同时提供必要的技术、资源支持（中铁快运网站媒体、各大物流网站宣传）等。

咨询电话：010-67372288、67360989

总负责人：白光利 13910777441

郭广章 13601036607

※※

第二节　物流产品分销渠道的选择与管理

一、影响物流产品分销渠道选择的因素

物流企业在销售服务过程中是采用直接渠道还是间接渠道、宽渠道还是窄渠道，这是渠道决策的一个重要内容，渠道选择是否合适，将对物流企业营销活动的成败产生重要影响。物流产品分销渠道的选择受多种因素的影响和制约。

（一）物流企业自身因素

物流企业自身因素是进行分销渠道决策的内部制约因素，主要包括以下方面：

1. 物流企业的经营实力

经营实力包括企业的规模和财力状况，如果企业的规模较大并且财力雄厚，其选择分销渠道的余地较大，可依据具体情况进行选择。相反，实力较弱的企业则比较适合选择间接渠道，依靠代理商的力量开拓市场。

2. 物流企业品牌的知名度

品牌知名度高的物流企业分销渠道可有多种选择，既可以利用品牌直接吸引客户，也可以利用品牌优势发展与代理商的合作。而不具备较高品牌知名度的企业则需要经验较丰富的代理商来帮助其打开市场，采用间接渠道。

3. 物流企业的营销能力

物流企业的销售机构拥有经验丰富的销售人员，销售能力较强，就可以依靠自己的销售能力，采用直接渠道。反之，则采用间接渠道。

4. 物流企业控制渠道的愿望

如果物流企业希望有效地控制分销渠道就应建立直接渠道，但是，这样会使企业花费更多的人力、物力、财力来建立自己的销售网络。而无力控制渠道的企业则可以采用间接渠道。

（二）市场因素

1. 目标市场的分布

目标市场的分布指目标市场规模的大小及潜在客户地理分布状况。如果目标市场规模大且客户分布集中则适宜采用直接渠道。相反，则采用间接渠道。

2. 目标客户的特性

目标客户的特性直接影响物流企业分销渠道的选择，如果客户企业要进入一个比较分散的市场，客户企业就需要用较长的分销渠道配合销售；反之，如果进入一个比较集中的市场，则可是采用较短的渠道。物流企业的渠道应根据客户企业的渠道类型来选择，一般与客户的渠道类型相一致。

3. 竞争状况

物流企业在物流服务市场竞争激烈的情况下，应采取与竞争对手不同的渠道模式，或即使采取相同的渠道模式也要创造出服务的差异化，以便在留住老客户的同时吸引新客户。

影响物流企业渠道选择的因素除了企业及市场两个主要因素外，还有社会的政治、经济、科技等宏观环境因素，物流企业应综合分析本企业的面临实际情况来选择渠道模式，在竞争激烈的物流服务市场中占据一席之地。

案例分析

中国远洋物流有限公司成立于2002年，是规模和实力居市场领先地位的现代物流企业。其总部在北京，下设大连、北京、青岛、上海、宁波、厦门、广州、武汉八个区域公司，在韩国、日本、新加坡、希腊和香港设有代表处，并与国外40多家货运代理企业签订了长期合作协议；在中国国内29个省、市、自治区建立了300多个业务网点，形成了功能齐全的物流网络系统。中远物流凭借国际化的网络优势，在细分市场的基础上，重点开拓了汽车物流、家电物流、项目物流、展品物流等细分市场，为客户提供高附加值服务。

中远物流在主要目标市场，面对集装箱运输行业的特点，考虑到下面的因素：①集装箱市场供过于求，若使用中间商会造成货源不稳的市场局面；②方便控制运价，以便运用价格手段开展竞争；③直接与货主接触，拜访客户，了解客户需求，有利于更好地为顾客服务。

为此，中远集团在全球设立自己的办事处，大力拓展直销渠道，加强与顾客的直接接触，直销渠道的比例由1997年的5%扩大到了2000年的50%，揽货能力大大增强，加强了市场竞争力。

问题思考：

中远物流采用的是什么样的渠道模式？在选择渠道模式时考虑了哪些因素？

二、物流产品分销渠道选择的策略

物流产品分销渠道的选择，不仅要保证为目标客户提供准确及时的物流服务，而且还需考虑所选择的分销渠道销售效率高、费用少，能为企业带来最佳的经济效益。因此，企业在进行分销渠道选择前，应该先综合分析企业的战略目标、营销组合策略及其他影响分销渠道选择的因素，根据分析的结论确定产品分销渠道策略。

1. 确定渠道模式

物流产品确定渠道模式即根据影响渠道选择的各种因素，确定采用直接渠道还是间接渠道。物流产品直接分销和间接分销各有长短，也各有其适用的范围和条件，物流企业应从自身实力、经营方式、市场状况等方面考虑，权衡利弊后做出选择。

物流企业为什么要选择分销渠道？怎样进行分销渠道选择？

2. 确定中间商数目

物流企业确定中间商数目的多少即确定分销渠道的宽度，这主要取决于企业希望在目标市场上覆盖范围的大小。对此，有三种策略可供选择。

(1) 广泛分销策略。广泛分销策略也叫密集分销策略，是指物流企业广泛利用大量中间商销售物流服务产品，积极扩大销售网络。物流企业采用广泛分销策略，一方面有利于增加本企业服务市场的覆盖面，扩大本企业的市场占有率；另一方面也可以使客户随时随地就近办理物流业务手续，以方便客户，增加业务量。但是，采用该策略时，企业与中间商之间的关系较松散，中间商的积极性不高。

(2) 选择性分销策略。选择性分销策略是指在一定区域内，物流企业有选择地确定一些具有一定规模、信誉好的中间商销售其产品。这种渠道方式既便于企业与中间商建立良好的协作关系，提高控制力，又能使企业保持较低的经营成本，获得较多利润。

(3) 独家分销策略。独家分销是一种窄渠道分销策略，即物流企业在某一地区仅选择一家中间商推销其产品。通常双方通过签订独家代理合同，规定各自的权利与义务。独家经销的好处是企业易于控制中间商的价格、促销、信用和服务等，企业与中间商的关系密切，容易调动中间商的经营积极性。对物流企业而言，这种策略仅适用于特种物流服务，

在特定市场环境下使用。由于这种渠道的风险较大，一般较少采用。

3. 确定分销渠道成员的权利与义务

物流企业确定了渠道的模式后，还需与中间商对合作条款以及各个渠道成员的权责达成一致，包括各成员应遵守的运价政策、服务质量的保证、地区特权、佣金结算的条件及方式等。

(1) 运价政策。以运输配送为主营业务的企业通过制定运价表，对于不同类型的中间商，给予不同折扣；或者对于不同的组货数量给予不同折扣。在制定折扣办法时，物流企业必须确信其折扣可使中间商感到是公平合理和充分的。

(2) 销售条件。指付款条件和企业保证。在付款条件上，企业应有一定的折扣，对运输质量也应有保证，以保证代理商的利益和信誉。

(3) 网点或代理商的地区权利。这是渠道关系中另一个应注意的因素。物流企业应对代理商的渠道中的经营业务区域予以明确，以便于检查和确定代理商的业绩。

(4) 双方的权利和义务。通常通过制定相互服务与合作的合同，明确双方的权利和义务。对此应谨慎从事，特别是在选择特许代理和独家代理网络时尤应如此，其相互提供的服务项目和各自应承担的责任规定应尽量明确和具体。

三、物流产品分销渠道的管理

企业在进行渠道设计并选定了渠道方案后，就开始实施渠道方案，并加强渠道的管理工作。渠道管理的主要工作有选择中间商，在分销渠道投入运行后对中间商进行评估、激励，以及对渠道系统进行调整等。

(一) 渠道成员的选择

物流企业根据自己的服务特点、潜在客户的分布、企业的实力以及市场目标战略等因素确定了合适的渠道模式以后，就面临一个如何选择优秀中间商的问题。中间商的选择关系到企业营销政策的贯彻、销售投入的有效利用以及品牌的市场声誉。对于将成为企业战略伙伴渠道中间商的选择的意义相当重大，如选择不当，可能引起资源投资的失误；如选择良好，则可以锦上添花。

1. 物流企业渠道成员选择的原则

通常物流企业选择渠道成员时应遵循以下几项原则。

(1) 进入目标市场原则。这是选择经销商最基本的原则，构建渠道网络就是要让物流企业的服务产品及时、快速地进入目标市场，让客户便利地接受服务。所以企业应分析服务产品的潜在客户以及他们需要服务的类型，以方便客户为原则来选择中间商。

(2) 形象匹配原则。物流企业中间商的形象必然代表着企业的形象，因此，应该重视中间商在目标市场中的企业形象问题，即关注中间商能否代表物流企业向客户提供一流的、高品质的服务、是否具有较高的声望。已经拥有较强实力的物流企业在选择中间商时，尤其要重点考察其形象是否与本企业相匹配，而对于实力不太强，或者还未建立起良好形象的物流企业而言，如果能选择一个声望良好的中间商，则可以提升本企业的品牌形象。比如，一些国外的物流公司在最初进入中国市场时，都选择与中国比较有实力并且声誉好的物流集团合作，以迅速得到内地客户的认可。

(3) 突出核心服务原则。物流企业与中间商合作，向客户提供诸如运输、仓储、配送等多种物流服务，但是多数物流企业会拥有一项或几项比较核心的业务，这些核心的业务代表着企业的核心竞争能力，在这些业务上企业最具竞争优势。因此，物流企业在选择中间商时，重点考察其是否有利于突出企业的核心服务。

(4) 同舟共济原则。这是在实际操作中最难实现的原则，但的确很重要。一些中间商因自身利益驱动，当发现合作不能为其带来赢利或赢利较少时，就马上解除和约。对于物流企业来讲，原来给予中间商的支持和投入就会付诸东流、中间商所在的市场也会丢失。所以在选择中间商时一定要充分了解经销商合作的意愿和动机，主动争取中间商的合作与理解，力求同舟共济。

2. 物流企业渠道成员选择的标准

不同的物流企业应根据自己的实际情况，建立适合本企业发展需求的渠道成员选择的标准。不少学者从不同的角度对其进行了分析，其中以罗杰·潘格勒姆的标准最综合、最具有影响力，因此，我们重点介绍罗杰·潘格勒姆提出10项比较重要的标准。

(1) 信用与财务状况。这是判断选择一个有潜力渠道经销商最常采用的标准之一。

(2) 销售能力。最常用的检测经销商销售能力的指标是销售人员的素质、技术能力以及实际雇用销售人员的人数。

(3) 产品线。制造商通常考虑经销商产品线的四个方面：尽可能避免使用销售竞争者产品的经销商；接受销售与自己产品相容产品的经销商；鼓励经营补充性产品的经销商；寻找经营比自己产品同质或更好产品的经销商。

(4) 声誉。如果经销商的声誉不能够达到制造商对于其产品所定位的标准的话，制造商应对于该经销商予以否定。

(5) 市场覆盖范围。经销商的销售能力应该与制造商所预期的地理范围相适应。

(6) 销售业绩。制造商根据潜在的经销商的往年销售业绩数据获得其销售能力的第一手资料。

(7) 管理的连续性。经销商的管理层人员更换频繁，经营政策经常变化对于产品的推广和销售是极其不利的。

(8) 管理能力。良好的销售队伍是良好的管理的标志。

(9) 态度。经销商的态度关系到经营的成败，主要指经销商的进取心、信心和热情。

(10) 规模在通常情况下，经销商规模越大就有更多的销售人员，更好的办公条件和更强的抗风险能力，成功和赢利的可能就大。

罗杰·潘格勒姆提出的这些标准不是在所有的情况下对所有的物流企业都适用，有些公司需要突出某些标准，而对于另一些公司，则可能突出另一些标准。这些评估标准可以帮助企业理清在选择渠道成员时所要考虑的许多关键因素。

（二）渠道成员的激励

中间商选定之后，还需要进行日常的监督和激励，使之不断提高经营水平。必须指出，由于中间商与物流企业所处的地位不同，考虑问题的角度不同，因而必然会产生矛盾。如何处理好矛盾，是一个经常出现的问题。物流企业要善于从对方的角度考虑问题，要知道中间商不是受雇于自己，而是一个独立的经营者，有它自己的目标、利益和策略。物流企业必须尽量避免激励过分和激励不足两种情况发生。一般来讲，对中间商的基本激励水平，应以交易关系组合为基础，如果对中间商仍激励不足，则物流企业可采取两条措施：一是提高中间商的毛利率、放宽信用条件或改变交易关系组合，使之有利于中间商；二是采取人为的方法来刺激中间商，使之愿意付出更大的努力。

处理好物流企业和中间商的关系非常重要。通常根据不同情况可采取三种方案。

1. 与中间商建立合作关系

物流企业一方面用促销因素给中间商以高利润、特殊优惠待遇、合作推销折让、销售竞赛等，以激励他们的推销热情和工作。另一方面，对表现不佳或工作消极的中间商则降低利润率，推迟装运或终止合作关系。但这些方法的缺点在于，物流企业在不了解中间商的需要、他们的长处和短处以及存在问题的情况下，而试图以各种手段去激励他们的工作，自然难以收到预期的效果。

2. 与中间商建立一种合伙关系，达成一种协议

物流企业明确自己应该为中间商做些什么，也让中间商明确自己的责任，如市场覆盖面和市场潜量，以及应提供的咨询服务和市场信息。企业根据协议的执行情况对中间商支付报酬。

3. 经销规划

这是一种最先进的办法，它是一种把物流企业和中间商的需要融为一体的、有计划的、有专门管理的纵向营销系统。物流企业在其市场营销部门中设立一个分部，专门负责同中间商关系的规划，其任务主要是了解中间商的需要和问题，并作出经营规划以帮助中间商实现最佳经营，双方可共同规划营销工作，如共同确定销售目标、存货水平、陈列计划、培训计划以及广告和营业推广的方案等。

总之，企业对中间商应当贯彻“利益均沾、风险分担”的原则，尽力是中间商与自己站在同一立场，作为分销渠道的一员来考虑问题，而不要使他们站在对立的立场。这样，就可减少与缓和产销之间的矛盾，双方密切合作，共同搞好营销工作。

香港国泰物流公司将代理人视为合作伙伴，以平等的地位对待大、中、小代理人，而且国泰一般不直接和真正货主打交道。国泰着眼于和代理人建立长期的合作关系。在客运方面，“常旅客俱乐部”的概念已经深入人心。国泰货运部根据此概念也建立了“常货主俱乐部”。国泰根据代理人每年发货量的大小，确定30～50家公司，然后每家公司确定

1～2人为俱乐部成员，成员可以享受一系列优惠政策，比如在乘机时，可以优先登机，可以免收逾重行李费。此俱乐部的目的主要是让代理感受到一种被尊重的地位。国泰货运销售人员经常拜访代理人，而不是等着代理人上门，而且货运销售人员是专线专管，每人专门负责某一航线，并且负责和所有利用这条航线的代理人打交道。

问题思考：

香港国泰物流公司是如何激励其渠道成员的？

（三）对渠道成员绩效的评价

物流企业必须定期检查、评价渠道成员的工作业绩，以评价的结果作为激励及调整渠道成员的依据。及时对那些业绩良好的中间商进行激励，对业绩不佳的中间商进行分析、诊断，直至淘汰较差的中间商。

物流企业分销渠道的基本任务是给目标客户提供满意的物流服务，在此基础上，实现所有渠道成员的经营利益。因此，渠道评价的内容包括服务分配质量评价和渠道财务绩效评价。

1. 服务分配质量评价

物流服务分配质量的高低取决于分销渠道成员对客户需求满足的及时程度。制造业的企业对客户需求的及时反应，关系到厂商是否能及时满足客户的需求，已经成为制造商不可缺少的核心竞争力。在供应链中承担着连接制造商与客户作用的物流企业，必须以提供服务的及时性作为评价的重要标准。

评价物流服务的及时性，可以考察服务的三个方面工作，一是物流渠道成员是否具有柔性系统，即渠道成员都能快速对客户的需求做出反应的同时，还具有高度的弹性；二是协同供应链的各个企业实现最小库存，既维持企业能够满足客户需求及时做出反应的客观要求，又使库存成本维持较低水平，在二者之间找到合理的平衡点；三是优化运输，国外研究表明商品被运输到客户手中之前，运输成本占商品总成本的比例可能达到10%左右，如果缺乏优化控制，没有合理设计运输路径，就会造成运输成本的大幅上升。而运输是物流企业的重要服务内容，因此，物流企业应制定并实施高效的运输解决方案。例如：美国联邦快递公司将总部设在孟菲斯市，而没有选择纽约、芝加哥等大城市，主要原因就是考虑到其运输成本能够更合理的优化，同时又不会降低服务质量。因此，制定合理的运输批量、选择经济合理的运输路径和方案，能够节约运输成本，进行全面的质量控制，建立自己的竞争优势。

2. 渠道财务绩效评价

物流企业渠道的管理人员可以通过财务指标对渠道的绩效进行评价。一般可以从市场占有率、渠道费用、销售等方面进行评价。

市场占有率是分析物流企业经营状况的重要指标，根据美国权威机构的研究结果，在许多行业中市场占有率都与企业的利润成正比。因此，物流企业在进行渠道绩效评估时，也应考察市场占有率指标。

另外，渠道费用的多少也是考核服务企业渠道的重要指标，渠道费用是指在渠道开发、维护、发展等过程中所使用的一切费用，它的多少以及各种费用的比例关系，直接关系到渠道成员的利润。从总量上来看，渠道费用与销售额应保持一个合理的比例关系。

最后，是关于渠道赢利能力的分析，这方面的评价主要通过销售利润率和费用利润率的指标反映。物流企业按照这两方面的内容对渠道成员进行具体评价。评价方法可由物流企业的市场部门进行，也可以由专业的评价公司进行；评价的时间可依具体情况分为月度评价、季度评价和年度评价，而年度评价启动的指标体系最为完善；评价的结果，要对渠道成员进行分级，分级的确定要公平、公正、准确。

（四）分销渠道的调整

物流企业在设计了一个良好的分销渠道后不能放任其自由运行而不采取任何纠正措施。为了适应企业营销环境等的变化，必须对分销渠道在评价的基础上加以修正和改进。

1. 分销渠道调整的原因

（1）现有分销渠道未达到发展的总体要求。企业发展战略的实现必须借助于企业的分销能力，如果现有的分销渠道在设计上有误，中间商选择不当，在分销渠道管理上不足，均会促使企业对之进行调整。

（2）客观经济条件发生了变化。当初设计的分销渠道对当时的各种条件而言很科学，但现在各限制因素发生了某些重大变化，从而产生了调整分销渠道的必要。因此企业有必要定期地、经常地对影响分销渠道的各种因素进行监测、检查、分析。另外，企业若能准确预测和把握某些影响分销渠道的因素发生的变化，就可以提前对分销渠道实施调整。

（3）企业的发展战略发生变化。任何分销渠道均围绕着企业的发展战略而设计，企业的发展战略发生了变化，自然也会要求企业调整分销渠道。

2. 分销渠道调整的步骤

（1）分析分销渠道存在的问题。根据当前渠道运行的状况，分析并寻找存在的主要问题，并考虑是否具有调整分销渠道的必要性。

（2）重新界定分销渠道目标。根据客观环境及企业战略等因素的变化，结合分销渠道选择的限制因素，重新界定分销渠道目标。

（3）进行现有分销渠道评价。如果通过加强管理能够达到分销渠道目标，则无须建立新分销渠道；反之，则考虑新分销渠道的建立、成本与收益，以保证经济上的合理性。

（4）组建新分销渠道并进行管理。在新的分销渠道目标指导下，重新组建分销渠道，尽量克服以往分销渠道的不足，并加强对新渠道的管理。

3. 销渠道调整的策略

（1）增加或减少某些分销渠道成员。在调整时，既要考虑由于增加或减少某个中间商对企业赢利方面的直接影响，也要考虑可能引起的间接反应，即分销渠道中其他中间商的反应。比如当增加某一地区内的中间代理商时，会引起地区内原有中间商的反对和抵制。而当企业由于某一渠道成员业绩或服务很差而撤消其经营代理取时，虽然减少了企业的短期赢利，但也向其他中间商发出警告，督促他们改善业绩或服务。

(2) 增加或减少某些分销渠道。市场环境各方面的变化常常使物流企业认识到，只变动分销网络成员是不够的，有时必须变动分销网络才能解决问题。物流企业可以根据市场变化，削减某条不再能发挥作用的分销渠道。物流企业增减分销渠道来调整分销网络是相对的，物流企业往往在增加新的分销渠道的同时，减少老的分销渠道。

(3) 调整整体分销渠道系统。即重新设计分销渠道，由于物流企业自身条件、市场条件、商品条件的变化，原有分销渠道系统已经制约了企业的发展，就有必要对它作实质性的调整。这种调整波及面广、影响大、执行困难，不仅要突破企业已有渠道本身的惯性，而且由于涉及利益调整会受到某些渠道成员的强烈抵制，对这类调整的政策，企业应谨慎从事，筹划周全。

本章小结

在激烈的市场竞争中，物流企业必须建立起合理的物流分销渠道，物流企业可以选择的渠道类型有直接渠道和间接渠道，目前，物流企业还形成了垂直营销系统、横向营销系统、网络化营销系统三大分销渠道系统。物流企业面临竞争发展起一种新的渠道模式——特许经营。物流企业应综合分析本企业的面临实际情况来选择渠道模式，确定中间商的数目，确定渠道成员的权利和义务，物流企业渠道从建立之初就要开始渠道的管理工作。

知识要点

1. 物流产品分销渠道是促使物流服务顺利地到达客户并为其带来利益的一整套相互依存、相互协调的有机性系统组织。

2. 物流产品分销渠道有直接渠道和间接渠道。

3. 物流产品还形成了垂直营销系统、横向营销系统、网络化营销系统三大分销渠道系统。

4. 特许经营是指特许者将自己所拥有的商标（包括服务商标）、商号、产品、专利和专有技术、经营模式等以特许经营合同的形式授予被特许者使用，被特许者按合同的规定，在特许者统一的业务模式下从事经营活动，并向特许者支付相应的费用。

5. 影响物流产品分销渠道选择的主要因素是物流企业自身因素和市场因素。

6. 物流产品分销渠道选择策略包括选择渠道模式，确定中间商的数目，确定渠道成员的权利和义务。

7. 分销渠道调整策略包括增加或减少某些分销渠道成员、增加或减少某些分销渠道、整体分销渠道系统调整。

检查与思考

一、名词解释

1. 物流产品分销渠道
2. 广泛分销策略
3. 独家分销策略
4. 选择性分销策略
5. 特许经营

二、辨析题（判断对错，并说明理由）

1. 物流产品直接分销渠道比间接渠道的风险小。（　　）
2. 公司式垂直营销系统是紧密程度最高的一种垂直营销系统。（　　）
3. 实力较弱的物流企业比较适合选择直接渠道。（　　）
4. 广泛分销策略有利于扩大本企业的市场占有率，是物流企业的首选策略。（　　）
5. 特许经营是资本的扩张。（　　）
6. 市场占有率是分析物流企业经营状况的重要指标（　　）
7. 为了保证物流企业经营的稳定，分销渠道一经建立，便不再改变。（　　）
8. 无论何种物流企业都可以实施特许经营。（　　）

三、选择题（单选或多选）

1. 两家或两家以上的物流公司联合，共同开拓新的分销机会的渠道系统是（　　）。

A. 公司式垂直营销系统　　B. 管理式垂直营销系统
C. 横向营销系统　　D. 网络化营销系统

2. 物流企业渠道宽度策略包括（　　）。

A. 直接渠道　　B. 间接渠道　　C. 广泛分销
D. 密集分销　　E. 选择性分销

3. 物流企业分销渠道方案的评估标准有（　　）。

A. 标准性　　B. 经济性　　C. 可控性
D. 适应性　　E. 协调性

4. 最先进的渠道成员的激励办法是（　　）。

A. 与中间商建立合作关系　　B. 与中间商建立合伙关系
C. 经销规划　　D. 物质和精神奖励

5. 选择经销商最大和最基本的原则是（　　）。

A. 进入目标市场原则　　B. 形象匹配原则
C. 突出核心服务原则　　D. 同舟共济原则

四、简答题

1. 物流产品分销渠道系统的类型有哪些？

2. 影响物流产品分销渠道选择的主要因素有哪些?

3. 简述物流产品分销渠道选择策略。

4. 简述分销渠道调整策略。

5. 物流企业特许经营的条件有哪些?

五、实践题

选择当地的一家物流企业，考察该企业经营渠道，分析这些渠道的类型及策略，并分析这些渠道的合理性和存在的问题，提出适当的改进措施。

第八章　物流产品促销策略

学习本章后，使学生了解物流产品促销的作用与目标；理解物流产品促销组合的各种策略；掌握物流企业的人员推销、广告、营业推广及公共关系等策略的特点和基本要求；能根据物流企业的特点进行简单的有形展示设计。

随着我国经济的发展，物流业在近年呈现出蓬勃发展的趋势，不但在国内涌现出大量新兴的物流企业，还吸引了许多国外的物流企业纷纷加入，企业之间的竞争日益激烈。物流企业要在竞争中取胜，要取得市场营销活动的成功，不仅要提供先进优质的服务项目，而且还必须采取适当的促销方式来拓展物流业务，这影响着物流企业的运营效益和竞争胜负。

第一节　物流产品促销组合

一、物流产品促销与促销目标

（一）物流产品促销的含义和作用

1. 物流产品促销的含义

促销（Promotion）是指企业把产品和提供服务的信息通过各种方式传递给消费者和用户，促进其了解、信赖并购买企业的产品或服务，以扩大产品销售为目的的企业经营活动。促销的实质是企业与消费者或用户之间的信息沟通，它是企业市场营销活动中不可缺少的一环。

现代物流企业通过一系列的经营活动，一方面向客户提供产品运输、仓储、配送等服务，另一方面向客户提供更为重要的增值服务和信息服务等，因此，同样需要与用户进行信息沟通。物流企业促销就是物流企业将为客户提供物流服务的方式、内容、信息等通过有效的途径传递给客户，以达到吸引客户，提高企业业务量，增加利润目的的企业经营活动。

2. 物流产品促销的作用

物流产品是一种无形的服务产品，它具有非实体性和不可储存性的特点，因而，物流产品促销的作用与其他产品的促销作用有所不同。

（1）沟通信息。沟通信息是企业争取客户的重要环节，物流企业促销的目的之一是提高该企业在物流服务市场上的占有率。要达到这一目的，物流企业必须及时地将该企业的服务信息提供给客户，让客户尽量全面了解该企业经营的业务项目、费用水平以及各地的分支机构、代理网络等信息，吸引客户的注意，为扩大销售打下基础。

（2）刺激需求。物流业在我国，还是一个新兴的产业，国内仍然有许多企业对物流专业化的意义不甚了解，因此，不少企业依然自行处理物流业务。物流企业促销活动则可以通过信息沟通诱导需求，甚至在一定条件下能创造需求。在促销活动中，物流企业通过宣传，强调该企业能够为客户企业提供哪些增值服务，物流作业活动怎样为企业增加商品的附加价值，从而引导潜在的客户企业转变传统的“大而全”的观念，改变其自行处理物流业务的做法，采用物流业务外包等方式，进而形成对物流服务的巨大需求。

（3）突出特色。在激烈的市场竞争中，企业的生存与发展越来越需要强化自身的经营特色。物流企业服务的领域十分广阔，不同企业提供服务的差别往往不易被客户所了解。在这种情况下，物流企业通过促销，突出宣传该企业的服务特色，以及它给客户带来的特殊利益，显然有助于客户加深对该企业的了解，达成交易。

（4）稳定客户关系。追求稳定的市场份额是企业营销的重要目标之一，物流企业稳定的市场份额源自稳定的客户关系。物流企业通过促销活动可以加深业务人员与客户的感情，提高企业在客户中的信誉和知名度，有利于与客户建立长期、稳定的合作关系。

（二）物流企业促销目标

物流企业促销的目标在于通过传达、说服和提醒等方法，销售物流服务产品，提高该企业在物流服务市场上的市场占有率。在此总目标的基础上，物流企业还可以根据企业不同时期的实际情况确定具体的促销目标，主要包括下面三个目标。

1. 建立客户对物流企业及其产品的认知和兴趣

物流企业通过信息传递，使客户对企业的状况和企业提供的服务项目等有所了解，以建立客户对本企业的认识，加深客户的印象。这种促销目标在企业成立初期显得尤其重要。采用哪些促销方式，迅速提高企业的知名度，是这一目标下企业要考虑的主要问题。

2. 说服客户购买或使用物流企业提供的服务

促销的目的是使客户对企业的物流服务形成特殊偏好，在选择物流服务提供商时，优先考虑该企业。这种促销目标贯穿于企业经营的整个过程，特别是在企业开拓业务，扩张市场的阶段。此时，在促销活动中，应重点向客户宣传物流企业服务产品所提供的利益，突出物流企业及其产品与竞争对手的差异。

3. 建立并维护物流企业的形象和信誉

物流企业以此为促销目标，就是通过树立企业的形象和信誉，使客户对企业和企业所提供的物流服务形成一种良好的印象，培养忠诚客户。

二、物流产品促销组合的方式和策略

促销组合就是物流企业在进行促销活动时，根据需要和可能，把各种促销方式进行合

理选择，有机搭配，使其综合发挥作用，以取得最佳的促销效果，实现促销目标。

物流企业在促销中可以使用的方式有很多，按照信息传递的载体划分，可以将促销分为人员促销和非人员促销两大类，具体包括人员推销、广告宣传、营业推广、公共关系四种主要方式。

1. 人员推销

人员推销是一种最直接的推销方式，它是指物流企业派出或委托推销人员，向客户或潜在客户面对面地介绍该企业所提供的服务，以获取更多的业务量。由于在人员推销过程中信息沟通是直接的，不仅可以促成交易，而且有利于推销人员配合企业整体营销活动来发现并满足客户的需求，使企业与客户建立长期稳定的业务联系。因此，人员推销是物流企业促销活动中最重要的一种推销方式。

2. 广告宣传

广告是一种典型的非人力推销方式。它是指物流企业通过一定的传播媒介，以付费的方式将有关物流企业服务信息传递给目标客户的促销方式。物流企业的广告促销通过综合运用文字、声音、图像、色彩等手段，增强信息传递的表现力，使客户易于接受。2004年雅典奥运会后，奥运冠军刘翔的形象出现在中国邮政快递的平面广告中，形象地诠释了EMS的领先、速度、专业的形象，大大提高了企业的知名度。由于广告具有公众性，有利于物流企业树立良好的形象，提高其知名度，因此，在四种促销方式中，广告是仅次于人员推销的一种重要的促销方式。

3. 营业推广

营业推广是指在短期内能迅速刺激物流服务需求，吸引客户，增加物流企业业务量的各种促销方式。例如，为了配合“外运发展e速”的上市运行，中外运空运发展股份有限公司于2004年11月底以直邮的方式向广大客户寄送精美礼品，并且只要登陆该公司网站参与答题的客户都有获奖机会。随着市场竞争的日益激烈，营业推广的使用日益受到企业的重视。但它只是一种在短期内效果明显的促销方式，企业不宜经常采用，以防止急功近利、陷入促销的误区。

4. 公共关系

公共关系是指物流企业在营销过程中为使自身与社会公众建立和保持良好的关系所进行的有组织的活动过程。公共关系的核心是沟通信息，促进相互了解，宣传企业，提高企业的知名度，为企业创造一个良好的发展环境。它与人员推销、广告和营业推广比较，是一种更为间接的促销方式。2011年3月，在日本东北部发生的大地震及随之而来的海啸与核危机是人类的一场骇人大灾难，震惊全球。这一系列的大灾难使人员伤亡惨重，对日本多个县造成毁灭性的破坏。联邦快递公司当即决定向日本捐赠现金100万美元，并通过提供物资运输支持，在运送紧急救援物资方面，扮演一个非常重要的角色，扩大了企业影响，树立了企业形象。

三、物流促销策略组合

促销策略组合是物流企业对各种促销方式的选择及在组合中侧重使用某种促销方式。

一般有以下三种倾向。

（一）推式策略

推式策略是指企业利用推销人员与中间商促销，将产品推向客户的策略（见图8-1）。

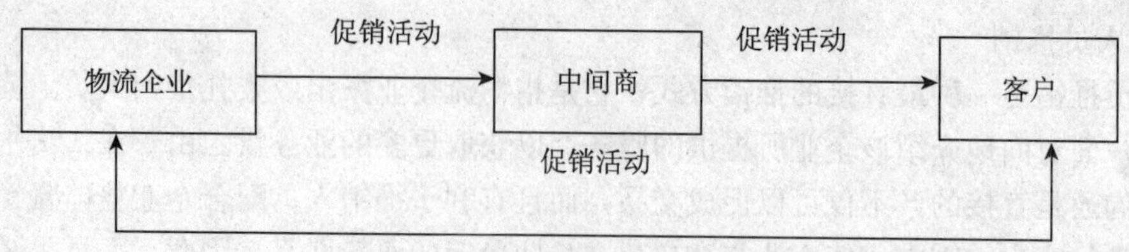

图8-1 物流企业推式策略示意

在这一策略的指导下，物流企业积极将产品“推”到中间商手中，中间商又积极地将产品“推”给用户，需要动用大量的人员进行产品的推销，因此它适用于物流企业和中间商对产品前景看法一致的情况。推式策略风险小、推销周期短、资金回收快，但其前提条件是须有中间商的共识和配合。

物流企业采用推式策略，常用的方式主要有人员推销、营业推广等。顺丰快递是近年来发展较快的民营速递公司，公司于2011年8月1日起，新开通马来西亚快递服务。为促进这一新服务的推广，并促进公司国际快运业务的销售，顺丰在2011年8月1日至9月30日，推出寄“国际件赠试用券”活动：所有中国大陆使用顺丰国际件的客户，使用顺丰国际件累计达到一定票数，可获得相应的快递试用赠券。

（二）拉式策略

拉式策略是企业针对最终消费者、用户，开展促销活动，把服务产品的信息介绍给目标市场的客户，使客户产生购买的欲望，形成市场需求，把顾客“拉”到中间商处要求购买，进而把中间商“拉”到企业要求经销该企业提供产品（见图8-2）。

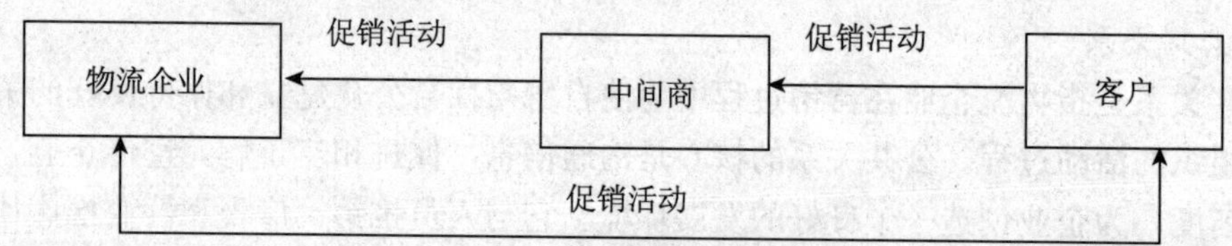

图8-2 物流企业拉式策略示意

物流企业采用拉式策略，常用的方式主要有价格促销、广告、代销、试销等。慈溪邮政局在利用信报箱推广自己业务的同时，利用多种广告媒体宣传其185客户服务中心，使185品牌在慈溪市区家喻户晓，每天受理的电话中有八成以上涉及物流配送业务。

“推”式策略与“拉”式策略的主要促销对象分别是谁?

（三）推拉结合策略

在通常情况下，物流企业也可以把上述两种策略结合起来运用，在向中间商进行大力促销的同时，通过广告刺激市场需求。

在推式促销的同时进行拉式促销，通过双向的促销努力把服务产品推向市场，这比单独地利用推式策略或拉式策略更为有效。

四、选择物流产品促销组合策略时应考虑的因素

由于各种促销方式各有特点，适用于不同对象，物流企业在制定促销组合策略时，应综合考虑物流产品的特点、物流产品的生命周期、市场状况、促销费用等因素。

1. 物流产品的特点

物流企业为满足各类客户的需求，提供不同类型的物流服务产品，针对各类产品的特点，应采取不同的促销组合策略。一般来说，比较复杂的物流服务产品如通过系统数据库和咨询服务提供的以管理为基础的物流服务、物流战略计划的服务等，企业应较多地使用拉式策略，以使物流服务更能满足客户的个性化需求。而对于比较简单的物流服务如快运、仓储、运输、配送等，由于市场普遍比较熟悉，而且运作起来有一定的基础，则比较适合采取推式促销策略。

2. 物流产品的生命周期

产品生命周期也是影响促销组合的重要因素之一。物流产品在生命周期的不同阶段，其促销目标也有差异，故而在促销组合的选择和编配上也要有相应的变化。

在投入期，产品刚刚面世，鲜为人知，企业的促销目标是提高客户和潜在客户对产品的知晓程度。因此，这一阶段应以广告宣传和人员推销为主要的促销方式，同时在促销策略上可以选择推式促销策略，以加强产品的渗透。

在成长期，产品畅销，但竞争者开始出现，物流企业的促销目标是如何进一步吸引潜在客户，并力求与老客户建立稳定的业务关系。因而此阶段的促销策略应以拉式为主，把工作的重点放在个性化服务的推广上，使老客户形成对产品和企业的偏爱，同时通过增加新的服务方式，吸引新客户。

在成熟期，需求趋于饱和，竞争日益激烈，物流企业的目标是尽量维持现有客户的业务联系，保持企业的市场份额。因此，在成熟期企业应采用推拉结合、以拉为主的促销策略，以提高企业和产品的声誉。

在衰退期，企业的目标主要是使一些老客户仍然信任该企业及其产品，坚持购买。因此，促销策略仍应坚持推拉结合。

3. 市场状况

物流企业目标市场的规模和类型不同，也应采取不同的促销组合。对于规模小而相对集中的市场应采取推式策略；范围广而分散的市场，则比较适合采用推拉结合的促销策略，以满足具有不同需求的客户。若物流企业的客户主要是个人消费者时，广告是最好的促销方式；而针对企业、中间商或其他组织机构，人员推销是促销的最好办法。

4. 促销费用

企业在制定促销组合策略时，还应考虑促销费用的因素。任何一种促销方式或促销组合都要花费一定的费用，促销费用常常制约着促销组合策略的制定。同时各种促销方式的费用也不尽相同，不同促销组合所需费用往往相差很大。物流企业在选择促销方式和制定促销组合策略时，应全面衡量、综合比较各种促销方式的费用与效益，以尽可能低的促销费用取得尽可能高的促销效益。

第二节　物流企业促销策略

一、物流企业人员推销策略

（一）物流企业人员推销的含义和特点

1. 物流企业人员推销的含义

物流企业人员推销是指物流企业派出推销人员或委派专职推销机构向目标市场的客户及潜在客户推销物流服务产品的经营活动。对于物流企业而言，由于物流服务产品的专业性和定制性特点，人员推销具有其他营销方式所不可替代的作用，成为物流企业生产经营活动的重要内容和主要环节，也成为物流促销组合中最不可缺少的促销方式，在现代物流企业市场营销中占有相当重要的位置。

2. 物流企业人员推销的特点

（1）信息沟通的双向性。推销人员通过与客户联系、接触洽谈，一方面向客户传递有关物流企业及其提供服务的信息，另一方面也可以及时了解客户对企业和物流服务的态度、意见和要求，并及时反馈给企业，为企业经营决策提供依据。在推销人员与客户之间存在着双向的信息沟通。

（2）促销方式的灵活性。由于推销人员与客户直接联系，可以真实具体地了解客户的需求，有利于根据各类客户的不同需求，设计不同的推销策略，并在推销过程中随时加以调整，在与客户进行交流的同时还可以及时发现和挖掘客户的潜在需求。

（3）沟通对象的特定性。推销人员的推销活动，总是从寻找目标顾客开始，确定了推销对象，才能有效地开展推销活动。因此，物流企业的人员推销总是有特定对象的；具体的推销策略和活动的开展，总是针对特定对象制定的。所以，人员推销可在事先对未来客户作一番调查研究，拟定具体的推销方案、推销目标和推销策略等，以强化推销效果，提高推销的成功率，这是广告所不能及的。

（4）沟通过程的情感性。推销人员在推销过程中与客户面对面地接触，双方可以在单纯买卖关系的基础上，交流情感，增进了解，产生信赖，从而建立深厚的友谊。推销人员与客户之间感情的建立，有利于企业与客户之间建立长期的业务关系，保持企业的市场份额。

（5）推销人员角色的双重性。推销人员在向客户推销该企业的产品时是推销员，同时，他还能及时听取和观察客户对企业及服务的态度，收集市场情况，了解市场动态，并迅速予以反馈，以使企业的经营更适合客户的需求。此时，推销员又成了企业的“市场调查员”。

（6）推销队伍的团队性。物流服务产品的专业性和定制性特点要求推销人员最好以团队为单位开展业务。一个物流营销团队应该包括市场人员、物流策划专家、物流运作管理人员、成本核算分析人员以及信息系统支持人员等。

物流企业为什么要强调推销的团队性？

（二）物流企业人员推销的任务

人员推销的主体是物流企业的推销人员，虽然各个企业推销人员因企业经营范围和经营规模不同而有所不同，但推销人员的主要任务是基本相同的。

1. 寻找客户

推销人员不仅要维持与已有客户的业务联系，更重要的是在市场中寻找机会，挖掘和发现潜在需求，创造新的需求，寻找新的客户，开拓市场。

2. 沟通信息

物流企业的推销人员应及时将该企业提供的服务信息传递给客户，为客户提供相关资料，帮助客户作出购买决策。

3. 推销物流服务产品

推销人员在与客户接触过程中，分析客户现实和潜在的需求，并通过运用各种推销策略和技巧，促使客户作出购买决策，实现购买行为。

4. 收集信息

物流企业经营所需的信息有很大一部分源于其客户。推销人员是联系企业与客户的桥梁和纽带，是企业收集信息的重要渠道之一。推销人员在推销过程中，及时了解客户需求的变化情况，收集市场信息并及时反馈，为企业的经营决策提供第一手资料。

5. 提供服务

物流企业的推销人员在向客户推销物流产品的过程，也就是向客户提供各种服务，例如咨询服务、解决技术问题、向客户提供相关信息、售后服务等。

（三）物流企业人员推销过程（如图 8－3 所示）

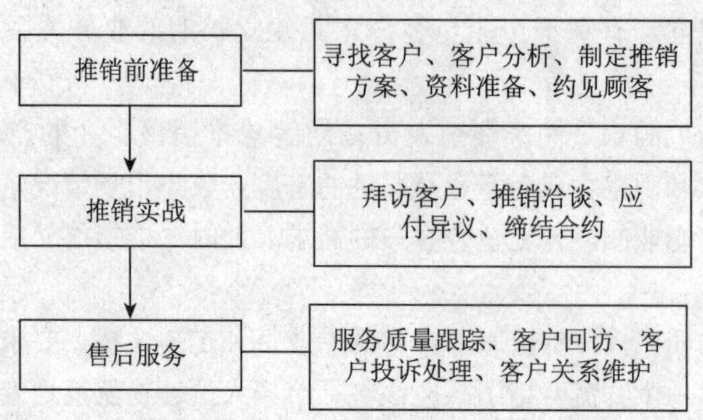

图 8－3　物流企业人员推销过程

1. 推销前准备

推销过程的第一步是找出潜在的有购买力的客户，即由市场人员首先进行市场调查，寻找和识别目标客户。寻找客户的方法有很多，既可以向现有客户了解；也可以通过诸如参加社交活动、查阅工商名录、电话号码簿等发掘潜在客户；还可以利用朋友介绍或通过社会团体与推销员之间协作等间接寻找。推销员寻找到潜在客户以后，再通过查看他们的经济实力、交易额、特殊需求、地理位置及发展前景等找出目标客户。

在接洽某个潜在客户前，推销团队还必须做好客户的分析工作：收集该客户的有关资料，分析客户的的需求，了解决策人的相关情况等。在此基础上，制定出相应的有关服务的信息、说服方式、推销方案等，以便使推销活动更积极主动，效率更高。根据推销方案的设计，准备相关的文字、图表、工具等资料也是推销前准备中必不可少的工作。

在做好了充分的准备以后，推销员就要按计划约见客户。在接触客户时，推销人员应注重礼节、保持自信，争取给对方一个良好的第一印象。成功的预约可以减少时间浪费，提高推销的效率。

2. 推销实战

成功约见后，必须按时赴约，与客户进行正式的推销洽谈。这一步要运用各种推销技巧说服客户购买，关键是针对客户企业所需服务的特点，耐心地介绍本企业富有特色的服务方案及能够为客户带来的好处。在介绍时如果能借助有关服务的宣传册、配套图片、幻灯片等，效果会更好。在洽谈过程中，推销人员一方面要注意推销礼节，调整心态；一方面要把握客户的心理，掌握洽谈的节奏和进程。

在进行推销洽谈的过程中，客户几乎总会对企业提供服务的某些方面产生疑虑、甚至异议。推销人员应及时发现客户的疑问，采取主动的方式向客户提供更多的信息，根据客户的具体情况对物流解决方案进行调整，并对客户进行解释，为客户排除疑虑。

推销员成功地消除了客户的疑虑后，应抓住时机，促成客户达成购买行为。对于物流服务的推销而言，都是涉及金额比较大的项目，所以推销人员在与客户达成口头协议后，

为防止发生变故，应尽快与客户签订服务合同，以合同确立彼此的权利义务。合同也成为日后物流企业提供服务及获取费用的依据。

3. 售后服务

双方达成交易，并不意味着推销过程的终止。售后服务质量跟踪能加深顾客对企业和服务的依赖，促使客户重复购买。同时也可获得各种反馈信息，为企业决策提供依据。在客户对企业的服务不满，发出投诉后，要及时了解情况，并迅速做出相应的处理。推销人员还要注意保持与客户的联系，做好客户关系维系工作。

（四）物流企业人员推销的策略

推销人员可以运用的策略有很多种，这里只介绍三种比较常用的策略。

1. 试探性策略

又称"刺激—反应"策略。它基于刺激—反应这一心理过程，推销人员在尚未了解到顾客具体要求的情况下，事先准备好几套话题，进行"渗透性"交谈，通过语言、图片、条件和行动等试探性的"刺激"，察看顾客的"反应"，然后进行说服、宣传，以激发顾客的购买行为。这种策略在上门推销和电话推销物流服务时效果较好。

2. 针对性策略

又称"配方—成交"策略，这也是基于刺激—反应这一心理过程。推销人员事先已大致掌握了顾客的基本或可能需求和态度，从而有针对性地与之交谈，向客户陈述介绍本企业所提供的服务，说明企业的服务项目如何能满足客户的需求，投其所好，引起客户的兴趣，推动交易的达成。

3. 诱导性策略

又称"诱发—满足"策略。这种策略是通过推销员与客户的交流，使客户意识到自己的真正需求，并希望满足这些需求。推销员再站在客户的立场上向客户推荐本企业所提供的服务，使客户感到推销员成了他们的参谋，从而较顺利地推动成功。这是一种"创造性的推销"，要求推销人员有较高的推销艺术，使顾客感到推销员是他的"参谋"。

（五）物流企业人员推销的管理

人员推销的管理是企业对推销人员的活动进行分析、计划、实施和控制的过程。它包括筹划人员推销的组织结构以及对推销人员的选聘、培训、激励与评估。物流企业的人员推销管理一般来说，主要包括推销组织结构设置、推销人员激励和评估等几个方面的工作。只有把推销人员的管理融入到企业的整体经营过程，才能使之发挥最大潜力，为实现企业目标而努力。

1. 物流企业人员推销的组织结构

通常物流企业都设有负责推销业务的专职部门—销售部，或称业务拓展部、业务发展部等。销售部的主要职能就是为物流企业获取更多的业务，推销的组织结构指的是企业如何分配、安排推销人员。目前，大多数物流企业销售部的设置和工作通常都是在企业营销总经理的领导下进行的。根据物流服务市场的特点，物流企业人员推销的组织结构可以按以下类型设计。

(1) 地区型结构。地区型结构就是将企业的客户按照地理位置划分为若干个区域，然后按区域安排推销人员。在这种结构中，每名推销员负责一个区域，负责与那个地区的所有客户联系并向其推销本企业提供的服务。这种组织结构的优点是：①推销人员责任明确，对所辖地区销售业绩负有直接责任；②有利于推销人员与当地客户建立固定联系，提高推销效率。③由于每个推销人员所辖客户相对集中，可以适当节省差旅费。缺点是各区域的客户数量、购买力等不尽相同，可能造成推销人员之间的苦乐不均。

(2) 客户型结构。即按照客户类型分配推销人员。通常可以按照行业类别、客户规模等对客户进行分类。这种结构的优点是：推销人员可以更加熟悉和了解自己的客户，掌握客户对物流服务的特殊需求。其缺点是往往每个推销人员所负责的客户比较分散，工作量比较大，且差旅费用较高。

(3) 业务型结构。它是指按照物流企业提供服务的不同业务类型分配推销人员。这主要是针对提供综合物流服务的企业设计的组织结构类型。通常这类企业可以提供包括仓储、运输与配送、流通加工、物流咨询等服务，企业可以按照不同业务选派不同的推销人员。这种类型的优点是推销人员比较专业化，其推销活动更有针对性。其缺点是推销工作缺乏整体观念，易产生多头领导和部门冲突。

2. 物流企业销售人员的选聘与培训

(1) 物流企业推销人员的选聘。推销人员的素质对于实现企业促销目标、开拓市场具有举足轻重的作用。推销人员的选聘工作尤其应重视对这些人员素质的考核。物流企业对推销人员素质的要求具体包括：思想素质、知识素质、业务素质、身体素质、心理素质等。物流企业在选聘推销员时，应主要从这几个方面对应聘者进行综合考核，择优录用。

(2) 物流企业推销人员的培训。为提高推销人员的工作能力，使其适应推销工作的要求，物流企业一般都应对推销人员进行严格的培训。培训的内容一般包括企业情况介绍、业务知识介绍、客户情况介绍、推销方法和技巧培训等内容。

3. 物流企业推销人员的激励与评估

(1) 物流企业推销人员的激励。物流企业要达到良好的促销目标，必须建立以奖励和监督为主的激励机制来促使推销人员努力工作。奖励主要包括经济报酬和精神鼓励两种。监督的主要手段有推销定额、销售报告、沟通情况等。

(2) 物流企业推销人员的评估。推销人员的评估是企业对推销人员工作业绩考核与评估的反馈过程。它不仅是分配报酬的依据，而且是企业调整市场营销战略、促使推销人员更好地为企业服务的基础。

企业对推销人员的评估，应做好以下工作：首先，要掌握和分析有关的评估信息，评估信息的主要来源是销售报告。其次，要建立评估的指标。主要的评估指标有销售量、毛利、每天访问次数及每次访问的时间、访问的成功率、平均订单数目、销售费用与费用率等。最后，实施正式评估。评估的方法有两种，一种是比较不同推销人员在一定时期的销售绩效。另一种方式是把推销人员目前的绩效同过去的绩效相比较。比较的范围包括销售额、销售费用、新增客户数、失去客户数等方面。

二、物流企业广告策略

（一）物流广告的含义与作用

1. 物流广告的含义

对于什么是广告，目前国内外仍然是众说纷纭。在营销学中，美国市场营销协会给广告下的定义比较具有参考价值。该协会认为："广告是有明确的发起者以公开支付费用的做法，以非人员的任何形式，对产品、服务或某项行动的意见和想法等的介绍。"从这一观点中不难看出，构成广告的要素有：广告主必须是赢利的组织或个人；广告须支付费用；广告的内容涉及企业、产品和劳务等；广告传播是以非人员推销的手段进行的。

据此，我们可以界定物流企业广告的内涵：所谓物流企业广告是指物流企业通过各种传播媒介，以付费的形式，将该企业的产品和服务等信息传递给客户的一种以促进销售为目的的非人员推销方式。

2. 物流广告的作用

广告的基本功能是促进销售，是以迅速性、全面性、深入性和权威性为特征的信息传递行为。物流企业的广告活动就是利用广告的基本功能发挥有利的作用。

(1) 传递信息，促进销售。通过广告，物流企业可以把有关服务的信息传递给客户，引起客户的注意与兴趣，促其购买。因此，广告的信息传递能迅速沟通供求关系，促进物流服务的销售。

(2) 介绍产品，引导消费。随着物流业的不断发展，物流企业提供的服务业种类繁多，而且新的服务产品不断推出，客户很难准确及时地了解和辨别各种产品的具体情况。通过广告宣传，可以向客户介绍企业的服务信息，使客户较全面地掌握各种服务产品的特点，有利于客户鉴别和选购自己需要的服务。

(3) 树立企业形象，提高企业知名度、美誉度。物流企业不仅可以利用广告宣传促进业务量的扩大，而且可以通过广告树立良好的企业形象，提高企业在社会上的知名度和美誉度。这也会间接地促进产品的销售。

（二）物流企业广告策略

物流企业广告策略包括确定广告目标、广告创意与制作、广告媒体及其选择、广告预算、广告效果评价等内容。这些内容相互关联，共同构成企业广告的整体策略。

1. 广告目标

具体的广告目标是企业对广告活动进行有效的决策、指导和监督及对广告活动效果进行评估的依据。物流企业要实施广告决策，首先应确定广告活动的目标。物流企业广告主题的确定一定要突出自身的服务产品个性特征，以吸引目标客户的注意力，促进销售。

(1) 创造品牌目标。物流企业以创造品牌为广告目标，目的在于开发新产品和开拓新市场。它通过对物流服务的性能、特点和增值作用的宣传介绍，提高客户对服务产品的认知程度，其中着重要求提高新产品的知名度、理解度和客户对品牌标记的记忆度。

(2) 保牌广告目标。物流企业以保牌为广告目标，目的在于巩固已有市场阵地，并在此基础上深入开发潜在市场和刺激购买需求。它主要通过连续广告的形式，加深对已有商品的认识。广告诉求的重点在于保持客户对广告产品的好感、偏好和信心。

(3) 竞争广告目标。这类广告的目的，在于加强产品的宣传竞争，提高市场竞争能力。广告诉求重点是宣传产品的优异之处，使客户认知该产品能给他们带来什么好处，以增强偏好度并指明选购。

2. 广告创意与制作

广告创意，就是表现广告主题的手段和方法。新颖独特的创意，能够准确地表达企业的广告目标，还能给客户留下深刻的印象。物流企业的广告创意策略，大致可以从四个方面考虑。

(1) 独特销售创意策略。就是在广告中着重强调企业产品或服务的独特性，能给客户带来的与众不同的好处。例如 EMS 的广告语为“次晨必达”，强调运送服务的时效性。

(2) 品牌创意策略。就是在广告中突出企业的品牌、形象等信息，目的是使客户对企业及品牌留下深刻印象。例如 UPS 在 2011 年推出的新广告《我们爱物流》，没有具体的产品或服务内容的说明，不断出现的是“UPS”的标志和“我们爱物流”的口号。

(3) 定位创意策略。就是在广告中塑造、强调企业和产品的定位。例如，专注于特定行业的物流服务企业，在广告中，应该强调其行业服务特征；对于某些特定线路或特定区域有特别竞争优势的物流企业，在广告中突出其地区性服务的竞争优势等。使客户在选择物流服务时，能够形成直观的联想，比如提到某类物流服务就想到某物流企业。

(4) 情趣创意策略。就是在广告中通过创设某种情景来表现广告主题。例如，电视广告“UPS 为你传递更多”的创意是：小男孩希望变成孙悟空，可以很快地帮爸爸把货物送出去，这样爸爸就可以有时间陪他玩了。UPS 可以帮助他的爸爸及时把货物送到世界各地，让爸爸有更多时间陪孩子玩。这个广告的主题是用亲情打动客户。

在实际广告策划中，各种创意策略不是完全独立存在的，通常企业可以将两种甚至更多种的创意策略融于一个具体的广告之中，以更好地表现主题，实现广告目标。

3. 广告媒体及其选择

(1) 广告媒体。广告媒体是广告者向广告对象传递信息的载体，是支撑广告活动的物质技术手段。一般来说，企业在市场营销活动中可以选择的广告媒体主要有印刷媒体、电子媒体、流动媒体、邮寄媒体、户外媒体、展示媒体等。其中，报纸、杂志、广播、电视是常见的四大广告媒体，近年来，因特网在广告促销中的作用日益突出，已被人称之为第五大广告媒体。不同媒体的市场覆盖面、市场反应程度、可信性等均有不同的特点，具体如表 8-1 所示。

表 8-1　　　　　　　　　　　　　　广告媒体的特点

媒体种类	覆盖范围	反应程度	可信性	寿命	保存价值	信息容量	制作费用	吸引力
报纸	广	好、快	好	较短	较好	大而全	较低	一般
杂志	较窄	差、慢	好	长	好	大而全	较低	好
广播	广	好、快	较好	很短	差	较小	低廉	较差
电视	广	好、快	好	很短	差	较小	很高	好
邮寄	很窄	较慢	较差	较长	较好	大而全	高	一般
户外	较窄	较快	较差	较长	较好	较小	低较	较好
因特网	广	较快	较好	短	差	一般	高	一般

（2）物流企业广告媒体的选择。广告媒体选择是广告决策的重要内容之一，媒体选择的科学合理与否直接影响到广告费用开支与广告效果。因此，物流企业在选择广告媒体时，除了要认清各种媒体的特点，扬长避短外，还应考虑：①广告目标和产品特点。物流产品具有无形性、非实体性的特点，若广告目标为宣传产品信息时，要求广告媒体必须有足够的时间给受众接受，那么邮寄或专业杂志等印刷媒体比影视媒体有效；若广告目标是突出品牌和企业形象，则影视媒体的效果更好。②目标客户的媒体习惯。企业的广告媒体应选择主要目标客户经常接触的媒体。③目标市场情况。根据企业的业务开展范围选择广告媒体，必须考虑的市场状况包括：客户的类型、特点和分布；竞争对手情况及其媒体策略。④媒体成本和企业的广告预算。不同媒体的成本差异相当大，企业不能只着眼于媒体的传播范围和效果，还应考虑企业自身的经济实力——广告预算，同时考查广告带来的收益与媒体支出的比例是否合理，是否符合企业的利润目标。

综合考虑各种因素，物流企业可以选择的广告媒体主要有下列五种。

行业性报纸与杂志：对于专注于某些行业进行服务的物流企业来说，可以在该行业性报纸和杂志上进行广告宣传。相对来说，行业类报纸杂志上的广告对于客户的针对性更强，成本相对更低，效果更好。

物流类杂志与报纸：可以通过物流专业杂志媒体宣传，如《中国物流与采购》《中国储运》《物流》《物流技术与应用》《现代物流》《中外物流快讯》等杂志；也可以通过《国际商报》《国际经贸消息》等报纸的“物流周刊”，广告形式上可以采用新闻、广告、专访、招商信息、资助栏目等形式。

地方性报刊：对于区域性服务优势明显的物流企业，应选择地方性报刊进行宣传。

互联网：利用互联网上专业的网站如中国物流联盟网、中国物流基地联盟网等传播企业信息。

物流企业自身网站：有实力的物流企业自己设计并开通网站，宣传企业的优势，发布服务合作信息。

户外广告：对于有公路货运优势的物流服务企业，可以在入境公路边、主要公路交会处、收费站等明显位置制作大型服务广告，扩大影响。

4. 广告预算

广告预算是物流企业根据广告计划在一定时间内对开展广告活动费用的估算，是企业进行广告宣传活动投入资金的使用计划。目前，常用的编制广告预算的方法主要有量力而行法、销售额百分比法、目标任务法、竞争对比法等。

5. 广告效果评价

物流企业制定广告决策的最后一个步骤是评价广告效果。它是完整的广告活动中不可缺少的重要内容。

(1) 广告效果分类。广告效果是广告信息通过媒体传播之后所产生的影响。对其评估一般包括两个方面的内容。

一是广告传播效果。即物流企业广告对于客户知晓、认知和偏好的影响。它是以客户对物流企业认识程度的变化情况或客户接受广告的反应等间接促销因素为根据来确定的效果。

二是广告销售效果。指物流广告推出后对企业产品销售的影响。一般来说，广告的销售效果要比传播效果更难评估，因为，除了广告因素外，产品的特色、价格、竞争等因素均影响销售额。这些因素越少，或者越容易被控制，广告对销售效果的影响就越容易测量。采用邮寄广告时销售效果最容易评估，而品牌广告或企业形象广告的促销效果最难评估。

(2) 广告效果评价方法。①广告传播效果评价。对广告传播效果评价可以从两个方面进行，一是对沟通过程进行评价，就是对广告接受者的反应进行评价。通常可以采用测试评价法和试验评价法。二是对沟通效果进行评价，就是了解在广告刊出后客户能否有效地取得物流企业自身及物流服务的信息，并测试其对物流企业及服务的认识程度。一般可以采用跟踪研究法。②销售效果评价。即考核和评估物流企业做出广告后的业务增长情况。对这项内容的考核和评价是比较难的，目前常用的方法有历史比较法和实验法两种。

案例分析

联邦快递公司希望客户能第一时间掌握公司最新的服务提升，以及更多的服务选择，自2011年3月21日起，在中国不同地区推出了全新整合篇广告，主动向客户展现联邦快递“使命必达”的服务精神。这次广告的曝光渠道包括办公楼宇与地铁的液晶显示器以及主流报纸，曝光时间从两周至四周不等。

在华东地区（包括上海、苏州、昆山、杭州、宁波、绍兴、南京、无锡、义乌），所推出的“服务提升及服务选择整合篇”广告结合了“延迟截件2小时，包裹准时送达欧洲”、“延迟截件2小时，包裹准时送达美洲”以及“国际经济快递”三大信息，让客户全面了解联邦快递国际快递在华东地区的服务提升，同时也宣传了联邦快递国际经济快递服务（IE）在运费节省上的优势，为客户提供更多的服务选择。

而在华北及华南地区（包括北京、天津、青岛、广州、深圳、厦门），则主要通过“服务选择篇”广告，宣传联邦快递不同的服务选择能满足您节省运费的需求。联邦快递的服务一向以稳妥可靠著称，无论客户有什么快递需求，只要打一个电话，就能准时、安全地送达至国内外每一个角落。

问题思考：

联邦快递新一轮的广告策略中，广告目标是什么？其广告媒体选择出于什么考虑？

三、物流企业营业推广策略

（一）物流企业营业推广的含义及特点

1. 物流企业营业推广的含义

物流企业营业推广是指物流企业在特定目标市场中，为迅速刺激需求和鼓励购买而采取的非经常性推销活动。其最大的作用就是通过某种促销刺激，使中间商或客户迅速做出购买决策，产生即时购买效应。

2. 营业推广的特点

（1）刺激需求效果显著。营业推广以“机不可失，时不再来”的较强吸引力，给客户提供了一个特殊的购买机会，可以促使客户立即购买。比如，大田快递公司在 2005 年 7 月至 12 月在北京、上海、广州、深圳四地之间开展“大田快递超值箱”的特惠业务。客户只需付 88 元，即可将 10 千克的包裹送达目的地。这项业务针对性强，在短时间内将增加其业务量，促销效果明显。

（2）使用具有局限性。营业推广形式较多，如提供咨询服务、现场示范、赠送纪念品等。但是无论什么形式，如果运用不当，攻势过强，容易引起客户的反感；经常使用，还有损企业和产品形象，并对老客户造成伤害。因此，营业推广只能适用于一定时期、一定产品，而且推广措施的选择也应慎重。

（二）物流企业营业推广的形式

1. 针对最终客户的营业推广

可以鼓励老客户继续使用，促进新客户使用，动员客户购买新的服务产品。引导客户改变购买习惯，或培养顾客对本企业的偏爱行为等。其方式可以采用：向客户提供免费试运行、赠送赠品、优惠券、免收物流增值服务费用、给客户提供数量折扣、季节性折扣等价格折扣。

2. 针对物流中间商的营业推广

目的是鼓励中间商大量购买，吸引其扩大经营，动员有关中间商积极推销某些服务产品。其方式可以采用现金奖励、推广津贴、结合各种奖励的销售竞赛、更高的佣金、提供设施、共同广告等。

3. 针对推销人员的营业推广

鼓励他们热情推销产品，或促使他们积极开拓新市场。其方式可以采用给予推销人员一定的奖金或佣金、比例分成、免费提供培训及技术指导等。例如，联邦快递台湾分公司每年会向员工提供平均2500美元的经费，让员工学习诸如语言、信息技术、演讲等，以提高员工的服务水平。另外，当公司利润达到预定指标后，会给员工发红利，有时可以达到年薪的10%。

（三）物流企业进行营业推广时应考虑的因素

1. 营业推广的目标

营业推广必须有明确的目标，物流企业应根据目标市场的特点和企业的整体营销策略来确定营业推广的目标，依据推广目标制订周密的计划。

2. 营业推广的对象

各种营业推广的手段针对不同的客户、中间商、推销人员所起的作用是不同的。因此，企业在进行营业推广时，应根据已确定的目标，因时、因地制宜选择推广对象。

3. 营业推广的途径

物流企业应根据企业业务的覆盖面及营业推广的预算费用，选择既能节约推广费用，又能收到最佳效果的营业推广手段。

4. 营业推广的时机

营业推广的时机很重要，如果时机选择得好，能起到事半功倍的效果。物流企业应综合考虑产品的生命周期、市场的竞争情况、客户及中间商的营业状况等制定营业推广的实施方案。

5. 营业推广的期限

营业推广期限的选择必须符合企业市场营销的整体策略，并与其他经营活动相协调。时间太短会使一部分客户来不及购买；时间太长，又会使人产生变相降价的印象，从而影响企业的声誉。因此，推广期限的选择必须要恰到好处。

6. 营业推广的费用

营业推广是企业促销的一种重要方式，通过营业推广可以使企业的营业额增加，但同时也增加了销售成本。企业应权衡推销费用与企业收益的得失，把握好费用和收益的比值，确定营业推广的规模和程度。

四、物流企业公共关系策略

（一）公共关系的含义

公共关系（Public Relation）是指某一组织为改善与社会公众的关系，促进公众对组织的认识，理解及支持，达到树立良好组织形象、促进商品销售的目的而进行的一系列活动。它本意是工商企业必须与其周围的各种内部、外部公众建立良好的关系。它是一种状态，任何一个企业或个人都处于某种公共关系状态之中。它又是一种活动，当一个工商企业或个人有意识地、自觉地采取措施去改善自己的公共关系状态时，就是在从事公共关系活动。

因此，物流企业公共关系是指物流企业为搞好与社会公众的关系，促进公众对企业的

认识，理解及支持，树立良好的企业形象，提高企业的知名度和美誉度，而进行的现代管理活动。

（二）物流企业公共关系的特点

公共关系作为物流企业促销组合的一个重要组成部分，较之人员推销、广告宣传、营业推广具有以下特点。

1. 从公关目标来看，公关注重长期效应

物流企业公共关系追求的目标是与社会公众利益的一致，通过一系列有计划的活动，树立和保持企业的声誉和形象。这一目标的达成，不是一朝一夕能够实现的，需要企业长期地积累，不断努力才能成功。

2. 从公关的对象来看，公关注重双向沟通

公共关系的对象是公众。物流企业活动的涉及面广，公关对象主要有企业内部公众、媒介公众、客户公众、政府公众、社区公众及与其业务有关的其他公众等。物流企业进行公共关系活动，就是要一方面将有关产品及组织的各种信息及时、准确、有效地传播给公众，争取公众对企业的了解和理解，提高企业的知名度和美誉度，为企业树立良好形象；另一方面还要从广大公众中收集有关市场需求信息、价格信息、产品及企业形象信息、竞争对手信息及其他有关的信息，为协调企业与公众的关系打下基础。

3. 从公关的手段看，公关注重间接促销

物流企业公共关系活动是通过对各种传播手段的运用，搞好与公众的关系，树立企业的形象，进而促进产品的销售。它不同于广告、人员推销和营业推广，这三种策略对促销产品起到直接的作用，而公关则比较间接。

（三）物流企业公共关系活动的方式

1. 利用新闻媒介扩大企业宣传

物流企业应争取尽可能多的机会与新闻单位建立联系，通过新闻媒介向社会公众介绍企业及其产品。一方面可以节约广告支出；另一方面由于新闻媒介具有较高的权威性，覆盖面广，企业借助于新闻媒介的宣传效果要远远好于广告。这方面的工作内容主要包括撰写新闻稿件、编撰企业各类刊物、简讯和年度报告，向新闻界和有关团体及个人散发企业的材料、参加各种社会活动等。

2. 支持公益活动

物流企业通过赞助如体育、文化教育、社会福利等社会公益事业，使公众感到企业不但是一个经济实体，而且也能主动肩负社会责任，为社会的公益事业做出贡献。这样，必然扩大和提高企业在社会公众中的声誉和地位。2009 年，中国邮政发挥邮政网络资源优势，为中国扶贫基金会发起的“爱心包裹”项目搭建了透明、便捷的公众参与平台，实现了捐赠人和受捐人之间的互动，为中国扶贫公益事业创新发展做出了努力，获得了“中国扶贫事业特别贡献奖”。2010 年，又进一步完善了“爱心包裹”信息系统的功能，在继续开放 3.6 万个邮政网点作为“爱心包裹捐赠站”的基础上，还通过中国邮政网站（http：//www.chinapost.com.cn）受理网上捐赠，优化传递流程，确保爱心包裹传递时

限和质量，并免费提供捐赠款安全归集服务。这一系列活动举措，树立起了中国邮政热心公益、服务社会的形象，获得大众好评。

3. 组织专题公关活动

物流企业可以通过组织或举办新闻发布会、展览会、联谊会、庆典、开放参观等专题公关活动，介绍企业情况，沟通感情，增进了解，扩大宣传，树立形象。联邦快递就非常重视与客户的交流及沟通，在2011年3月组织了一次开放参观活动，邀请部分客户来到公司在广州的亚太转运中心，亲身体验其中先进的设备和极具效率的流程。

4. 加强内部员工的联系

物流企业可以组织内部员工进行一些文娱活动、体育活动、旅游或演讲等，还可以组织各种座谈会来交流思想，协调各部门及员工之间的关系。通过开展活动来培养员工的集体意识，增强企业的凝聚力。

5. 与地方政府建立良好的关系

物流业是一个新兴产业，目前各地政府都非常重视物流业的发展，积极开展本地物流业发展的战略规划，给予物流企业以资金、政策等支持。在这种情况下，作为物流企业应努力与当地政府建立良好的关系，争取得到政府在各个方面的扶持，包括资金扶持、场地优惠政策、重点地方企业的客户开发、其他优惠政策扶持等。

6. 积极参与与物流有关的社会团体和会议

物流企业可以加入有关的物流协会如中国物流与采购联合会等，成为其会员，参加联合会组织的各种活动，借以扩大企业在业内的影响。还可以参加与物流有关的各种会议，如物流年会、物流展览会、交流会、研讨会等，以便提升自身的知名度与企业形象。

在9月11日至9月19日期间，联邦快递在全国开展公司大型公益活动——年度“联邦快递关爱周”。330名员工志愿者在全国开展了19个回报社区的活动。

3月26日，联邦快递携手全球儿童安全网络在广东省佛山市启动“儿童安全步行”主题教育干预项目。

3月17日，联邦快递携手全球儿童安全网络在山西省太原市启动“儿童安全步行”主题教育干预项目。

2月5日，联邦快递特意改进了一架波音777型货机，义务运送两只旅美国宝大熊猫“美兰”和“泰山”回国。

问题思考：

联邦快递为什么参与、开展这些活动？这些活动有促销作用吗？为什么？

第三节　物流服务的有形展示

一、物流服务有形展示的含义

服务产品具有不可感知的特点，即在人们消费它之前是无法感受到的。服务的这一特点决定顾客在购买服务时总会心存疑虑，这给企业有效地推广其服务产品带来了难题。但是，任何服务又都或多或少地需要某些物质因素的支持，这些支持物是有形的，它与服务内容及服务水平密切相关，成为人们判断服务标准的一些有形的线索。对这些有形因素的利用，成为服务企业开展营销活动的一项重要策略——有形展示。服务企业恰当地运用有形展示策略无疑会有利于其促进服务产品的销售。物流企业向客户提供的便是服务产品，具有无形性的特点，因此，“有形展示”也是物流企业营销的一项重要策略。

简单地说，物流服务有形展示就是物流企业有目的地提供服务的有形线索，以帮助客户识别和了解服务，并由此促进物流服务销售的营销策略。

二、物流服务有形展示的类型

物流服务有形展示的内容大致可以分为物质环境、信息沟通、价格展示三类。

（一）物质环境

1. 设施因素

物流企业所提供的虽然是无形的服务，但这些服务通常需要必须借助于一些硬件设施，如运输配送服务中的车辆及网络分布、仓储服务中的仓库及装卸设备、物流系统的计算机设备等，这些设施往往被客户认为是构成物流服务产品内涵的必要组成部分。由于这些设施是客户可以直观感知的，如果失去这些要素或者这些要素达不到客户的期望，就会削弱客户对服务的信心。

2. 设计因素

设计因素是物流企业用以刺激客户视觉的环境因素。这类要素被用于改善物流服务产品的包装，使产品的功能更为明显和突出，以建立有形的、赏心悦目的产品形象。比如，配送中心的设计、企业形象标识等便属于此类因素。设计因素是主动刺激，它比设施因素更易引起客户的注意。因此，设计因素有助于培养客户的积极感觉，而且鼓励其采取接近行为，有较大的竞争潜力。

3. 社交因素

社交要素是指在物流服务场所内一切参与及影响服务产品生产的人，包括物流企业管理人员和其他在物流服务场所出现的企业员工。他们的知识水平、言行举止皆可影响客户对服务质量的期望与判断。

（二）信息沟通

信息沟通是另一种服务展示形式。来自物流企业自身以及其他渠道的信息通过多种媒

体传播，引起人们的注意，起到展示服务的作用。从赞扬性的评论到成功的广告，从客户口头传播到企业标识，这些不同形式的信息沟通都传送了有关服务的线索，使物流企业的服务变得具体、可感知。

有效的信息沟通管理，能使物流企业的服务和信息更具有形性，物流企业通过信息沟通进行服务展示管理的方法有两种。

一是物流服务有形化。为了使物流服务更加实实在在而不那么抽象，物流企业可以在信息交流过程中强调与服务相联系的有形物，从而把与服务相联系的有形物推至信息沟通策略的前沿。例如，许多具有一定实力的物流企业都建立了自己的网站，一方面利用互联网沟通服务和管理信息，另一方面也使企业的信息沟通通过网络展现在人们面前。

二是信息有形化。信息有形化的一种方法是鼓励对企业有利的口头传播。物流企业在客户中树立良好的信誉，拥有好的口碑。客户在其业务交流中会对潜在的客户进行宣传，客户间口头传播的信息要比广告的作用大得多。

（三）价格展示

对物流企业来说，准确的定价十分重要。不仅因为价格是营销组合中唯一能产生收入的因素，而且，还因为价格使服务水平和质量具有可见性而成为消费者判断服务水平和质量的一个依据，价格的高低，直接影响客户对企业产品质量和服务质量的期望值和信任感。客户会根据价格判断产品和服务的档次和质量，所以，物流企业的营销人员应利用恰当的定价来培养客户对产品的信任。

当营销人员把价格定得过低时，就暗中贬低了他们提供给客户的价值，会使客户怀疑企业提供的服务；而价格定得过高时，会给客户以价值高估，不关心客户，或者“宰客”的印象。

所以，与物质环境、信息沟通一样，价格也传递有关服务的线索。价格能展示空洞的服务，也能展示“饱满”的服务；它能表达对顾客利益的关心，也能让人觉得漠不关心；制定正确的价格不仅能获得稳定的收益，而且也能传送适当的信息。价格的高低直接影响着物流企业在客户心目中的形象。

联邦快递为使客户能第一时间掌握公司最新的服务资讯，以及更多的服务选择，不断透过各种媒体向客户传达相关信息。自 2011 年 3 月 21 日起，公司在全国不同地区推出了全新整合篇广告，主动向客户展现联邦快递“使命必达”的服务精神。这次广告的曝光渠道包括办公楼宇与地铁的液晶显示器以及主流报纸，曝光时间从两周至四周不等。

联邦快递非常重视与客户的交流及沟通，因此在 2011 年 3 月 25 日晚上，特别邀请了 32 位客户来到公司在广州的亚太转运中心，亲身体验其中先进的设备及极具效率的流程。参观活动开始前，客户首先与联邦快递华南区销售董事总经理黄关明共进晚餐，在轻松愉快的气氛下交流。接着，他们前往位于广州白云国际机场的联邦快递亚太转运中心，在听

过该转运中心董事总经理陈铭威介绍转运中心的具体运作后，由参观向导带领，参观了机坪控制塔（联邦快递是中国唯一一家拥有专属控制塔的国际航空快递货运公司）、货物输入区、初次分拣区、二次分拣区，以及联邦快递自己设计、独家拥有的紫光文件处理区域等。参观后，客户表示转运中心很壮观，并在最后的问答环节与陈铭威交流了他们关心的问题。

2011 年，联邦快递再次荣获一项国际性荣誉：由极具权威的《财富》杂志调查推选的“全球最受尊崇公司”的榜单中，联邦快递名列前茅，位列第八；并且是连续第 11 年高踞榜单的前 20 名。排名较 2010 年提高了 5 个名次，并且领先业内最大竞争对手 22 个名次。“全球最受尊崇公司”榜单由 32 个国家共 673 家顶尖公司的行政人员、董事及业内的专家投票选出。

联邦快递亚太区总裁简力行表示：“连续入选‘全球最受尊崇公司’榜单，是我们的团队成员努力工作，并履行递送优质服务这一承诺的有力证明。”获得这项荣誉，反映我们的员工尽心尽力为客户服务，而联邦快递亦决心不断提升服务，务求令每位客户都感到非常满意。联邦快递还凭借着良好的企业声誉与文化，在全球众多地区的评选中广受赞誉，最近更荣获全球性管理咨询公司合益集团（Hay Group）评选为“最佳领导力公司”之一。

在日本东北部发生的大地震及随之而来的海啸与核危机是人类的一场骇人大灾难，震惊全球。这一系列的大灾难使人命伤亡惨重，对日本多个县造成毁灭性的破坏。联邦快递向日本捐赠现金 100 万美元，并通过提供物资运输支持，在运送紧急救援物资方面，扮演一个非常重要的角色。联邦快递集团主席、总裁兼首席执行官施伟德表示：“对于在日本大地震中逝去的生命以及地震所造成的严重破坏，联邦快递团队深表痛心。我们向日本民众表示最深切的同情。联邦快递将继续密切配合人道主义援助组织，调配物流设施，评估所需物资，竭尽全力为日本灾区提供支持与帮助。”

问题思考：

联邦快递公司为塑造企业形象，拓展业务，运用了哪些有形展示策略？

三、物流企业有形展示的管理

（一）有形展示的管理

物流企业成功市场营销活动的关键是管理与无形服务相关的有形因素，通过服务展示管理向客户传送适当的线索，使客户更好地理解“买什么产品”，“为什么要买这种产品?”因为客户总要在服务设施、信息沟通和价格中寻找服务的有形线索，根据有形线索推断服务的质量和特点，用来指导其购买选择。

鉴于有形展示在物流企业营销中的重要地位，物流企业应善于利用组成物流服务的有形元素，突出服务的特色，使无形无质的服务变为相对有形和具体化，让客户在购买服务前，能有把握判断服务的特征及享受服务后所获得的利益。因此，加强对有形展示的管理，努力借助这些有形的元素来改善服务质量，树立独特的物流企业形象，无疑对物流企业开展市场营销活动具有重要意义。

物流企业采用有形展示策略，应充分考虑服务产品不可触及性和难以从心理上进行把握这两个特点。以这两个方面为出发点，一方面使服务有形化，另一方面使服务易于从心理上进行把握。

1. 服务的有形化

服务有形化就是使服务的内涵尽可能地附着在某些实物上。服务有形化的典型例子是银行信用卡，一张小小的信用卡代表着银行为顾客提供的各种服务。

2. 使服务在心理上较容易把握

除了使服务有形化之外，物流企业还应考虑如何使服务更容易地为客户所把握。通常有两个原则需要遵循。

(1) 将服务与易于让客户接受的有形物体联系起来。由于服务产品的本质是通过有形展示表现出来的，所以，有形展示越容易理解，则服务就越容易为客户所接受。运用此种方式时要注意的事项如下。

首先，使用的有形物体必须是客户认为很重要的，并且也是他们在此服务中所寻求的一部分。如果所用的各种实物都是客户不重视的，则往往产生适得其反的效果。

其次，必须确保这些有形实物所暗示的承诺，在服务被使用的时候一定要兑现，也就是说各种产品的质量，必须与承诺中所载明的名实相符。

如果以上的条件不能做到，那么所创造出来的有形物体与服务之间的联结，必然是不正确的、无意义的和具有损害性的联结。例如，物流企业承诺客户能提供现代化的、优质的运输、仓储服务，那么，前提条件是企业必须具有经营良好、高效运转的车队和仓库及仓储设备。

(2) 把重点放在发展和维护企业同客户的关系上。使用有形展示的最终目的是建立物流企业同客户之间的长久关系。服务业的客户，通常都被鼓励去寻找和认同服务企业中的某一个人或某一群人，而不只是认同于服务本身。如在广告代理公司的客户经理、管理研究顾问、咨询公司组成客户工作小组等。所有这些都是强调关注于以人表现服务。因此，服务提供者的作用很重要，他们直接与客户打交道，不仅其衣着打扮、言谈举止影响着客户对服务质量的认知和评价，他们之间的关系将直接决定客户同整个企业关系的融洽程度。

另外，其他一些有形展示亦能有助于发展同客户的关系。比如，企业向客户分发与客户有关的具有纪念意义的礼物就是出于此种目的。

(二) 有形展示管理的执行

物流服务展示管理不仅是营销部门的工作，虽然营销部门应该唱主角，但每个人都有责任传送有关服务的适当线索，所有的管理人员都应定期考虑有形展示管理的问题。具体执行可以分为以下几个方面。

(1) 在员工中强调有形展示的重要性，使企业的每一位员工都充分重视服务中的细微

之处。

(2) 通过不间断的有针对性的调查，指导制订有形展示的计划和改进管理。在管理中突出创新精神，以突出本企业的服务特色。

(3) 使用有形因素来指导员工完成其服务角色。对于物流企业来说，这些有形因素可以包括企业的管理理念、规章制度、企业为每一服务岗位制定的岗位职责等。员工对这些内容有所理解并在具体工作中贯彻执行，他就会为客户提供良好的服务。

本章小结

促销是物流企业市场营销活动的重要内容，物流产品促销就是物流企业在经营的过程中，为了获得更多的客户资源，利用各种措施和手段，将本企业所能提供服务的一切有用信息，诸如服务的内容、方式、特色、价格等，传递给客户的经营活动。物流促销可以分为人员促销和非人员促销两大类，具体包括人员推销、广告宣传、公共关系、营业推广四种主要方式。物流服务有形展示就是物流企业有目的地提供服务的有形线索，以帮助客户识别和了解服务，并由此促进物流服务销售的营销策略。

知识要点

1. 物流产品促销就是物流企业在经营的过程中，为了获得更多的客户资源，利用各种措施和手段，将本企业所能提供服务的一切有用信息，诸如服务的内容、方式、特色、价格等，传递给客户的经营活动。

2. 物流企业促销的目标有建立客户对本企业及其产品的认知和兴趣、说服客户购买或使用本企业提供的服务、建立并维护本企业的形象和信誉。

3. 物流促销组合策略包括推式策略、拉式策略和推拉结合策略。

4. 物流企业选择促销组合策略时应考虑物流产品的特点、物流服务产品的生命周期、市场状况和促销费用等因素。

5. 物流企业人员推销的任务有寻找客户、传递信息、推销物流服务产品、收集信息和提供服务等。

6. 物流企业广告是指物流企业通过各种传播媒介，以付费的形式，将本企业的产品和服务等信息传递给客户的一种以促进销售为目的的非人员推销方式。物流企业广告策略包括确定广告目标、选择广告媒体、决定广告预算、进行广告效果评价等内容。

7. 物流企业营业推广是指物流企业在特定目标市场中，为迅速刺激需求和鼓励购买而采取的非经常发生的推销努力。其最大的作用就是通过某种营业营销刺激，以极强的诱惑力，使对方中间商或消费者迅速做出购买决策，产生即时购买效应。

8. 物流企业公共关系管理是指物流企业为搞好与社会公众的关系，促进公众对企业的认识，理解及支持，树立良好的企业形象，提高企业的知名度和美誉度，而进行的现代管理活动。

9. 物流服务有形展示就是物流企业有目的地提供服务的有形线索，以帮助客户识别和了解服务，并由此促进物流服务销售的营销策略。

一、名词解释

1. 物流产品促销
2. 物流企业人员推销
3. 物流企业广告
4. 物流企业营业推广
5. 物流企业公共关系

二、辨析题（判断对错，并说明理由）

1. 拉式策略实施的前提条件是须有中间商的共识和配合。（　　）

2. 物流企业的客户主要是个人消费者时，人员推销是最好的促销方式。（　　）

3. 物流促销组合中最不可缺少的促销方式是广告促销。（　　）

4. 以创牌为目标的广告的诉求重点是宣传本企业产品的优异之处。（　　）

5. 电视广告由于能够同时展示动态形象和声音，对观众的吸引力最强，所以是物流企业广告的最佳媒体。（　　）

6. 营业推广是物流企业需要长期使用的一种促销方式。（　　）

7. 营业推广就是降价促销。（　　）

8. 与人员推销、广告、营业推广相比，公共关系是一种比较间接的促销方式。（　　）

9. 物流服务展示管理仅仅是营销部门的工作。（　　）

10. 价格是物流服务有形展示的一个重要部分，过低的定价会使客户对企业的物流服务质量产生怀疑，所以企业的服务价格应该尽可能定得高一些。（　　）

三、选择题（单选或多选）

1. 物流企业的各种促销方式中，最直接的促销方式是（　　）。

A. 人员推销　　B. 广告　　C. 营业推广　　D. 公共关系

2. 物流企业利用推销人员与中间商促销，将产品推向客户的策略是（　　）。

A. 拉式策略　　B. 推式策略　　C. 推拉结合策略

3. 2010 年 2 月 5 日，联邦快递特意改进了一架波音 777 型货机，义务运送两只旅美国宝大熊猫“美兰”和“泰山”回国。这是促销策略中的（　　）策略。

A. 人员推销　　B. 广告　　C. 营业推广　　D. 公共关系

4. UPS 的网站上，不但有企业提供服务的种类、报价，还有客户的成功案例、企业参与社会活动的新闻等内容，以便于每一个浏览者对公司有充分的了解。这样的设计是一种（　　）。

A. 广告　B. 有形展示　C. 营业推广　D. 公共关系

5. 很多物流企业，由于其业务范围较广，一般跨越若干省，所以在推销人员的管理上，常常按地区来分配推销人员，这在推销人员的管理上属于（　　）。

A. 地区型结构　B. 客户型结构　C. 业务型结构　D. 综合型结构

6. 选择促销组合策略时应考虑的因素（　　）。

A. 物流产品的特点　B. 物流服务产品的生命周期

C. 市场状况　D. 促销费用

7. 物流选择广告媒体要考虑的因素有（　　）。

A. 广告目标　B. 广告预算　C. 媒体费用　D. 客户的媒体习惯

8. 物流企业针对客户的营业推广方式有（　　）。

A. 现金奖励　B. 降价　C. 免费试用　D. 赠送或赠券

9. 推销前的准备工作包括（　　）。

A. 寻找客户　B. 制定推销方案　C. 约见客户　D. 相关资料准备

10. 物流企业可用于有形展示的因素包括（　　）等。

A. 价格　B. 各种物流设施　C. 企业标志　D. 员工制服

四、简答题

1. 简述物流企业促销的作用。

2. 简述物流企业人员推销的策略。

3. 简述营业推广的特点。

4. 举例说明物流企业公共关系活动的方式。

5. 什么是有形展示？物流企业如何进行有形展示？

五、实践题

考察当地的一家物流企业，了解其促销策略，为其提出改进方案。

参考文献

[1] 孙春华，王智强．物流服务营销［M］．北京：对外经济贸易大学出版社，2011.

[2] 袁炎清，等．物流市场营销［M］．北京：机械工业出版社，2010.

[3] 杨穗萍．现代物流基础［M］．北京：高等教育出版社，2010.

[4] 黄福华，李坚飞．物流营销［M］．大连：东北财经大学出版社，2009.

[5] 陈向红．物流市场营销［M］．重庆：重庆大学出版社，2007.

[6] 王骏．物流服务营销［M］．武汉：华中科技大学出版社，2007.

[7] 陈文若．第三方物流［M］．北京：对外经济贸易大学出版社，2004.

[8] 杨穗萍．物流营销实物［M］．北京：中国物资出版社，2004.

[9] 魏农建．第三方物流企业营销［M］．北京：化学工业出版社，2003.

[10] 王明智．物流管理案例与实训［M］．北京：机械工业出版社，2003.

[11] 朱桂平，李怀政．物流企业分销网络战略管理［M］．北京：中国物资出版社，2003.

[12] 朱明侠．特许经营教程［M］．北京：经济科学出版社，2003.

附 录

附表 1 **公司情况介绍**

企业基本情况	公司名称				成立时间		
	法人代表		注册资金		经济性质		
	公司地址						
	经营范围						
	优势业务						
	营运执照	注册号			有效期		
	道路经营许可证注册号						
	海洋运输代理许可证注册号						
	航空运输代理许可证注册号						
	其他证件						
联系方法	办公地址				邮政编码		
	联系人		电　话		传　真		
	电子邮件		企业网址				
企业文化	经营理念						
	质量方针						
	企业目标						
经营现状	人员构成	总　数		管理人员		操作人员	
		本科以上		本　科		专　科	
	质量认证	体系名称		通过时间		有效期至	
		若没有实施认证体系，则计划实施时间为					
	信息系统	系统名称		实施时间		开发单位	
		系统功能					
	运输能力	车辆数量		总吨位			
	仓储能力	仓库数量		总面积			
	主要客户						
	赢利水平	年营业额					
		运输收入					
		其他收入					

附表 2　　　　　　　　　运输能力调查表

陆运能力调查					
车辆情况	车　型	品　牌	吨　位	数　量	使用年限
	总　计				
网络情况	长途运输网络				
	长途运输网络的网点				
	使用的主流车型及数量				
	市区配送网络情况				
	具备配送能力城市及网点情况				
	配送的主流车型及数量				
跟踪手段	GPS/GIS 使用率				
	司机手机使用率				
	其他跟踪手段				
	信息反馈手段				
水运能力调查					
线路					
空运能力调查					
线路					

附表 3　　**仓储资源**

仓库名称一				
仓库地址				
交通情况				
仓库占地面积	库房建筑面积	库房栋数	叉、吊车台数	叉、吊车吨位
配送车辆名称	型　号	数　量	购入日期	
仓库名称二				
仓库地址				
交通情况				
仓库占地面积	库房建筑面积	库房栋数	叉、吊车台数	叉、吊车吨位
配送车辆名称	型　号	数　量	购入日期	
仓库名称三				
仓库地址				
交通情况				
仓库占地面积	库房建筑面积	库房栋数	叉、吊车台数	叉、吊车吨位
配送车辆名称	型　号	数　量	购入日期	
仓库名称四				
仓库地址				
交通情况				
仓库占地面积	库房建筑面积	库房栋数	叉、吊车台数	叉、吊车吨位
配送车辆名称	型　号	数　量	购入日期	

附表 4　　　　现有业务情况调查表

1. 仓库总面积________平方米
2. 仓库性质：私有仓库________平方米　　合同仓库________平方米
3. 仓库主要储存货品________
4. 仓库主要设施（主要指硬件，如有，请在圈内打钩）：
※铲车　　数量：________辆　　起重吨位：________吨
※液压手拖车　　数量：________辆
※是否可提供集装箱卡车装卸货平台　　○是　　○否
（如列有不详，请在以下继续填写）
※
※
※
※

5. 仓库人员是否经过适当培训　　○是　　○否

6. 是否建立了标准的作业控制程序　　○是　　○否
请简单陈述进库和出库控制程序____
____
____
____
____

7. 是否用计算机进行结账和存货控制　　○是　　○否
如是，使用________________（填写仓库管理软件名称）

8. 材料搬运设备是否制订有相应的预防维修规划　　○是　　○否

9. 仓库是否有防止商品被窃和变坏的安全系统或措施　　○是　　○否

10. 仓库对货物是否有保温措施　　○是　　○否

附表 5 **配送管理月报表**

商品名称	销货		退货		进货		库存		毛利	毛利率
	数量	金额	数量	金额	数量	金额	数量	金额		

附表 6 **月经营效益分析表**

项目	月份			月份累计			备注	改进意见
	目标	实绩	达到率	目标	实绩	达到率		
营业额								
营运成本								
毛利								
费用								
纯利								
总成本								
总资本周转次数								
营业获利率								
职员总数								
平均月营业额								
平均月收益								

附表 7 **分销渠道绩效标准**

客户服务	宏观生产率	微观生产率
库存补充速度	物流成本占销售的百分比	每单位的仓库成本
订单完成百分率	运输成本占销售的百分比	库存破损
运送提前期	累计库存成本	运输成本/吨千米
订单、运货单、票据出错率	定期补充的库存量	回程空载率

附表 8　　职员绩效考核目的与内容　　单位：%

目　的	工作效率	工作任务	工作效益	工作态度	工作能力	为人品行	做人个性
人事决策	20	20	20	10	10	10	10
检查有效性标准	15	15	15	15	15	15	10
培训计划目标	10	10	10	—	30	20	20
职员反馈发展	10	10	10	25	30	—	15
组织问题诊断	10	10	10	25	25	20	—

附表 9　　物流企业不同成长期具体考核内容　　单位：%

成长期间	工作效率	工作任务	工作效益	工作态度	工作能力	为人品行	做人个性
创业期	15	15	15	15	15	15	10
成长期	15	15	15	12.5	22.5	10	10
成熟期	15	10	12	15	23	14	11
衰退期	20	20	20	10	10	10	10
更生期	15	10	12	15	23	14	11

附表 10　　承运商考核评估表——评估 RDC（区域分销中心）

名称：　　　　　　　　填报日期：　　　年　　　月　　　日

承运商名称			法人代表		
经营地址			联系电话		
企业性质		经营范围			
业务负责人			联系电话		
评估项目	评估指标	年平均得分	评估项目	评估指标	年平均得分
管理评估（30 分）	运输控制		服务评估（40 分）	接单率	
	员工管理			准时率	
	事故处理			货损货差率	
	货损赔付			回单率	
价格评估（30 分）	执行合同			投诉率	
	随意调价				
合计得分					
RDC 经理意见					
总部运营部意见					

填表部门：　　　　　　填表人：　　　　　　审核人：

附表 11　　　　承运商评分标准

承运商名称：　　　　填表日期：　　　年　　　月　　　日

	项目/指标	满　分	得　分	备　注
管理评估（30分）	货物运输控制	8		
	内部员工管理	8		
	事故应急措施	8		
	货损货差赔付	6		
价格评估（30分）	执行合同价格	15		
	随意调价	15		
服务评估（40分）	接单率	8		
	准时率（装车率、到达率）	8		
	货损货差率	8		
	回单率	8		
	投诉率	8		
总得分		级别	A级　B级　C级　D级	

填表部门：　　　　填表人：　　　　审核人：

附表 12　　　　客户投诉处理日报表

勤务人员	上　午	下　午	晚　上	值班人	迟到、早退、缺勤者
接待流程	（营业部门）		（总务部门）		
客户问题	签名：				
改善意见看法、处理困难	签名：				
联络事项	签名：				
明日预定	签名：				
上级指示	签名：				
主管栏	签名：				
当事者签名					

附表 13　　售后服务报告表

年　　月　　日　　　　编号：

访问日期		访问客户	
访问重点			
访问记录			
总经理		部门经理	

附表 14　　业务人员工作日报表

月　日　星期　　上午天气：　　下午天气：

姓名	访问客户	访问时间	访问目的						商谈结果			客户类别			再访时间	其他记录
			订货	收款	开发	服务	说明	其他	决定	未定	失败	开发	新增	原有		
备注																
主管意见																

附表 15　　**市场促销成本评估表**

国别/地区：　　公司名称：　　单位：元

促销方式	
促销方式说明	
促销时间	
估计费用	
成本收益分析	
评价及建议	

裁决：　　审核：　　分析：　　填表日期：

附表 16　　　　市场业务日报表

国别/地区：　　　　　　　　　　　　　　　　　　　　　　月　　日

<table>
<tr><td>单　位</td><td></td><td>姓　名</td><td></td><td>编　号</td><td></td></tr>
<tr><td>时　间</td><td colspan="2">活动内容</td><td colspan="2">业务进展</td><td>备　注</td></tr>
<tr><td></td><td colspan="2"></td><td colspan="2"></td><td></td></tr>
<tr><td></td><td colspan="2"></td><td colspan="2"></td><td></td></tr>
<tr><td></td><td colspan="2"></td><td colspan="2"></td><td></td></tr>
<tr><td></td><td colspan="2"></td><td colspan="2"></td><td></td></tr>
<tr><td></td><td colspan="2"></td><td colspan="2"></td><td></td></tr>
<tr><td></td><td colspan="2"></td><td colspan="2"></td><td></td></tr>
<tr><td></td><td colspan="2"></td><td colspan="2"></td><td></td></tr>
<tr><td></td><td colspan="2"></td><td colspan="2"></td><td></td></tr>
<tr><td></td><td colspan="2"></td><td colspan="2"></td><td></td></tr>
<tr><td></td><td colspan="2"></td><td colspan="2"></td><td></td></tr>
<tr><td rowspan="7">指示确认事项</td><td colspan="2">上司指示</td><td colspan="2">本人确认</td><td>检　查</td></tr>
<tr><td colspan="2"></td><td colspan="2"></td><td></td></tr>
<tr><td colspan="2"></td><td colspan="2"></td><td></td></tr>
<tr><td colspan="2"></td><td colspan="2"></td><td></td></tr>
<tr><td colspan="2"></td><td colspan="2"></td><td></td></tr>
<tr><td colspan="2"></td><td colspan="2"></td><td></td></tr>
<tr><td colspan="2"></td><td colspan="2"></td><td></td></tr>
<tr><td>记载事项</td><td colspan="5"></td></tr>
</table>